Hermann Grote

# Die Geldlehre

insbesondere d. Wiener Münzvertrag von 1857 d. Goldkronen u. d. dt.

Handelsvereine

Hermann Grote

**Die Geldlehre**

*insbesondere d. Wiener Münzvertrag von 1857 d. Goldkronen u. d. dt. Handelsvereine*

ISBN/EAN: 9783742869623

Hergestellt in Europa, USA, Kanada, Australien, Japan

Cover: Foto ©ninafisch / pixelio.de

Manufactured and distributed by brebook publishing software (www.brebook.com)

Hermann Grote

# Die Geldlehre

# Die Geldlehre.

---

Insbesondere:

## der Wiener Münzvertrag von 1857; Die Goldkronen und die deutschen Handelsvereine.

Von

**H. Grote.**

Culemann'sche Buchdruckerei in

Leipzig.

Hahn'sche Verlagshandlung.

1865.

# Vorwort.

Es ist sehr begreiflich, daß praktische Geschäftsmänner, auch wenn sie viel mit Geld verkehren, wenig geneigt sind, sich mit der Geldlehre zu befassen und bekannt zu machen, denn was in den Lehrbüchern der National-Ökonomie und in selbständigen Schriften unter diesem Namen vorgetragen wird, könnte meist passender eine „Philosophie des Geldes" genannt werden, in welcher viel von Philosophie, aber wenig vom Gelde vorkömmt.

Seit dem Jahre 1850 sind jedoch in den Geld-Verhältnissen und -Angelegenheiten aller Länder Europa's große Veränderungen eingetreten, welche die Geldlehre zu einer sehr praktischen Wissenschaft gemacht haben. Viele Geschäftsmänner sind veranlaßt worden, sich eine Ansicht über Fragen der Geldlehre zu bilden, Urtheile über dieselben abzugeben, ohne jedoch bis dahin auch veranlaßt gewesen zu sein, sich mit der Geldlehre selbst näher bekannt zu machen — vielleicht weil die Literatur dieses Faches ihnen wenig Gelegenheit darbot, die allein sie anregenden praktischen Seiten dieser Wissenschaft kennen zu lernen.

Nicht besser als ihnen erging es aber — wie es mir geschienen hat, — mehreren Schriftstellern, die sich um die, seit noch nicht langer Zeit mehr erforschte und bearbeitete Geldgeschichte verdient machten. Auch ihnen sind vielleicht die praktischen Seiten der Geldlehre nicht immer hinreichend und vollständig bekannt gewesen.

Ursprünglich war meine Absicht, in Bezug auf letztere einzelne Bestandtheile der praktischen Geldlehre in Gestalt einiger Recensionen zu besprechen. Es wurde aber der für diese bestimmt gewesene Inhalt, der zunächst die in näherer Beziehung zur Geldgeschichte und Münzkunde stehenden Bestandtheile der Geldlehre zum Gegenstande hatte, in einander verschmolzen; — als ich sodann bemerkte, daß auch für die praktischen Geschäftsleute eine genauere Bekanntschaft mit diesen und anderen Abschnitten der Geldlehre größere Bedeutung und Wichtigkeit erhielt, habe ich meine Erörterungen auch auf weitere in dieser Hinsicht in Betracht kommende Gegenstände ausgedehnt, und endlich durch Besprechung einer „brennenden Tagesfrage": der Goldkronen und der wegen derselben ausgesprochenen Wünsche und Ansichten der deutschen Handelsvereine, meiner Schrift eine unmittelbar praktische Richtung gegeben.

Was ich hier unter dem Titel: „Geldlehre" mittheile, ist also nicht ein systematisches Compendium; Manches, was in einer vollständigen Darstellung des Gegenstandes hätte besprochen werden können, ist hier, als in den obigen Hinsichten nicht in Betracht kommend, übergangen. Die aus den höheren Regionen der National-Ökonomie zu holenden theoretischen Deductionen fehlen ebenfalls; ich habe mich bei jedem Abschnitte hastig in das praktische Detail hineinbegeben. Mein Hauptstreben war auf Verständlichkeit und Deutlichkeit gerichtet, weil ich die unangenehme Erfahrung mehrfach gemacht habe, daß es mir schwer wird, diese Gegenstände stets auch verständlich, deutlich und faßlich Anderen vorzutragen. Dieses Streben entschuldigt, daß ich — wie ich gewahr werde — oft geschwätzig und wiederholend geschrieben habe. — In einem andern Sinne habe ich vielleicht hie und da allzu „verständlich" gesprochen; aber Schlosser sagt: es gäbe Gegenstände, über die man gar nicht reden müsse, wenn man seinen Worten nicht das Gewicht von Flintenkugeln zu geben wüßte. — Die Geldlehre ist — glaube ich — so ein Gegenstand!

# Die Geldlehre

## in Beziehung auf Münzkunde und Geldgeschichte.

---

### §. 1. Münzkunde und Geldlehre.

Wenn die Numismatik nicht lediglich eine Anweisung, Münzsammlungen zu ordnen sein, sondern sich zum wissenschaftlichen erheben soll, so darf sie sich nicht ausschließlich auf die Beantwortung der Frage: Cujus sit imago et superscriptio? beschränken, sondern sie muss auch darüber Auskunft geben: Quo valeat nummus, quem praebeat usum; mit der Münzenkunde muss Geldkunde verbunden sein.

Im Gebiete der antiken Numismatik sind von Anfang an beide Zweige derselben nicht anders als völlig getrennt betrachtet; die Res nummaria veterum und die Doctrina numorum veterum ignorirten sich gegenseitig, bis endlich Borghesi und Mommsen beide mit einander verschmolzen. — Die mittelalterliche Numismatik begann umgekehrt mit der Verbindung beider Theile; der Sachse Wagner und der Thüringer Schlegel sammelten Münzen und zugleich Urkundenstellen zur Geldgeschichte. Seit ihnen blieb letztere vernachlässigt, und Praun's sonst vortreffliches Buch (1744) ist, wegen Mangel an damals zugänglichem Stoffe, hinsichtlich des Mittelalters höchst dürftig. Erst seitdem Lelewel auftrat, und zugleich in Deutschland man Mader'n besser zu verstehen und zu würdigen anfing, als durch beide die Münzenkunde so bedeutende Fortschritte gemacht hatte, wurde auch die Geldgeschichte wieder mehr in den Kreis der numismatischen Forschungen gezogen und aus der zugänglichen Literatur des Mittelalters zusammengesucht und zusammengestellt, was sich aus derselben für die Zwecke der Geldgeschichte entnehmen ließ. Aber das Verdienst, eigens für letztere neue Quellen aufgesucht oder mitgetheilt zu haben, gebührt Mone'n (in der „Zeitschr. für Gesch. des Oberrheins", für Schwäbische Münzgeschichte) und Hegel'n (in den „Chroniken der Deutschen Städte", für die Nürnbergische).

So höchst schätzens- und dankenswerth Alles ist, was Mone und Hegel in den erwähnten Schriften an Quellenstellen selbst mittheilen, um so bedenklicher ist — bei Mone sogar bei weitem größtentheils — das, was sie selbst aus Quellenstellen folgern, und überall da, wo Mone nicht die Stellen selbst, sondern nur seine Folgerungen aus denselben giebt, halte ich seine Mittheilungen für werthlos und unbrauchbar, denn — für mich wenigstens — ist die größte Wahrscheinlichkeit vorhanden, daß er die Quellen mißverstanden hat, weil seine Auffassungen oft den ersten Grundbegriffen der Geldlehre zuwider sind.

Die praktische Geldkunde kann nicht ohne Beihülfe der theoretischen Geldlehre verstanden werden, die einen Theil der Volkswirthschaftslehre — der Nationalöconomie — bildet.

Die Geldlehre ist erst durch den Hamburger Büsch in den Kreis der Wissenschaften eingeführt, und nachher in dessen Sinne durch Busse systematisch bearbeitet. Beide haben hier aber, indem sie dieselbe mit Handelskunde und Finanzwissenschaft (Staatswirthschaft) vermischten, vielfach unklar gemacht. Erst Hoffmann's [1]) (Lehre vom Gelde) hat diesen Zweig der Nationalöconomie sicherer begründet, als dies bis jetzt mit den übrigen Theilen dieser Wissenschaft der Fall sein dürfte, die sich vielleicht

---

[1]) Lehre vom Gelde. Berlin 1838. Dazu als „Zugabe": Zeichen der Zeit im Deutschen Münzwesen. Das. 1841. — Nicht eine systematische Behandlung des Gegenstandes. Die Sätze der Geldlehre sind meistens als Erläuterungen an eine Geschichte des preußischen und englischen Geldwesens der neueren Zeit angeschlossen.

noch in derselben Lage befinden, wie die Geldkunde zu Büsch's Zeiten.

Mannigfaltige Erscheinungen im Gebiete der praktischen Geldkunde kennen zu lernen, hat man wohl vorzüglich in Niedersachsen Gelegenheit gehabt. Hier ist der Harz, der jährlich 25,000 Pfund Silber in Umlauf bringt, Hannover, wo längere Zeit hindurch eine wohl eingerichtete und wohl geleitete Handels-Münzanstalt bestand, Hannover, mit der concurrirenden Gold- und Silberwährung, Bremen mit der reinen Goldwährung, Hamburg mit der reinen Silber-Barren-Währung, Hamburg, der Haupt-Handelsplatz in edeln Metallen auf dem Continente — fast ein halbes Jahrhundert hindurch auf der Erde. — In Süddeutschland, wo man Jahrhunderte hindurch nichts als eine Scheidemünz-Währung [a]) — zuletzt noch die Kronthaler — gekannt hat, lassen sich aus dem Leben selbst freilich keine geldkundlichen Erfahrungen sammeln.

---

## §. 2. Werthmesser.

„Maß" ist diejenige übersichtliche Raumbestimmung, durch deren Wiederholung oder Theilung die Ausdehnung nicht übersichtlicher Räume aufgefaßt werden kann; „Meßwerkzeug" ist ein körperlicher Gegenstand, durch welchen die Einheit des Maaßes und dessen Eintheilung versinnlicht wird.

Das Meßwerkzeug womit man Längen mißt ist: der Maßstab, das womit man Schweren mißt: das Gewicht, das womit man Werthe mißt: das Geld.

Es kann aber nicht jeder körperliche Gegenstand als Geld dienen. Der Gegenstand womit man Länge, Schwere oder Werth mißt, muß selbst von Länge, von Schwere und von Werth sein. — Aber die verschiedenen Menschen haben ganz verschiedene Ansichten über den Werth der Dinge, und deshalb können sie tauschen. Sobald sie aber diese verschiedenartigen subjectiven Werthe

---

[a]) Busse, Kenntniß vom Münzwesen. II, §. 322.

gegen den Werth eines Dinges vergleichen, das in den Augen Aller gleichen Werth hat, kaufen sie. Als Geld können nur Dinge dienen, die in den Augen Aller gleichen Werth haben können. —

Es ist aber nicht nothwendig, daß bei einem Kaufe das Kaufgeld sofort bezahlt werde; der Verkäufer kann sich dasselbe versprechen lassen, es kann, durch eine Art von symbolischer Zahlung, ein an sich werthloser Gegenstand als Zeichen, als Zusicherung der versprochenen Zahlung, — eine Anweisung auf Geld gegeben werden. Solche schriftlich gegebenen Zusicherungen heißen Werthpapiere; man nennt sie auch: Creditgeld, in gewissen Fällen: Papiergeld; allein hier ist das Wort „Geld" in einem uneigentlichen, bildlichen Sinne genommen; dies Geld beruhet nur auf der Vermuthung, daß ein gegebenes Versprechen auch gehalten werde, es hat also einen mehr oder weniger zweifelhaften Werth, und über den Grad dieses Zweifels sind die Ansichten stets verschieden und wechselnd.

Ich spreche nur von gemünztem Gelde, nicht auch von den verschiedenen Arten des Creditgeldes. Die Lehre von den „Werthpapieren" gehört nicht in die Geldlehre, sondern theils in die Finanz-, theils in die Handels-Wissenschaft, und in jene nur insofern, als Werthpapiere Einfluß auf den Umlauf des Geldes haben.

Wenn die Maße der Länge, der Schwere und des Werthes zur Vermittlung des Verkehrs der Menschen unter einander dienen sollen, so muß das Maß für alle diejenigen Menschen, welche sich ein und desselben Länge-, Schwere- oder Werth-messers bedienen und durch ihren gegenseitigen Verkehr ein- und denselben Begriff von Maß angenommen haben, völlig übereinstimmen und in abstracto identisch sein. Es ist dabei aber gleichgültig, wie viele Grade der Scala, wie viele Theile der Maß-Einheit ein Meßwerkzeug enthalte; es ist sogar sehr bequem, Werkzeuge von mannichfacher Grad-Anzahl in Gebrauch zu haben. Man mißt nach Verschiedenheit der Gegenstände mit dem Ruthen-, Klafter-, Ellen-, Fuß-, Zoll-Maße, die sämmtlich Vervielfältigungen der Theile einer bei allen identischen Einheit sind. Man kann auch nach Verschiedenheit der Gegenstände oder der Quantitäten mit Maßen messen, denen verschiedenartige Einheiten zum Grunde liegen, wie z. B. Seidenzeug mit der Rheinländischen, Wolltuch mit der Brabanter Elle gemessen wird, wie z. B. in den Hansestädten (Holländisches) Handelsgewicht und (Köllnisches) Krämergewicht für die großen oder kleinen Quantitäten dient. Wenn man aber ein Stück Zeug Anfangs mit der Rheinländischen Elle messen, dann zur Abwechselung mit der Brabanter fortfahren, die ferneru Theile mit dem Meterstabe und dem Yard messen wollte, so würde man die Länge erst erfahren, wenn man den Betrag jedes dieser Abschnitte auf ein einziges Maß reducirt, wozu dann das Verhältniß der verschiedenen angewandten Maßstäbe sicher bekannt sein muß.

Als Werthmesser dienen die edeln Metalle — Gold oder Silber — nicht Gold „und" Silber. Aber bei diesen beiden Arten von Meßwerkzeugen treten einige Umstände ein, durch welche sie sich von allen andern Meßwerkzeugen wesentlich unterscheiden. Erstlich ist die Substanz, aus welcher sie bestehen, an sich selbst ein Werth, der in vielfacher Hinsicht von den Menschen hochgehalten wird, um so mehr, als diese Substanz unzerstörbar und die mannigfaltigsten Gestalten anzunehmen fähig ist, und sodann werden die edlen Metalle am bequemsten in einer Gestalt als Werthmesser gebraucht, deren Herstellung Kosten verursacht. Sie haben also an sich einen zweifachen Werth: wegen ihrer Substanz und wegen ihrer Gestalt. Da aber beide Metalle von verschiedenartiger Substanz sind, so ist in dieser Hinsicht ihr Werth ein verschiedenartiger, gerade so wie die Länge der Brabanter und der Rheinländischen Elle eine verschiedene ist, und deshalb lassen sich die beiden edeln Metalle nicht als homogene Grade ein- und desselben Maßstabes verwenden. Wer mit Silber angefangen hat zu messen, darf nicht mitten im Messen den Werthmesser verändern und mit Gold zu messen fortfahren! Nur eines der beiden Metalle kann bei einem bestimmten Acte des Messens, beim Messen eines einzelnen Gegenstandes, als Maßstab dienen; man darf nur mit Gold oder mit Silber messen.

Wenn das eine der beiden Metalle als Werthmesser dient, wenn mit dem einen gemessen wird, so ist das andere, dem entgegen, selbst ein gemessenes; es wird dem Werthmesser gegenüber selbst zur Waare, deren Werth durch den Werthmesser ermittelt und bezeichnet wird.

Aber auch bei den edeln Metallen ist der Werth, und deshalb der Preis der Waare ein zweifacher: je nachdem an der Waare entweder die Substanz oder daneben noch die Gestalt vorzugsweise geschätzt und gesucht, also ihrem Werthe nach gemessen wird. Wo Silber als Werthmesser dient, da ist das Gold eine Waare, welche entweder nach ihrem Stoffe, als rohes Metall, oder nach ihrer Gestalt, als Münzstück, als Goldmünze, taxirt wird. Der Werth steigt und fällt aber bei jeder Waare in Gemäßheit der Nachfrage; wem sehr nach dem Besitze einer Waare gelüstet, der bringt größere Opfer, um sie sich zu verschaffen. Dieses Gelüste — die Nachfrage — kann, wie sich das auf jedem Marktplatze zeigt, bald größer, bald geringer sein; bei manchen Gegenständen wechselt es oft sehr rasch. Die Aufgabe des Handels ist: zu beachten, wo und nach welcher Waare sich ein Gelüste ausspricht, um sofort diese Waare dahin zu schaffen und käuflich zu machen. Je ausgedehnter der Handelsverkehr ist, je mehr Marktplätze sich gegenseitig beachten, desto eifriger wird die Waare von einem Orte zum andern geschickt und desto öfter wechselt ihr Preis. Die Geldhändler — die Banquiers — theilen sich gegenseitig die Preiscourante der edeln Metalle und der daraus verfertigten Münzsorten — die Courszettel — von allen Geldmärkten mit.

Es setzt nun schon einen ganz irrigen Begriff von Werthmesser und Geld voraus, wenn man die Dimension des Maßstabes, dessen man sich in irgend einer Zeit und Gegend bedient hat, durch Angabe des Preises, den in einer ganz andern Zeit und Gegend das edle Metall oder eine bestimmte Münzsorte gehabt hat oder hat, verdeutlichen will. — Wenn man die Frage beantworten will: welche Werthstufe wurde im 14. Jahrhunderte durch einen Goldgulden bezeichnet, so erfährt man dies nicht dadurch, daß nachgewiesen wird, mit wie viel Gulden und Kreuzern das in einem damaligen Goldgulden steckende Quantum Gold in Gestalt einer Goldkrone neuerlichst zu Frankfurt am Main bezahlt wird. Das Gold an sich oder auch die daraus angefertigte Münzsorte steigt und fällt im Preise, je nachdem es mehr oder weniger vorhanden ist und je mehr oder weniger mannigfaltig der Gebrauch ist, zu dem man es anwendet. Hiernach steigt oder fällt das Gelüste darnach, die Nachfrage, der Werth den man auf dasselbe legt, das Opfer welches man bringt, um es sich zu verschaffen, also sein Preis, und damit ändert sich das Verhältniss dieses Preises zu den Preisen anderer Gegenstände.

---

## §. 3. Kornpreise.

Das unter allen Klimaten gleich unentbehrliche Bedürfniss der Menschen ist die Nahrung, und in Deutschland ist von jeher das allgemeinste Nahrungsmittel das Roggenbrod gewesen. Das Nahrungs-Bedürfniss der Menschen bleibt sich immer gleich, aber auch das Roggen-Quantum, welches producirt wird, bleibt stets dem Bedürfnisse meistens genau entsprechend.

Daher ist der Roggen in Deutschland diejenige Substanz, deren Werth für die Menschen stets der nämliche geblieben ist. Um den im Lauf der Zeiten veränderlichen Werth der edeln Metalle nach einem unveränderlichen Werthmesser abschätzen zu können, muss man ihren Preis mit dem des Roggens vergleichen. — Wer im Jahre 1500 eine jährliche Rente von 100 Goldgulden hatte, konnte damit die Befriedigung sehr vieler Bedürfnisse erkaufen, er war reich; wer im Jahre 1860 jährlich 25 Goldkronen — genau das nämliche Quantum Goldes — hat, der lebt in Dürftigkeit. Wer aber im Jahre 1500 von seinem Acker einen jährlichen Ertrag von 100 Scheffel Roggen hatte, der war genau eben so reich, als der, welcher einen gleichen Ertrag im Jahre 1860 hat; jener bekam 100 Goldgulden für seine 100 Scheffel, dieser erhält den Goldbetrag von 1000 Goldgulden für die seinigen. Der Werth des Roggens ist derselbe geblieben, aber der des Goldes ist auf den zehnten Theil seines früheren gefallen.

Nun ist freilich der Getreidepreis, wie Hoffmann (Lehre vom Gelde, S. 3) auseinandersetzt, kein absoluter Werthmesser, denn jede Gegend hat ein verschiedenes Getreide als vorherrschendes Nahrungsmittel, und die Vergleichung aller gegeneinander würde zu irrigen Ergebnissen führen. Aber für irgend eine bestimmte Gegend hat doch ein- und dasselbe Getreide, z. B. der Roggen, einen im Laufe der Zeiten nicht veränderten Werth. Doch kann man ein größeres Land, wie namentlich Deutschland, hiebei nicht als eine einzige „Gegend" betrachten, denn im Mittelpunkte von Europa wird das Klima nicht bloß nach Süden zu, sondern auch westwärts, wegen der milderen See-Luft, milder, und dieser Einfluß ist auf landwirthschaftliche Verhältnisse, also namentlich auf Getreidebau und landwirthschaftliche Arbeit so beträchtlich, daß man in Deutschland für daraus zu ziehende Folgerungen vier Regionen — den Nordwesten, den Nordosten, den Südwesten und den Südosten gehörig unterscheiden muß.

Es versteht sich wohl von selbst, daß bei Angabe von Roggenpreisen nicht der Preis eines einzelnen Jahrs maßgebend sein kann, da der Ertrag der Erndten so sehr verschiedenartig ist. Nur der dreißigjährige Durchschnittspreis kann hier einen Maßstab gewähren. [3])

---

[3]) Als ein Beispiel dieser Veränderlichkeit führe ich hierunter die Roggenpreise zu Hannover während der ersten Hälfte des 19. Jahrhunderts an, die ich, um sie übersichtlicher zu machen, auf Gramme Silber reducirt habe. Der Hannöversche Himte enthält = $31^{152}$ Liter.

„Der im Nachfolgenden aufgeführte Preis eines Hannöverschen „Himten Roggens, in jedem der 50 Jahre, ist dadurch gefunden, daß „von allen 104 Wochenmarktstagen der Durchschnitt sowohl der höchsten „als niedrigsten Preise genommen und aus diesen beiden Resultaten „wieder der Durchschnitt berechnet ist."

| Jahr | Gramme S. | Jahr | Gramme S. | Jahr | Gramme S. |
|---|---|---|---|---|---|
| 1806 | 33,524 | 1814 | 16,762 | 1822 | 11,252 |
| 1807 | 21,460 | 1815 | 16,762 | 1823 | 13,514 |
| 1808 | 23,084 | 1816 | 25,520 | 1824 | 8,410 |
| 1809 | 17,284 | 1817 | 33,524 | 1825 | 6,786 |
| 1810 | 11,832 | 1818 | 25,868 | 1826 | 9,918 |
| 1811 | 14,732 | 1819 | 20,938 | 1827 | 14,906 |
| 1812 | 22,272 | 1820 | 14,036 | 1828 | 15,544 |
| 1813 | 16,762 | 1821 | 11,310 | 1829 | 15,544 |

## §. 4. Tagelohn.

Außer dem Roggen, dessen Preis nur nach einem Durchschnitte von etwa 30 Jahren ermittelt werden kann, da der Erndte-Ertrag so verschiedenartig ist, giebt es einen andern Maaßstab, der sich leichter ermitteln läßt, und noch sicherer als Maaßstab dient. Außer der Nahrung bedarf ein Mensch unter dem Klima Deutschlands auch der Kleidung und des Obdachs, als Bedingungen seiner physischen Existenz. Dieser Bedarf, in seinem einfachsten, auf das unerläßliche beschränkten Umfange, kann durch Arbeit der einfachsten und rohesten Art erworben werden, und der Preis, den die tägliche Arbeit eines Tagelöhners hat, entspricht stets genau dem Werthe jenes täglichen Bedarfs an unentbehrlichen Subsistenz-Mitteln. Dieses Arbeits-Quantum hatte gleichen Werth im Jahre 1500 wie 1860, und wenn sein Preis 1500 = 1 Gramm Silber, 1860 aber = 10 Gramme Silber war, so war der Werth des Silbers 1860 um zehnmal geringer als 1500 geworden. — Zu solchen Ermittelungen kann aber keine Arbeit gebraucht werden, bei welcher der, welcher sie leistet, kostspielige Werkzeuge gebraucht, oder zu welcher er sich durch kostspielige Vorbereitung befähigt hat; es ist die Arbeit gemeint, die ein Handlanger, der mit ungeübter Körperkraft arbeitet, leistet, die geringste Menge von Erwerb, die dem Preise der unentbehrlichsten Subsistenz-Bedürfnisse entspricht. — Der zuverlässigste und untrüglichste Werthmesser, um

---

| Jahr | Gramme S. | Jahr | Gramme S. | Jahr | Gramme S. |
|---|---|---|---|---|---|
| 1830 | 17,052 | 1839 | 18,966 | 1848 | 11,310 |
| 1831 | 20,706 | 1840 | 14,964 | 1849 | 9,860 |
| 1832 | 17,690 | 1841 | 13,048 | 1850 | 12,934 |
| 1833 | 11,948 | 1842 | 18,038 | 1851 | 18,038 |
| 1834 | 9,338 | 1843 | 19,662 | 1852 | 19,546 |
| 1835 | 11,252 | 1844 | 15,892 | 1853 | 24,128 |
| 1836 | 10,672 | 1845 | 17,632 | 1854 | 27,898 |
| 1837 | 10,846 | 1846 | 23,374 | 1855 | 30,392 |
| 1838 | 14,906 | 1847 | 27,492 | | |

die Preise aus verschiedenen Gegenden oder Zeitaltern mit einander zu vergleichen, wird also der Tagelohn sein. „Ein Tagelohn" ist die Einheit dieses Werthmessers, den man dann in 100 Untereinheiten abtheilen mag. — Wenn nun z. B. sich die historische Angabe fände, daß im Jahr 1400 ein Pferd für 100 Goldgulden verkauft sei, so wird man den Preis dieses Pferdes nicht dadurch auf neueres Geld reduciren können, daß man ermittelt, wie viel Gramme feines Gold in den 100 Goldgulden steckten, um darnach zu berechnen, in wie vielen Ducaten oder Friedrichsd'or das gleiche Grammen-Quantum enthalten sei; noch viel weniger wird man aber die Vergleichung dadurch vornehmen können, daß man ermittelt, mit wie viel süddeutschen Gulden und Kreuzern ein solches Gold-Quantum in den letzt verflossenen Monaten an der Frankfurter Börse bezahlt wurde. Vielmehr wird man zu ermitteln haben, wie viel einzelne Tagelöhne mit jenen 100 Gulden im Jahr 1400 bezahlt werden konnten, um in dem jetzigen Preise einer gleichen Anzahl von Tagelöhnen den Werth jener 100 Goldgulden auszudrücken.

Aber auch in dem Tagelohne will Hoffmann einen absoluten Werthmesser nicht erkennen. Er sagt (a. a. O. S. 2):

„Es ward angenommen, daß in der Anstrengung, womit „während eines Tages gemeine Handarbeit verrichtet wird, für alle „Menschen das gleiche Gefühl der Aufopferung und Entbehrung „liege, und daß also der Lohn, wofür dieselbe freiwillig übernommen „wird, auch für Jedermann den gleichen Werth haben müsse. Allein „die verschiedenen Stufen der Gewöhnung machen eine und die„selbe Arbeit bald mehr, bald weniger leicht, und die Freiwilligkeit „wird auch durch das Bedürfniß beschränkt. Überdies wird der „Tagelohn keineswegs bloß nach den Empfindungen des Arbeiters „bestimmt, und für die gleiche Leistung wird ihm sehr verschiedener „Genuß gewährt. Hier fristet er kümmerlich sein Leben, und er „erliegt fast unter einer Anstrengung, die doch nur Spielwerk wird, „wo reicherer Lohn kräftigeren Unterhalt gestattet. Auch ist bis ins „Unglaubliche verschieden, was in verschiedenen Gegenden als ge„wöhnliches Maß der einfachsten Handarbeit eines Mannes gilt. „In den „„Verhandlungen des Vereins zur Beförderung des Gewerb-

„fleißes in Preußen““ (Jahrg. 1827 S. 180) wird auf den Grund „amtlicher Zeugnisse angeführt, daß beim Kleinmachen des Brenn„holzes in der gleichen Zeit zehn Arbeiter in Berlin mehr zu leisten „pflegen als siebenundzwanzig in den kleinen Städten Ostpreußens. „Ähnliche Fälle kommen hundertfältig vor, und können Niemanden „fremd bleiben, der das Volksleben in verschiedenen Gegenden un„befangen zu vergleichen vermag. Es ist daher in keiner Beziehung „statthaft, den Tagelohn für gemeine Handarbeit als allgemeines „Maß der Werthe zu brauchen; denn er ist weder in Bezug auf „das Wohlsein des Arbeiters, noch in Bezug auf den Betrag der „Arbeit etwas auch nur annähernd Gleiches.“

Ich halte dies Alles, obgleich es ein so berechtigter Beurtheiler wie Hoffmann sagt, für irrig. Es handelt sich beim Tagelohne um etwas Anderes, als um Anstrengung der Körperkraft, oder um Gefühle des seine körperliche Kraft Opfernden und um „Kümmerlichkeit“ der Lebensfristung, was Alles nur subjectiv und relativ ist, sondern es handelt sich um dasjenige tägliche Quantum von Subsistenzmitteln, welches nach Gegend und Zeitalter, und daneben auch den Ansichten, den Sitten der Menschen der untersten Volksklasse, als der großen Mehrheit — denn zur Subsistenz gehört auch ein gewisses überall verschiedenes Maß von Behaglichkeit, Comfort und Luxus -- unentbehrlich, nothwendig ist. Der Tagelöhner macht nur ein Tages-Budget, und die Summa Summarum dieses Budgets ergiebt: „eine Tages-Exigenz“. Jeder Posten dieses Budgets hat seinen abgesonderten Werth, deren jeder nach dem Werthmesser gemessen wird; die Summe dieser Werthe ergiebt also den Geldbetrag der Tages-Exigenz eines Menschen der untersten Volksklasse in einem bestimmten Lande in einem bestimmten Zeitalter. Da die Concurrenz den Betrag des Tagelohns immer auf den Betrag eben nur der Tages-Exigenz herabdrückt, so kann man den Exigenz-Betrag als eine Rechnungs-Einheit betrachten, als den Grad eines Werthmessers, einer Scala, an welcher alle Werthe abgemessen werden können. Der Tagelohn — eine einfache Tages-Exigenz — beträgt in Westfalen 10 Ngr. (ungefähr 6 Gm. Silber oder $^{2}/_{5}$ Gm. Gold), in Litauen 5 Ngr. (3 Gm. Silber oder $^{2}/_{10}$ Gm. Gold), in England 30 Ngr. (16 Gm. Silber oder 1 Gm. Gold). Im Mittelalter mag er 2 Ngr. (1 Gm. Silber oder $^1/_{15}$ Gold) betragen haben. — Wenn Jemand ein jährliches Einkommen von 100 Thalern hat, so hat er „Macht zu kaufen" in Westfalen 300, in Litauen 600, in England 100, im Mittelalter 1500 Tagearbeiten. So viel „Tages-Exigenzen" er jährlich ausgeben kann, so weit reicht seine Macht zu kaufen: so reich ist er. Im Mittelalter wäre er mit seinen 100 Thalern fast wohlhabend gewesen, in England würde er ein armer Teufel sein. Im Mittelalter hatte 1 Gramm Silber so viel Werth als jetzt 16 in England; das Geld ist dort auf den sechzehnfachen Werth gestiegen. Ein Kilogramm Silber war im Mittelalter an Werth = 960 Points der Werth-Scala (Tages-Exigenzen), in England jetzt ist es = 60 Points werth. — Die Kornpreise schwanken, nach dem sehr verschiedenen Erndte-Ertrage, so sehr, — von 1 bis 4 — daß man sie nur nach einem dreißigjährigen Durchschnitte berechnen darf. Der Tagelohn schwankt nicht. In einem Theurungsjahre muss sich der Tagelöhner nothdürftig behelfen oder er erlangt eine vorübergehende Zulage; in einem wohlfeilen Jahre kann er mehr für das, was bei ihm dem Luxus angehört, ausgeben; der Tagelohn steigt und fällt nicht, wie der Kornpreis, mit jeder Erndte, mit jedem Jahre, sondern erst mit jeder Periode der national-öconomischen Entwickelung. Und diese Perioden, diese historischen Zeitabschnitte sind es eben, deren Ausfindigmachen und Abgränzen die Schluss-Aufgabe der Geldgeschichte ist. Angaben über Kornpreise kann der Geldhistoriker erst gebrauchen, wenn sie ihm aus einer fortlaufenden Reihe von dreißig Jahren mitgetheilt werden; eine einzelne Angabe über gezahlten gewöhnlichen Tagelohn gewährt ihm eine eben so sichere und sogar weit sicherere Basis seiner Berechnungen. — Der Tagelohn dient aber nicht zur Ermittelung der Körperkraft eines Menschen oder seiner Willigkeit zur Arbeit, er ist weder ein Stärke- noch ein Faulheits-Messer; er ergiebt den Betrag einer Tages-Exigenz, also dessen, was für den Menschen den höchsten und wesentlichsten Werth hat, er ist also der absoluteste Werthmesser, dem gegenüber die edeln Metalle, die Münzen und alles Geld überhaupt, als Waare im Preise steigen und fallen.

Theoretisch war es sehr richtig, daß die erste französische Constitution von 1791 den Tagelohn als officiellen Werthmesser annahm, als sie für das active Wahlrecht einen Census feststellte[4]). Aber der Tagelohn kann als Werthmesser nur dem Geldhistoriker zur Ermittelung und Vergleichung des Werthes des Metallgeldes und der edeln Metalle zu verschiedenen Zeiten und bei verschiedenen Völkern dienen. Für das Leben taugt er nicht als Werthmesser; für dieses ist ein concreter, substantieller Werthmesser nothwendig! Alle desfallsigen Erfordernisse vereinigen in sich die beiden edlen Metalle; vorzugsweise aber das Gold.

---

## §. 5. Gold- und Silberwährung.

Das Verhältniß zwischen Waare und Geld heißt: Preis. Das Steigen und Fallen des Preises wird nicht an dem Betrage der Waare, sondern an dem des Geldes angegeben[5]). Daher muß bestimmt werden, welches der beiden edeln Metalle — Gold oder Silber — das Geld, und welches die Waare sein solle. Wo das Gold das Geld, das Silber also Waare ist, wo also der Preis in Golde gewährt wird, da herrscht die Goldwährung; im umgekehrten Falle herrscht die Silberwährung.

---

[4]) Pour être citoyen actif il faut — payer une contribution directe au moins égale à la valeur de trois journées de travail —. Tous les six ans le corps législatif fixera le minimum et le maximum de la valeur de la journée de travail, et les administrateurs des départemens en feront la détermination locale pour chaque district. — Um électeur zu sein war in größeren Städten ein Jahreseinkommen zum Werthe von 200 journées de travail, in kleineren und auf dem Lande eines von 150 oder ein gezahlter jährlicher Mieth- und Pachtpreis von 150 und bezw. 100 journées erforderlich.

[5]) Nur bei der Brod-Taxe der Bäcker findet mitunter ausnahmsweise das Steigen und Fallen des Preises an der Quantität der Waare statt. Ähnlich an einigen Handelsplätzen bei den Börsenpreisen des Spiritus.

Das Wort „Währung“ bezeichnet diejenige bestimmte Zahlungsweise, bei welcher der Empfänger sicher ist, einen angegebenen Werthbetrag wirklich zu erhalten, — bei welcher dieser Betrag ge„währ“leistet, garantirt ist*). Dabei muss vor Allem zuerst feststehen, ob der Werth eines solchen Betrages in Gold oder in Silber gemessen werden soll.

Wenn das eine der beiden edeln Metalle als Werthmesser dient, so ist das andere, diesem gegenüber, Waare, welche wie jede Waare im Werthe, also im Preise, steigt und fällt. So wenigstens drückt man sich praktisch richtig, wenn schon theoretisch unrichtig aus. In Hamburg, wo Silberwährung herrscht, also das Silber Werthmesser ist, steigt und fällt das Gold im Preise. Nächst dabei, in Bremen, wo Goldwährung herrscht, also das Gold Werthmesser ist, steigt und fällt das Silber im Preise, — ein Unterschied, der doch in zwei so nahe belegenen Handelsstädten gar nicht möglich sein würde. Es hat sich aber aus vielfachen Umständen nachweisen lassen, daß wirklich das Silber es ist, dessen Werth vorzugsweise schwankt, und daß das Gold viel weniger den Schwankungen unterliegt. Wenn in Hamburg das Gold im Preise steigt, so ist vielmehr in den bei weitem meisten Fällen das Silber im Preise gefallen. Aus der Bergwerks- oder Handels- oder Finanz-Geschichte läßt sich für jede große und nachhaltige Cours-Veränderung nachweisen, welches der beiden Metalle und aus welchen Gründen dasselbe das häufigere oder bezw. seltenere, also gesuchtere, also theuerere wurde, also die Veränderung veranlaßte.

Wo eine der beiden Währungen herrscht, da beruhet der Werthmesser entweder auf dem Metalle an sich, oder er beruhet auf irgend einer aus demselben geprägten Münzsorte. Ist ersteres der Fall, so herrscht die Barren-Währung; ein Stück rohes gegossenes Metall von bestimmter Schwere ist Werthmesser, und ihm gegenüber gelten sowohl die geprägten Münzen desselben Metalles, als auch das andere Metall, im rohen oder gemünzten Zustande, als Waare. Beruhet aber die Währung auf einer aus dem Metalle

*) Das Wort „garantiren“ ist nichts als das deutsche verwälschte Wort „währen“ — währentiren.

geprägten Münzsorte, so ist diese der Werthmesser, und ihr gegenüber steigt und fällt das ungeprägte Metall jeder Art und jede andere Münzsorte.

Dies beständige Auf- und Niedergehen des Preises heißt: der Cours, und die tägliche Zusammenstellung der Preise aller dieser verschiedenen Metall- und Münz-Arten, die Vergleichung ihres Werthes mit dem Werthmesser bildet den „Courszettel“ [7]).

Das Gold ist ein Stoff, der in mancher Hinsicht dem Silber sehr ähnlich, dagegen aber in mancher anderen von letzterem so wesentlich verschieden ist, daß er aus mehreren Gründen von den Menschen höher geschätzt wird, als das Silber. Für die meisten Zwecke ist das Gold geeigneter und brauchbarer als das Silber, und wahrscheinlich würde bei jedem Gebrauche, den man von Silber macht, dasselbe durch Gold ersetzt werden, wenn dieses nicht so sehr viel seltener wäre als jenes.

Die Seltenheit des Goldes gegen die des Silbers hat sich bei den Europäern im Verhältnisse von 1 : 10 bis 1 : 16 verhalten, und deshalb haben die Menschen — so lange sich der Verkehr auf den Bereich der Scholle beschränkte — geglaubt, beide edle Metalle derart in eine und dieselbe Scala eines Werthmessers vereinigen zu können, daß, wenn ein gewisses Gewichtsquantum Silber = 1° war, dasselbe Gewichtsquantum Gold alsdann = 10° oder 16° darstelle. Sie begannen eine Werthmessung mit Silber, und wenn sie dann bis zu 10° oder 15° fortgemessen hatten, so warfen sie das Maß bei Seite und fuhren bei einer und derselben Werthmessung mit Golde zu messen fort. — Aber die Seltenheit der Metalle und die Ansichten über den Umfang ihrer Brauchbarkeit und dadurch über ihre Schätzbarkeit änderten sich, oft schon nach nicht langer Zeit, und waren auch gleichzeitig nach Verschiedenheit der Länder nicht die nämlichen gewesen; der Punkt in der Scala, wo das Gold eintreten sollte, verschob sich — der Maaßstab wurde länger —

---

[7]) Den schwankenden Handels-Preis einer Münzsorte bestimmt der „Cours“, den gesetzlichen Nominal-Werth: der Tarif, den inneren Gehalt: die Valvation oder Valvirung. (Mone sagt oft „Cours“, anstatt „Tarif“, z. B. Zeitschr. 9 S. 82 mehrmals; 11, S. 400; 11, S. 402.)

wurde kürzer — wurde unbrauchbar. Mit dem immer mehr zunehmenden Verkehre der Völker untereinander, die sich edle Metalle, wie alle anderen Waaren, deren die einen bedurften, die anderen über Bedarf besaßen, zusandten, nahm dies Schwanken immer mehr zu. — Dies wollten aber die Gesetzgeber nicht, aber sie konnten das Schwanken der Metallpreise ebensowenig hindern, als das Schwanken von Wärme und Kälte. Sie verfuhren jedoch ganz so, als ob sie die Temperatur der Luft auf beständig 15 Grad Réaumur dadurch erhalten könnten, daß sie mit jedem Steigen oder Fallen des Quecksilbers in der Thermometer-Röhre den Längenraum zwischen dem Gefrierpunkte und dem jedesmaligen Standpunkte des Quecksilbers aufs Neue in 15 gleiche Theile abtheilten. Diese Bemühung des immer neuen Abtheilens ist das Bild der Geldgeschichte der deutschen Länder bis nach der Mitte des 19. Jahrhunderts!

Bei fortgeschrittener Entwickelung des Verkehrs halten aber die Verkehrtreibenden Menschen auf die Dauer die beiden Metalle Gold und Silber durchaus nicht für so gleichartige Stoffe, daß sie sich dazu verständen, beide durcheinander als homogene Werthmesser zu gebrauchen. So wenig wie sie glauben, daß man die Länge eine Stücks Zeug unmittelbar veranschaulichen könne, wenn man mit der Rheinländischen Elle zu messen anfängt und mitten im Messen diese mit der Brabanter Elle vertauscht, so wenig glauben sie, daß man beim Messen bestimmter Werthe mit Silber beginnen und mitten im Messen mit Golde fortfahren könne. Wenn die Brabanter und die Rheinländische Elle in einem genau ermittelten und bekannten unveränderten Verhältnisse zu einander steht, so würde die vorhin erwähnte Operation freilich auf mittelbarem Wege — durch Reduction einer auf die andere — zu einer Veranschaulichung führen; dasselbe ist bei dem Durcheinandermessen der Werthe mit Gold und Silber thunlich, wenn das gegenseitige Verhältniß beider ermittelt und bekannt — aber auch unveränderlich ist. Diese unerläßliche Unveränderlichkeit findet nun allerdings bei zwei, zu Ellen geaichten hölzernen Stücken statt, denn von diesen macht niemand auch noch irgend einen anderen Gebrauch, behuf dessen er sie verkürzen oder verlängern sollte. Die edeln Metalle sind aber durch ihre Seltenheit, ihre mannigfaltige Verwendung, ihre Unentbehrlichkeit als Werthmesser überall bald mehr, bald weniger gesucht, bald findet das eine mehr, das andere weniger Nachfrage, so daß das Verhältniß beider gegeneinander sich verändert; es schwankt und wird ungewiß, die sichere Reduction wird unmöglich und die Einheit des Acts bei abwechselndem Messen mit beiden zugleich wird aufgehoben. Jene beiden Ellen sind verschiedene Maßstäbe, aber sie lassen sich auf ein identisches Maß reduciren; jene beiden Metalle sind aber verschiedene Maßstäbe, die sich nicht stets und willkürlich in dem nämlichen Verhältnisse auf ein identisches Maß vergleichen lassen. Daher ist es irrig und unstatthaft, sie durcheinander oder, im Laufe der Steigerung des Messens der Werthe, nacheinander bei ein- und derselben Werthmessung anwenden zu wollen. Es ist irrig und unstatthaft!

Man kann nicht wortreich und breitredend genug sein, um diesen Irrthum nachzuweisen und einleuchtend zu machen; denn er ist sehr schwer einzusehen und zu begreifen, da wenigstens vom 13. bis zum 18. Jahrhunderte es wohl keinen Menschen gegeben hat, der ihn begriffen und eingesehen hätte, und auch noch im 19., wenigstens bis zum Jahre 1857, viele ihn nicht eingesehen haben. Das nordwestliche Deutschland ist hierin schon seit längerer Zeit dem übrigen Deutschlande und dem europäischen Continente voraus gewesen.

---

## §. 6. Beide Währungen in Deutschland.

Bis zum Jahre 1857 sind in Deutschland vier verschiedene Verfahrungsweisen, nach denen man die edeln Metalle als Werthmesser gebrauchte, in Anwendung gewesen. Man gebrauchte

1) die reine Silberwährung — in Hamburg. Man mißt alle Werthe nur mit Silber, und zwar mit Silber in Barrenform, dem gegenüber alles Geld, sowohl die Silbermünzen, einheimische wie ausländische, und alles Gold, vermünztes wie unvermünztes, nur als Waare, deren Preis steigt und fällt, betrachtet wird. Die Einheit dieses Werthmessers ist die Mark: der ideale Betrag von $\frac{1}{111}$ Gewichtsmark feinen Silbers.

2) Die reine Goldwährung — in Bremen, wo das Nämliche hinsichtlich des Goldes stattfindet. In Bremen werden alle Werthe, auch die der Silbermünzen, nach Golde gemessen. Die Einheit dieses Werthmessers ist der Thaler Gold, eine Rechnungsmünze, die körperlich dargestellt erst durch ihr Fünffaches — die Pistole — ist, einer Münze, deren Betrag neuerlich dort zu = 5,952 Gm. Gold *), das ideale Fünftel derselben, der Thaler, also zu = 1,190 Gm. Gold angenommen ist. Die einheimischen Silbermünzen, gleichviel ob aus hochhaltigem Silber oder Billon, gelten nur für Scheidemünzen (so wie die Kupfermünzen da, wo die Silberwährung herrscht,) und sind so ausgemünzt, daß der Silberinhalt, der in einem Betrage von 72 Groten — gleichviel ob dieser in 72 einzelnen Grotenstücken aus Billon oder in 12 Sechs-Grotenstücken oder 2 36-Grotenstücken gezahlt wird, weit unter dem Silberbetrage bleibt, der, dem Course nach, für 1 Thaler Goldwährung verkauft wird. Diese einheimischen Silbermünzen sind Scheidemünzen, denn sie dienen nur zur Bezahlung geringerer Beträge, als durch ein goldenes 5-Thalerstück zu zahlen sind; ihr Silber-Inhalt kommt als Waare gar nicht in Betracht, da er viel weniger beträgt, als er nach dem Preise des Silbers betragen müßte. — Diesem Werthmesser — dem Golde — gegenüber, sind nun alle anderen Silbermünzen eben so eine Waare, deren Preis steigt und fällt, wie da, wo Silberwährung herrscht, dies hinsichtlich der Goldmünzen stattfindet. Der Preis des norddeutschen Thalers schwankt in Bremen zwischen 63 und 66 Groten.

Eben das, was in Bremen der „Thaler Gold“ ist, das war im Mittelalter während des 15. Jahrhunderts das „Pfund Pfennige“ oder „Pfund Heller“: ein in Scheidemünze zahlbarer, aliquoter Theil einer Goldmünze. So wie der Betrag des „Thalers Gold“ ein aus der Division der Pistole hervorgehendes Quantum Gold, und nicht ein aus der Multiplication des Groten hervorgehendes Quantum Silber ist, so war auch zur Zeit der Goldwährung im Mittelalter das „Pfund Heller“ eine aus dem

*) — indem die Goldkrone (= 10 Gramme Gold) zu $8^{2}/_{5}$ Thaler tarifirt wurde —

Gold-Inhalte des Goldguldens zu berechnendes Quantum Gold, nicht aus dem Silber-Inhalte der Schillinge und Heller berechnetes Quantum Silber. — Thaler Gold in Bremen, Pfund Heller im Mittelalter werden stets in Goldstücken bezahlt; in Silber- und Scheide-Münze nur hinsichtlich derjenigen Summen, die unter dem Betrage eines Goldstücks sind.

Im übrigen Deutschland hat nun nirgends — wie in Hamburg und Bremen — die eine der beiden Währungen für sich allein ausschließlich bestanden, vielmehr finden sich beide in gewisser Verbindung miteinander. Aber diese Verbindung war — und das wissen Wenige! — von zweierlei, sehr verschiedener Art; diese Verbindung war — um einen sehr treffenden Vergleich zu machen — entweder eine „mechanische" oder eine „chemische". Nämlich:

3) Gold- und Silberwährung äußerlich neben einander — in Hannoverland, Holstein und Meckelnburg und den kleineren Staaten im nordwestlichen Deutschlande, bis 1807 auch im Preußischen (Hoffmann Lehre v. G. S. 82 und „Zugabe" S. 87) — im Allgemeinen werden alle höheren Werthe nach der Goldwährung, alle niederen nach der Silberwährung gemessen. Die Veranschaulichung der Beträge findet dabei nur nach dem einen der beiden Werthmesser statt. — Es ist häufig, daß man sich beim Handel zur Veranschaulichung des Werthes verschiedenartiger Gegenstände zweier verschiedener Maßstäbe bedient. So mißt in Leipzig der Großhandel nach der Brabanter, der Kleinhandel nach der Leipziger Elle; so wägt in den Hansestädten der Kaufmann nach Amsterdammer, der Krämer nach Kölner Gewicht; so wird je nach Verschiedenheit des Verkehrs in Hamburg gezahlt nach der Banco- oder der Courantwährung, so einst in Österreich nach der Conventions- (Silber-) oder der Wiener (Papiergeld-) Währung. So im nordwestlichen Deutschland bald nach (Bremer) Goldwährung, bald nach Silberwährung, je nachdem man den Werth der Gegenstände des größeren oder des kleineren Verkehrs bestimmt; ersteres namentlich bei allen solchen Gegenständen, die ein größeres Ganzes bilden und nicht vereinzelt werden können. Hier wird der Werth einer Sache nur dann deutlich und unmittelbar veranschaulicht, wenn er nach demjenigen Maßstabe — Gold oder Silber — der

für dieselbe üblich ist, angegeben wird. Bei einer dies verwechselnden Werthbezeichnung würde man erst mittelbar — durch Vergleichung und Berechnung — zur Veranschaulichung gelangen.

Bei dieser zweifachen Währung wird der Werth beträchtlicher Gegenstände — von Kapitalen, Landgütern, Häusern, größerer Beträge von Pacht und Miethe, Pferden u. s. w. — nur dann veranschaulicht, wenn er nach der Goldwährung, nach idealen Thalern der Goldwährung oder nach 5-Thalerstücken derselben, gemessen wird; der Werth geringerer Gegenstände wird aber nur dann veranschaulicht, wenn er in Thalern der Silberwährung gemessen und angegeben wird. Würde irgend ein Werth nach der nicht gehörigen Währung angegeben, so würde man ihn, um ihn sich deutlich zu veranschaulichen und den andern bekannten Preisen der nämlichen Art von Gegenständen homogen auszudrücken, aus der einen Währung in die andere — dies aber dem jedesmaligen, schwankenden Verhältnisse beider gegeneinander gemäß — übertragen (reduciren) müssen. Der Gebrauch der verschiedenartigsten Maßstäbe neben einander für verschiedenartige Gegenstände hat durchaus nichts Unbequemes, wie denn z. B. auch Münzgewicht, Krämergewicht, Apothekergewicht und Juwelengewicht, denen die verschiedenartigsten Schwere-Einheiten zum Grunde lagen, ohne die geringste Unbequemlichkeit neben einander im Gebrauche gewesen sind. Die Veranschaulichkeit hört nur dann auf, wenn eine und dieselbe Art von Gegenständen durcheinander nach verschiedenen Maßstäben gemessen wird, wie wenn z. B. die Numismatiker das Gewicht der Münzen bald nach dem metrischen Gewichte, bald nach allerlei ältern oder nach neuern Local- und Winkel-Gewichten angeben, als da sind Grains poids-de-marc, Halbgramme, Tausendstel des Kölnischen Loths oder des deutschen Zoll-Pfundes u. s. w., während die gesammte wissenschaftliche Welt endlich in dem Gramme ein allgemein anerkanntes Universal-Gewichtssystem erhalten und angenommen hat.

4) Gold- und Silber-Währung (nicht neben, sondern innerlich) durch- und ineinander[10]) — bis 1857 im gesammten

[10]) Dieses System ist häufig die „Doppel-Währung" genannt — eine Bezeichnung, welche dasselbe aber gar nicht von dem unter 3

übrigen Deutschlande und noch fortdauernd in vielen anderen Ländern. Das hatte man nicht begriffen und weiß es vielfach noch jetzt nicht, daß Handels-Conjuncturen den Preis der edeln Metalle erhöhen und erniedrigen, so wie der verschiedene Ausfall der Erndte die Kornpreise erhöhet und erniedrigt. Seit 1252, wo wiederum Goldmünzen in Europa geschlagen wurden, mühheten sich die unwissenden Gesetzgeber ab, den gegenseitigen Preis der beiden Metalle unveränderlich gegeneinander festzustellen, indem sie Silber für die unteren, Gold für die oberen Stufen des Werthmessers, die höheren und niederen Grade der Scala hielten, um die Werthe ermitteln zu können, wie etwa die Länge eines Stück Zeuges, welches sie durcheinander erst mit der Brabanter und dann mit der Rheinländischen Elle maßen! Wie bringt man die Menschen dahin, daß sie Gold und Silber für einerlei, für homogen (— und daneben vor allen Dingen, daß sie Silber und Billon, Scheidemünze und Silberwährung für einerlei) halten? Mit der Beantwortung dieser beiden thörichten Fragen hat sich Jahrhunderte lang die Gesetzgebung in Münzordnungen und Münzverträgen — natürlicher Weise ganz erfolglos abgemühet. Ohne alle Rücksicht auf den veränderlichen Preis der Metalle gegen einander sollte 1 Ducat = 4 Gulden oder 1 Pistole = 5 Thaler werth sein. Eine solche gesetzliche Bestimmung ist durchaus nichts Anderes, als ein Gesetz, nach welchem der ewige oder unveränderliche Preis des Himten Roggens, ohne alle Rücksicht auf den Ausfall der Erndte, allezeit = 1 Thaler sein sollte. Den Erfolg eines solchen Gesetzes kann sich Jedermann, ohne großer Kenner der Geldlehre zu sein, leicht denken. Wenn die Erndte sehr gut und der Himte Roggen

---

dargestellten unterscheidet. Der Ausdruck „Doppel-Währung" könnte etwa letztere bezeichnen, wenn ich jene die Misch-Währung nennen wollte. Man hat bisher das Bedürfniß einer ausreichenderen Terminologie nicht empfunden, weil man die von mir unter 3 und 4 unterschiedenen Systeme nicht unterschieden hat. Am deutlichsten charakterisire ich den Unterschied, wenn ich beide Systeme als chemische oder als mechanische Verbindung der beiden Währungen bezeichne (Parallel- und Misch- oder Cumulativ-Währung).

überall für $^1/_2$ Thaler zu kaufen war, so wurde aller Roggen von auswärts hieher zu Markte gebracht, wo man dennoch 1 Thaler dafür erhielt, und der inländische Verkäufer konnte mit dem fremden nicht concurriren, das baare Geld aber ging ins Ausland. Fiel umgekehrt die Erndte schlecht aus, und der Preis des Roggens stieg auf 2 Thaler, so wurde aller einheimische Roggen ins Ausland zu Markte geschickt, wo man das Doppelte der inländischen Taxe dafür erhielt, und der einheimische Kauflustige fand gar keine Verkäufer!

So wanderte alles Gold aus, wenn dessen Cours-Preis über den gesetzlichen Tarif stieg, oder im entgegengesetzten Falle das Silber. Und eigentlich sind alle jetzt in Europa bestehenden Münz- und Geld-Systeme lediglich mercantilische Folgen verkehrter Gesetze, die gegen die Absicht der letzteren und trotz ihnen durch die Handels-Conjuncturen entstanden, und dann hinterher von den Gesetzgebungen anerkannt und legalisirt werden mußten.

Aber dazu entschlossen sich die weisen Gesetzgeber keineswegs sofort. Die Folgen ihrer Maßregeln entgingen ihnen nicht; aber sie erkannten sie nicht als solche, und suchten die Abhülfe durch neue legislative Verkehrtheiten. War der Himte 2 Thaler werth, so ließen sie im Jahre darauf alle Himten-Maße verkleinern, oder — ein anderes Mal — ließen sie den Thaler auf das Doppelte vergrößern; war aber der Himte nur $^1/_2$ Thaler werth gewesen, so wurde zur neuen Erndte das Himten-Maß vergrößert oder auch der Thaler verkleinert. Grade so machte man es mit den Goldmünzen und den Silbermünzen, um das gegenseitige Preisschwanken beider Metalle abzustellen, und die Erzählung dieser eben so thörichten als fruchtlosen Bemühungen, den Handel zu zwingen, sich nach den plumpen und verkehrten Finanzspeculationen einsichtsloser Regierungen zu richten, bildet den einen Haupttheil der deutschen Münzgeschichte seit dem Anfange des 16., oder vielmehr schon seit der Mitte des 14. Jahrhunderts; den andern Haupttheil bildet das Bestreben, das Volk zu betrügen, indem man ihm statt des gesetzlich versprochenen Silbers, schlechtes Billon gab. Thorheit —: den Preis einer Waare des Welthandels fixiren zu wollen, und Unredlichkeit —: Werthloseres betrüglich für Werthvolleres auszugeben — Eins oder das Andere oder Beides zugleich hat den Inhalt fast aller deutschen Münzgesetze und Münzverträge seit dem Mittelalter dictirt! Dieser Satz enthält den Schlüssel zum Verständnisse aller hierauf bezüglichen Urkunden, und diesen Satz muß jeder beständig lebhaft vor Augen haben, der diese Urkunden erklären und zu weiteren Aufschlüssen benutzen, wenn er sie selbst nur erst verstehen will.

Den genannten vier Anordnungen des Werthmessers läßt sich noch hinzufügen

5) Silberwährung, neben welcher noch Werth-Repräsentanten verschiedener Art, auf denen aber keine besondere Währung beruhet: — Preußen, von 1831 bis 1857 — reine Silberwährung, aber daneben von 1831 an[11]) verschiedene Assignate aus gleichgültigem Stoffe, denen ein bestimmter Tarif-Werth nach Silber gegeben war, zu welchem sie Jedermann ohne Berücksichtigung des inneren Handels-Werthes dieses Stoffes annahm: Stücke von Papier zu 1, 5, 100 Thaler an Werth; Stücke von Kupfer zu $^1/_{360}$, $^1/_{180}$, $^1/_{120}$ und $^1/_{90}$ Thaler an Werth; Stücke von Gold zu $5^2/_3$ und $11^1/_3$ Thalern an Tarif-Werth —: Cassen-Scheine, Pfennige und Friedrichsd'or. Diese drei werth-repräsentirenden Stoffe stelle ich hier als ächte Analoga neben einander, um durch diese Zusammenstellung anschaulich zu machen, welche Bedeutung das Gold und die Goldmünze in dem preußischen Münzsysteme von 1821 bis 1857 gehabt hat. Der Friedrichsd'or war kein Werthmesser, sondern eine Marke, ein Token, wie das Papiergeld und die Scheidemünze — gleichsam, statt Scheidemünze: eine „Sammelmünze", oberhalb des obern Endes der Scala der Werthmessers, die nur zwischen dem Doppelthaler und dem $^1/_6$-Thalerstücke liegt. Derartige Neben-

---

[11]) 1831 wurde der Cours der Friedrichsd'or bei den öffentlichen Cassen zu unveränderlich $5^2/_3$ ₰ festgesetzt, und daneben alle fremden Goldmünzen von den Staatscassen ausgeschlossen. Bei dem geringen damals im Umlaufe verhandenen Vorrathe von Friedrichsd'or hörten diese auf ein allgemeines Zahlmittel zu sein, und wurde seitdem überall, wo Zahlung darin vorgeschrieben oder bedungen war, durch den unveränderten Betrag von je $5^2/_3$ Thalern der Silberwährung vertreten.

münzen sind z. B. in Hamburg die Portugalöser, in Rußland die Platina-Ducaten, in Österreich die vierfachen Ducaten, in England die fünffachen Sovereigns, die Silber-Crowns, die Maundy-money. — Der Friedrichsd'or war der alte französische Louisd'or oder die Pistole und genau nach dessen — wenn auch nicht gesetzlichem, doch factischem Fuße ausgemünzt. Nachdem im Königreiche Westfalen betrüglicher Weise eine schlechtere Pistolensorte eingeführt war, die später in Hannover, Braunschweig und Dänemark nachgeahmt wurde, und die preußischen Friedrichsd'or in Pistolen jener Art umgemünzt wurden, blieben von ersteren zu wenige im Umlaufe, als daß sie ein allgemeines Zahlmittel hätten sein können. Weil ihrer wenige vorhanden waren und man selten deren ausmünzte, konnten sie ihren hohen Tarif-Preis stets behaupten, da sie stets eine gesuchte Waare waren. Wären ihrer mehr gemünzt, so würden sie, gleich allen anderen Goldmünzen, ihren schwankenden Handelspreis gehabt haben. Für den Bedarf des Verkehrs an Goldmünzen reichten sie aber bei Weitem nicht aus, daher sie durch die fremden Pistolen ersetzt wurden.

---

## §. 7. Cours der Münzsorten.

Es ist nun gesagt: wenn das eine der beiden Metalle die Währung bildet — das Messende —, so bildet das andere eine Waare — das Gemessene —, deren Preis nach den Handels-Conjuncturen steigt und fällt. Allein der Werth dieser Waare beruht nicht in dem Stoffe allein, sondern auch in der Gestalt desselben; so wie bei jeder Goldschmiedsarbeit das rohe Metall und daneben „das Façon" bezahlt wird, so auch bei den Münzmeister-Arbeiten, insoweit diese bloße Fabricate sind. Nicht bloß das rohe Metall bildet jene Waare, sondern auch die daraus verfertigten Münzen, und wenn dann in einem Lande mehrere Arten solcher Münzen neben einander verfertigt werden oder ausländische Arten neben einheimischen umlaufen — Friedrichsd'or, Pistolen, Ducaten, dazu Goldkronen — so kann es kommen, daß Jemand aus Gründen das eine dieser verschiedenen Fabricate dem anderen vorzieht. Wer

z. B. Zahlungen im Auslande zu machen hat, der kann nach Ungarn, wo nur Ducaten gelten, keine Pistolen, nach Dänemark, wo nur Pistolen gelten, keine Goldkronen senden. Er wird also nur diejenige Waare aufkaufen, die er für seinen Zweck bedarf, und wenn mehrere oder viele zu gleichem Zwecke die nämliche Waare suchen, also nach einer Waaren-Art eine größere Nachfrage entsteht, so steigt diese im Preise. Daher hat ein und dasselbe Quantum feinen Goldes einen verschiedenartigen Werth und also auch verschiedenen Preis, je nachdem es unvermünzt, oder in einer oder der anderen Münzsorte ausgemünzt ist. Dasselbe findet auch hinsichtlich der Silber-Münzsorten statt, und in Hamburg, wo Silberwährung herrscht, aber der Werthmesser nur in rohen Barren besteht, haben die verschiedenen Münzsorten — einheimische und die der Nachbarländer: Hamburger Courant, Preußische Thaler, Preußische 1/6-Thalerstücke, Schleswig-Holstein'sche Speciesthaler, seine 2/3-Stücke — ihren verschiedenartigen Preis gegen die Silberbarren der Bank, der aber keineswegs der nämliche ist für ein gleiches in ihnen vermünztes Quantum von feinem Silber, sondern der sich nach der besondern Nachfrage richtet, welche auf dem Geldmarkte nach der einen oder der anderen Sorte laut geworden ist. Ähnliches ist auch im Mittelalter der Fall gewesen, und es würde ein irriger Schluß sein, von dem bekannten Goldgehalte irgend einer Goldmünzsorte auf den einer anderen nach dem Verhältnisse zu schließen, in denen beide gleichzeitig gegen eine Silbermünzsorte tarifirt sind. Wenn der Courszettel die eine Goldsorte zu 10, die andere zu 12 Einheiten der Silberwährung notirt, und es bekannt ist, daß die erstere = 10 Gramme an feinem Golde enthalten habe, so folgt daraus noch keineswegs, daß letztere deren = 12 enthalten habe; sie können beide deren = 11 enthalten haben, aber die eine war für bestimmte Handelszwecke brauchbarer als die andere und stieg um eine Einheit im Preise, während die andere um eine Einheit fiel. Approximative Schätzungen lassen sich wohl daraus entnehmen. — —

## §. 8. Der Schlagschatz.

Die Stufen der Scala eines Werthmessers werden durch die Einheiten der Zählweise eines Münzsystems gebildet, und um das Metall als Werthmesser zu gebrauchen, muss man erkennen können, wie viel solcher Einheiten ein gegebener Metallbetrag enthalte. Einem rohen Klumpen edeln Metalles kann man nicht ansehen, wie schwer er sei und ob und wie viel Gemisch von unedelm Metalle etwa darin stecke, man kann sein „Schrot" und „Korn" nicht erkennen, sondern man muss beides erst — durch Wagschale und Cupelle — ausfindig machen. Deshalb verfertigt man nun gleichartige Barren von bequemer und der Verfälschung des Gewichts thunlichst vorbeugender Gestalt, dem eine obrigkeitliche Beglaubigung ihres Gewichts und Feingehalts aufgeprägt wird. Diese Verfertigung und Beglaubigung — das Façon — verursacht aber Arbeit und Zuthaten und Verluste, also Kosten, und so wie der silberne Löffel, den der Goldschmied macht, um den Betrag dieser Kosten theurer ist, als das rohe Silber, woraus es geschmiedet wurde, so müsste auch das Münzstück um den Betrag seiner Kosten werthvoller sein, als das darin enthaltene rohe Metall.

Das klingt allerdings sehr plausibel — ja dermaßen plausibel, daß viele gelehrte Leute dies für sehr richtig halten. — Aber darin liegt ein großer Irrthum.

Eine Waare steigt und fällt im Preise, je nach dem Angebote und der Nachfrage. Aber ein Maßstab wird nicht beliebig länger oder kürzer. Nur das Gemessene hat einen schwankenden Preis, nicht das unveränderlich Messende. Das Münzstück ist eine der Stufen des Werthmessers, Theil einer Maß-Scala, also selbst Messendes; Es hat als solches an sich keinen Werth, also keinen höheren oder niedrigeren. Wenn aber dem Werthmesser — der Münze — das darin enthaltene rohe Metall als ein Anderes gegenüber tritt, so ist letzteres die Waare, und an dieser haftet dann der Werth und Preis, und wenn von einem durch Verarbeitung erhöhten Werthe die Rede ist, so kann sich dies nur auf den Werth des rohen Metalls beziehen. Wenn also der Werth des rohen Metalls gemessen und verglichen wird, so wird sich ergeben, daß dasselbe um den Betrag der Verfertigungskosten weniger werth ist, als das verarbeitete und vermünzte Metall, welches den Werthmesser selbst bildet. — Der Werthmesser der norddeutschen Silberwährung zerfällt in Einheiten, in Scala-Stufen, welche „Thaler" heißen, und jede dieser Einheiten oder Stufen wird gesetzlich durch ein gemünztes Stück gebildet, welches 16²/₃ Gramme feinen Silbers enthält. Diese 16²/₃ Gramme bilden die unveränderliche Stufe des Werthmessers, die Verfertigung des Meßwerkzeugs — des Thalers — mag kosten, was sie will. — Wenn ich keine anderen Zahlmittel besitze, als einen Silber-Barren vom dreißig-fachen Silberinhalte eines Thalers, so bin ich etwa eben so reich wie Robinson, als er den Goldklumpen gefunden hatte, — ich kann nichts dafür kaufen! Kein Verkäufer glaubt mir auf mein ehrliches Gesicht, daß der Barren wirklich für 30 Thaler Silber enthalte; ihn zu wägen und zu probiren will sich Niemand die Mühe geben; mir bleibt nichts übrig, als den Barren in Münzstücke verwandeln zu lassen; das kann und darf aber nur der Münzmeister thun. Dieser überzeugt sich freilich, daß der Barren für 30 Thaler Silber enthalte, aber er weigert sich ihn dafür zu kaufen, weil er, um 30 Stück Thaler daraus zu verfertigen, ¹/₃ Thaler an Kosten verwenden müßte. Also erbiete ich mich, diese Kosten zu erstatten und da dies compensando geschieht, so erhalte ich für meinen Barren den Preis von 29²/₃ Thalern, weil derselbe schlechterdings keinen höhern Werth hat. Niemals vermünzt der Münzmeister Silber, wofür er mehr als 29²/₃ Thaler für das Halb-Kilogramm gäbe. Alles Silber, welches als Ausbeute der Bergwerke — sie mögen dem Landesherrn oder Unterthanen gehören — in die Münze kömmt, wird von der Verwaltung der Bergwerke nur zum Verkaufspreise von 29²/₃ Thalern für das Pfund als Einnahme berechnet.

Jene ¹/₃ Thaler, welche der Münzmeister an der Mark verdient, nennt er den Schlagschatz (im weiteren Sinne des Worts) und wenn dann diese ¹/₃ Thaler noch einen Überschuß über die Kosten der Münze, über die Baar-Auslagen ergeben, so liefert er diesen Überschuß, als eigentlichen „Schlagschatz" (im engern Sinne), als Münzgewinn, als eine aus dem Münzrechte gezogenen Rente, an die Landesherrliche Kammer-Casse ab. Diese Rente ist es, die man ehemals capitalisirte, um den Werth des Münzrechts zu taxiren, um es verkaufen, verpachten und verpfänden zu können.

Die Erforschung der Mittel und Wege, welche etwa angewendet werden könnten, um diesen Ertrag des Münzrechts, den Schlagschatz, zu erhöhen, ist ein Gegenstand der Finanzwissenschaft, der jedoch in den neuern Darstellungen dieser Wissenschaft völlig wegfällt und dafür in die Lehre von der Handelspolizei verwiesen ist, weil jetzt das Münzen nicht mehr als eine Einnahmequelle des Staats, sondern als ein Förderungsmittel des Handels und des Verkehrs betrieben wird. Die neueren Staatsverfassungen stellen den Regierungen zur Bestreitung ihrer Ausgaben die Geldbeutel der Unterthanen — der Zeitgenossen durch Steuern, der Nachkommen durch Anleihen — in einem nur durch die exceptio Caesarea begränzten Umfange zur Verfügung, so daß die Staatsverwaltung nicht mehr nöthig hat, industrielle Speculationen mittels der Münzanstalten — billiger Einkauf der Rohstoffe, hoher Vertrieb der Fabricate — zu machen. Man bezahlt die Rohstoffe so hoch wie möglich, um nur eben die Baarauslagen für das Münzenmachen und die Ersetzung des Abgangs an Betriebs-Anlagen und für das, was bei den Proceduren der Arbeit in Rauch aufgeht und in die Krätze geht [12]), zu ersetzen. In älteren Zeiten griffen die Münzherren zu den drückendsten Zwangsmaßregeln, um die Besitzer von rohem Metalle zu dessen Verkaufe an die Münzstätten zu den billigsten Preisen zu nöthigen, zu den plumpsten Betrügereien, um sie zur Annahme möglichst geringhaltiger Münzen zu zwingen, um, unter dem Vorwande der Ausübung des Münzrechts, Abgaben von ihnen zu erpressen, die sie in der Form von Steuern zu erheben nicht berechtigt waren, und die eigentlich eine Besteuerung der baaren Cassenbestände enthielten [13]). — Kaum glaublich ist, wie der große Finanzier Colbert, der Schöpfer des „Mercantilsystems", auf die wunderlichste Weise das Münzrecht aus-

---

[12]) Diese Verluste werden zu höchstens $^1/_5$ bis $^1/_4$ Proc. angenommen.

[13]) Diese Art der Ausübung des Münzrechts in Deutschland ist MBl. 1, S. 41 geschildert.

beutete, um die Erfolge seiner Handelspolitik wieder zu zerstören. Die Franzosen sollten so viel Waaren aus- und so wenig Waaren ein-führen, als möglich, damit der Überschuß der Ausfuhr über die Einfuhr von den Ausländern mit edeln Metallen ausgeglichen werden müsse, in deren Vorhandensein über Bedarf er den „National-Reichthum" erblickte [14]). Diese Metalle konnten nun in Gestalt von Barren oder ausländischen Münzen eingeführt werden. Erstere waren überhaupt, letztere zum Verkehre in Frankreich, wo nur einheimischen Münzen der Umlauf gestattet war, unbrauchbar; sie mußten daher als rohes Gold in die Münzstätten zum Umprägen geliefert werden. Nun hatte aber der Finanzminister den Ankaufspreis des rohen Goldes so festgesetzt, daß für eine Goldmasse, aus welcher, den bestehenden Münzgesetzen zu Folge, 108 Stück Louisd'or geprägt wurden, dem Verkäufer des Metalls nur 100 Louisd'or gezahlt wurden. Das hieß: man gewinne einen Schlagschatz von 8 Procent. Wenn nun ein französischer Kaufmann für 108 Louisd'or Waaren dem Ausländer verkauft hatte, so behielt er, nach Abgabe von 8 Louisd'or an die Münze, nur 100 für seine Waare, und jene 8 Louisd'or waren eigentlich eine Ausfuhrsteuer, mit der man die Ausfuhr erschwerte, während diese doch mit allen erdenklichen Mitteln gehoben werden sollte. Aber — meinte Colbert — das scheint nur so. Denn der Franzose giebt eine Waare, die er ohne jene Besteuerung für 100 Louisd'or verkauft haben würde, nunmehr dem Ausländer nicht unter 108 Louisd'or, und somit werden durch den Schlagschatz nicht die inländischen Verkäufer, sondern die ausländischen Käufer besteuert. — Ich wenigstens bin nicht im Stande, diese Finanzoperation in an-

---

[14]) „Durch den Besitz von Thalerstücken wird man eben so wenig reich, „wie durch den Besitz von Ellen oder Scheffeln" (Hoffmann, Lehre vom Gelde, S. 9). Dem Mercantilsysteme lagen die jetzt so verkehrt erscheinenden Verwechslungen von Werthmesser, Geld, edelm Metall und Capital zum Grunde — so wie sich jetzt noch mancher Tropf verwundert, daß das Silber in der Hamburger Bank keine Zinsen trägt. Er könnte sich mit eben so viel Grund verwundern, daß die Silberbarren keine Eier legen; er kennt keinen Unterschied zwischen Silber und Capital.

derer Weise zu verstehen (Busse, Kenntniß vom Münzwesen, I, S. 224 fg.). Aber mir scheint es ein baarer Unsinn, anzunehmen, daß der ausländische Käufer diese 8 Procent zu tragen gehabt habe. Wenn er dem Franzosen 108 Louisd'or für Waaren zahlt, so sind ihm diese auch so viel werth, und wenn der Franzose für seine Waare 108 Louisd'or vom Ausländer erhalten kann, so würde er sie auch ohne allen Schlagschatz gefordert haben. Den Goldbetrag dieser 108 Louisd'or erhält er auch, aber er muß ihn für 100 Louisd'or an die Münze verkaufen, also ist er es allein, der den Verlust trägt. Dieser sogenannte „Schlagschatz" war also nichts weiter als ein indirect und verkehrt erhobener Ausfuhrzoll, der den Ausfuhrhandel, den man daneben durch Prämien zu befördern suchte, erschwerte. — Es gehört dies Alles aber nicht in die Geldlehre, sondern in die Finanzwissenschaft, oder jetzt vielmehr Finanzgeschichte und in die Handelspolitik.

Wie viel Gold oder wie viel Silber ein Münzstück enthalten solle, wird durch das Münzgesetz bestimmt, und diesem gemäß verfertigt der Münzmeister die Münzen, so genau er es vermag. Über die desfallsigen Bestimmungen der Münzgesetze giebt das öffentliche Recht: das Finanz- und Handelspolizei-Recht Auskunft. Durch was für Handelsgeschäfte, Käufe und Verkäufe der Kaufmann und Banquier oder Geldwechsler sich ausländische Münzen oder Gold- und Silberbarren verschafft habe, aus welchen Gründen und Handels-Conjuncturen dem einen Handelsplatze baare Rimessen von einem andern gemacht sind, das erzählt die Handelsgeschichte. Welche Speculation der Münzmeister macht, um sich wohlfeil rohes Material zu verschaffen, um möglichst gewinnbringend sein Fabrik-Geschäft zu betreiben, das erzählt die Finanzgeschichte. Was für Proceduren der Münzmeister mit dem rohen Metalle vorgenommen habe, um daraus zierliche Münzen hervorgehen zu lassen, das lehrt die Münztechnologie. Wie viel Gewicht und wie viel Feingehalt er jedem seiner Münzstücke gegeben habe, welches Größen- und Betrags-Verhältniß zwischen den verschiedenen Sorten dieser Münzen statt gefunden habe, das erzählt die Geldgeschichte. — Die Frage aber: Wie, woher, wie theuer, wie wohlfeil, auf welche ehrliche oder unredliche Weise der Münzmeister sich das Material zu diesen Münzstücken verschafft habe, kümmert diese gar nicht.

Ein jeder Thaler, welchen der Münzmeister aus den Händen giebt, enthält 16²/₃ Gramme an feinem Silber. Hat er das rohe Material nicht billiger als für 29¹/₃ Thaler das Pfund kaufen können, so wird er nur einen geringen Reingewinn oder Schlagschatz über die Verfertigungskosten der Münzen übrig behalten. Hat er aber den Verkäufer des Silberbarrens betrogen, etwa indem er ihm vorlog, der Barren sei nur 8-löthig, während dieser ganz fein war, so wird er auf jedes Pfund einen Schlagschatz von mehr als 14²/₃ Thalern, — hatte er aber das Silber gestohlen, so würde er ohne Zweifel einen Schlagschatz von über 29¹/₃ Thalern gewinnen. Aber das daraus gemachte Thalerstück würde darum stets nicht mehr und nicht weniger als 16²/₃ Gramme fein Silber enthalten, und es ist ein großer Irrthum zu glauben, der Münzmeister mache die Thalerstücke um so viel schwerer oder leichter, als er das Rohmaterial theurer oder wohlfeiler gekauft habe, und als wäre an dem Gewichte und dem Silbergehalte der Münzstücke irgend zu erkennen, wie viel das Rohmaterial gekostet habe, als könne der innere Werth der Münze irgend von diesem Einkaufspreise abhängen.

Völlig unverständlich sind mir daher mehrere Stellen in Hegel's Nürnbergischer Münzgeschichte. Er spricht z. B. (S. 231) von dem Münzvertrage der Rheinischen Kurfürsten von 1386 und sagt: „Wenn 66 Gulden zu 23 Kr. fein auf die Münzmark gin„gen, so u. s. w. war der Werth eines Guldens u. s. w. = 5 Fl. „27¹/₂ Kr. Dieser Werth erhöhete sich aber um die Prä„gungskosten und den Schlagschatz, welche zusammen, da „der Münzmeister für die feine Mark Gold nur 67 neue Gulden „geben sollte, 1²⁰/₂₃ Stück auf die Mark u. s. w. ausmachten, so „daß der Gulden auf 5 Fl. 36¹/₂ bis 36³/₄ Kr. zu stehen kam“[13]). — Aber wie soll denn das zugegangen sein? — Der Münzvertrag befiehlt dem Münzmeister, Gulden zu machen, deren jeder 3,394 Gm. feinen Goldes enthalten soll. So viel Gold hat auch jeder enthalten, und eben damit er es enthalten konnte, mußte der

[13]) Bei diesem Münzfuße (1 M. f. = 68²⁰/₂₃) und Einkaufspreise (1 M. f. = 67) betrug der Schlagschatz = 2⁷⁸%.

Fabricant das Rohmaterial für weniger Gold einkaufen, als das Fabricat dessen enthalten sollte, denn womit hätte er sonst die Verfertigungskosten decken sollen? — Der Ankaufspreis von 67 Gulden, den der Münzherr seinem Münzmeister vorgeschrieben hatte, war aber ein Maximum, welches Letzterer nicht überschreiten durfte, denn sonst würde dieser vielleicht das rohe Gold so hoch bezahlt haben, daß außer den Münzkosten gar kein Überschuß, kein Schlagschatz für den Münzherrn übrig blieb. Dabei war aber dem Münzmeister unverwehrt, sich das rohe Gold wohlfeiler zu verschaffen. Fand er einen Verkäufer, der sich mit 66 Gulden für die feine Mark befriedigen ließ, so kaufte es der Münzmeister für sich selbst und verkaufte es dann der Münze wiederum für 67, zu seinem eigenen Vortheile, was ihm freistehen mußte, da der Münzherr dadurch nicht benachtheiligt wurde und die Gulden dessenungeachtet vollhaltig ausgemünzt werden konnten. Da aber jener nicht einen festen Jahrsgehalt, sondern eine Tantième von dem Rein-Ertrage erhielt, so war es sein Vortheil, so viel wie möglich anzukaufen, vielleicht möglichst hoch — die vollen 67 Gulden zu zahlen, um Verkäufer anzulocken, um durch den öfter wiederholten kleineren Gewinn zu erlangen, was er durch seltenern größeren zu machen weniger Gelegenheit fand. Die Frage: Wie wohlfeil das rohe Gold damals etwa verkäuflich war, wie der Börsenpreis schwankte, ist in der Handelsgeschichte zu beantworten, und für diese von großem Interesse; wie viel der Münzherr durch Ausübung des Münzregals gewonnen, untersucht die Finanzgeschichte. Für die Geldgeschichte ist es ganz gleichgültig; diese bekümmert sich um die ganze Angelegenheit erst von da an, wo das fertige Goldstück aus den Händen des Münzmeisters hervorgeht — wo es zum Werthmesser wird. Wird denn eine Elle dadurch länger oder kürzer, daß der Tischler das Nutzholz, daraus er sie gesägt und gehobelt hat, theuerer oder wohlfeiler gekauft, daß er mehr oder weniger Arbeitslohn daran verdient hat? Wie soll denn der Werthbetrag von 3,394 Gramm Gold dadurch von 5 Fl. 27½ Kr. auf 5 Fl. 36½ Kr. erhöhet werden, daß der Münzmeister das Rohmaterial ziemlich billig gekauft hat? Was damals den Preis jener 3²/₅ Gramme Gold hatte, das ist mit einem Gulden bezahlt gewesen, mit nicht mehr und mit nicht weniger! So hatte es das Gesetz befohlen und so hatte der Münzmeister es ausgeführt. — —

Eine Elle ist ein Maßstab, aber man kann sie auch als ein Stück Brennholz betrachten. Eine Münze dient als Werthmesser, aber man kann sie auch als ein Stück Metall betrachten. Diese zweifache Qualität muss strengest unterschieden werden. Bei jedem Fabricate wird der Werth des Rohstoffs und der Werth der Verarbeitung, abgesondert mit dem Werthmesser verglichen, und die Addition beider Werthe ergiebt den Werth des Fabricats. Nur bei der Münze findet diese Berechnung nicht statt, weil diese selbst der Werthmesser ist, der weder größer noch kleiner werden kann. Hier werden die Verfertigungskosten vom Werthe des Fabricats subtrahirt, um den Werth des Rohmaterials zu erfahren. Überall heißt es: das Fabricat ist um den Betrag der Verarbeitungskosten mehr werth, als der Rohstoff, aber bei der Münze heißt es: der Rohstoff ist um den Betrag der Verarbeitungskosten weniger werth, als das Fabricat, eben weil hier der Werth des Fabricats ein absoluter, weil das Fabricat der Werthmesser (eine Stufe desselben) selbst ist.

Axiom ist: daß der Werth der Münze nicht um den Betrag der Verfertigungskosten steigt, sondern daß der Werth des rohen Metalls um den Betrag der Verfertigungskosten fällt. Und um eben so viel fällt auch sein Preis. Wenn die Verfertigungskosten und der Netto-Gewinn bei einem Goldgulden ($36\frac{1}{2} - 27\frac{1}{2} =$) 9 Kr. betrugen, so ist und bleibt der Gulden = 5 Fl. $27\frac{1}{2}$ Kr., aber das darin steckende Gold hat unverarbeitet nur den Werth von 5 Fl. $18\frac{1}{2}$ Kr. gehabt, was aber für die Geldgeschichte ganz gleichgültig ist.

Diesem entspricht es, daß, wenn fremde Goldmünzen irgendwo als ein einheimisches Zahlungsmittel gesetzlich zugelassen sind und ihr Werth nach der Scala des einheimischen Werthmessers bestimmt wird, d. h. bei ihrer Tarifirung, nur auf den Werth des darin enthaltenen Rohstoffs Rücksicht genommen wird, weil ihr „Façon" ihnen nicht die Eigenschaft einer Stufe des inländischen Werth-Maßstabes giebt, weil sie also wirklich um den Betrag der Verfertigungskosten einheimischer Goldmünzen weniger werthen. Demgemäß sagt auch der Art. IX der Separatartikel des Wiener Münzvertrags von 1857: „Die Tarifirung „fremder Goldmünzen — kann nur in der Weise erfolgen, daß der „wirklich in denselben enthaltene durchschnittliche Goldgehalt nach „Abzug von wenigstens 1/2 Procent Münzkosten u. s. w. — aus„gedrückt wird." — — Bekanntlich aber hat die Weisheit solcher Maßregeln nur so lange Erfolg, als der „beschränkte Unterthanen„verstand" — d. h. der Handel und der Verkehr — sie auch anzuerkennen für gut findet.

Ich verlange nun nicht, daß irgend ein Darsteller des den Verkehr betreffenden Theils der Culturgeschichte des Mittelalters diesen Stoff so behandele, daß er die enge Verbindung, in welcher Geldgeschichte, Handelsgeschichte und Finanzgeschichte zu einander stehen, übersehen und verkennen sollte[16]). Sie erläutern sich vielmehr gegenseitig, sie bleiben, getrennt, unverständlich, ja unfruchtbar. — Zu den schätzbarsten Beiträgen zur Handelsgeschichte des Mittelalters gehört was Dittmer's „Geschichte der Lübecker Münze im 14. Jahrhunderte" mittheilt[17]), und mit Recht nennt Hegel (S. 247, Note 1) ein Excerpt aus einem alten Rechnungsbuche des 15. Jahr-

---

[16]) So wie die Münztechnik ein aus Chemie, Mechanik, Arithmetik, Glyptik bestehendes Wissensfach ist, so wird die „Argyristik" aus Bestandtheilen der Culturgeschichte, der Handels- und Finanzwissenschaft gebildet.

Argyristiker und Münztechniker verhalten sich zu einander ungefähr wie auf dem Harze die Bergbeamten „von der Feder" und die „vom Leder". (Ein Harzer wurde um den Unterschied dieser Beamten-Classen gefragt: Die von der Feder wissen, wie's gemacht werden muß, aber sie können's nicht machen; die vom Leder können's machen, aber sie wissen nicht, wie's gemacht werden muß; und die hochgebietenden Herren in Hannover können's nicht machen und wissen auch nicht wie's gemacht werden muß!) — Die Münz-Congresse wurden von jeher fast nur von Münztechnikern gebildet. Deshalb decretiren die Münz-Gesetze und -Verträge von jeher meist nur das, was nicht hätte gemacht werden müssen.

hunderts über den Schlagschatz eine „interessante Aufzeichnung“, da sie einen nicht unwichtigen Beitrag zur Finanzgeschichte jener Zeit giebt. Der Geldhistoriker hat seine Arbeit kaum halb gethan, wenn er nicht auch angiebt, welche Aufschlüsse die Finanz- und Handelsgeschichte, und — wenn es sich um Ausübung des Münzregals handelt — die Staatsrechtsgeschichte aus seinen Forschungen erhält; aber es muss ihm selbst stets deutlich sein, welchem dieser vier in naher Verbindung stehenden Zweige der Culturgeschichte jede seiner Mittheilungen angehört, damit er selbst jede richtig auffasse. Theoretisch sind alle vier sehr geschieden von einander, und ohne die theoretischen Vorkenntnisse aus der Geldlehre, der Finanzwissenschaft, der Handelskunde und dem Staatsrechte wird diese Unterscheidung oft und leicht verabsäumt. — —

## §. 9. Nennwerth und Metallwerth.

In früheren, das Geldwesen betreffenden Actenstücken und Büchern war viel von dem Unterschiede zwischen dem äußeren und dem inneren Werthe einer Münze, deren Valor extrinsecus und intrinsecus die Rede. Diese Ausdrücke sind weder bezeichnend

---

[17]) Zeitschr. d. V. f. Lübeck Gesch. I. — Dem Culturhistoriker geht durch diese Mittheilung — wie man so sagt — eine ganz neue Welt auf, denn wer hat, vor der Erschließung dieser Geschichtsquellen aus dem Lübecker Archive, nur eine Ahnung haben können von einem so ausgebildeten Metall-Handel, so engen Börsen-Verbindungen, so fein betriebenen Cours-Speculationen zwischen Lübeck und Brügge bereits im 14. Jahrhunderte! Reichen ähnlichen Inhalts muss das Freiburger „Münzbuch“ sein (Mone Zeitschr. f. Gesch. d. O.-Rh. 9. 78). — Die Herausgeber der Urkundenbücher halten nichts für Geschichtsquellen, was nicht die schematische Form eines Notariats-Instruments hat. Auf die formlosen Zettel und Rechnungen, die Mone, Hegel, Dittmer, Stüve abdrucken lassen, legen sie gar keinen Werth!

noch verständlich, daher sagt man jetzt statt dessen: „Nominalwerth" und „Metallwerth", — wobei eine Erläuterung dieser Ausdrücke überflüssig ist. Es liegt darin die Beziehung des Münzfußes zu der Zählweise (der Rechnungsart).

Ein solcher Unterschied zwischen äußerm und innerm, zwischen Nominal- und Metallwerthe einer Münze kann aus verschiedenem Grunde statt finden:

1) Bei aller Scheidemünze, deren Eigenthümliches eben darin besteht, daß bei ihr lediglich der Nominalwerth, der Metallwerth aber eben so wenig in Betracht kömmt, als beim Cassenscheine das Papier-Quantum, worauf er gedruckt ist. — Die Unter-Einheit des Thalers der norddeutschen Silberwährung ist der Pfennig, der, als $^1/_{300}$ des Thalers, = 0,055 Gramme Silber enthält. Die Unter-Einheit des Thalers der Bremer Goldwährung ist der Grote, der, als $^1/_{72}$ desselben, = 0,016 Gramme Gold enthält. Da sich aber so geringe Metall-Beträge in Münzengestalt nicht darstellen lassen, so giebt man an deren Stelle Cassen-Anweisungen aus, deren Wortinhalt nicht auf Papierschnitzeln gedruckt, sondern auf Kupfer oder Billon-Platten geprägt wird, deren innerer Metallwerth aber eben so gleichgültig und unwesentlich ist, als der Maculatur-Werth eines 100-Thaler-Scheins! Als Unter-Stufe in der Scala des Werthmessers ist der Neu-Pfennig = 0,055 Gm. Silber, der Grote = 0,016 Gm. Gold, — der schmutzige Repräsentant, das Symbol dieses Werthes, mag gemacht sein woraus es will.

2) Kann ein Unterschied zwischen dem Nenn- und dem Metallwerthe einer Münze eintreten, wenn, beim Mangel eines dem gesetzlichen inländischen Münzfuße entsprechenden Vorraths von Münzstücken, auswärtige Münzen zu einem höheren Nennwerthe in Umlauf kommen, als nach der inländischen Zählweise und dem inländischen Münzfuße ihr Metallwerth beträgt, wie dies in Süddeutschland mit den Kronthalern und in Hamburg mit den preußischen Thalern, in Spanien mit den 5-Franken-Thalern der Fall war. Dann ist aber hier der Sache und der Wahrheit nach ein veränderter Münzfuß hervorgebracht, und in jenen genannten

Fällen ist die nachträgliche gesetzliche Anerkennung des letzteren die Folge der Beilegung jenes zu hohen Nennwerthes gewesen.

3) Fand ein solcher Unterschied statt, wenn unter dem Vorwande eines Remediums der Metallwerth einer Münze weniger betrug als der ihr beigelegte Nennwerth. Ludwig XIV ließ Pistolen münzen, die angeblich den spanischen an Metallwerth völlig gleich standen und auch ihnen gleich geachtet wurden. Aber unter dem Vorwande, daß dem Münzmeister, wegen der chemischen und mechanischen Schwierigkeiten bei Herstellung des gesetzlichen Feingehalts und Gewichts, eine kleine Abweichung ins Bessere oder Schlechtere beider nachgelassen werden müsse, wurden sie, mit ausschließlicher Benutzung der gestatteten Abweichungen ins Schlechtere und des höchsten erlaubten Grades derselben, sowohl an Gewicht als an Gehalt bedeutend schlechter gemünzt, als das behuf ihrer Ausmünzung erlassene Gesetz es dem Buchstaben nach vorschrieb — mit anderen Worten: das Gesetz sagte: „Wir befehlen freilich den „Münzfuß a, aber der Münzfuß b soll ausschließlich befolgt werden.“ Nun — dann ist letzterer der wirklich gesetzliche! (s. die russischen Münzgesetze bis auf die neueste Zeit.) Daher kam es, daß der alte Louisd'or gesetzlich 6,099 Gm. Gold enthalten sollte, aber freilich nur 6,032 enthielt, welches letztere denn auch für die ihm nachgeahmten Friedrichsd'or gesetzlich vorgeschrieben wurde.

4) „Den Schlagschatz verschafften manche Münzverwaltungen sich durch verhältnißmäßigen Mindergehalt der Münzen“ [18]) — nämlich die Heckemünzer thaten dies. Der Gewinn durch Remedium und den „Schlagschatz“ letzterer Art, wie man ehemals euphemistisch sagte, nennt man jetzt aber „Falschmünzerei“, bei welcher freilich ein Unterschied zwischen Nennwerth und Metallwerth sehr begreiflich ist. Diese Angelegenheit gehört aber nicht in die Geldkunde, sondern ins Criminalrecht.

5) In der Zeit vor den Hohenstaufischen Kaisern, als noch das Gewichtspfund Silber den 240 Stück „Pfennigen“, die man „ein Pfund Pfennige“ nannte, an Gewicht gleich kam, scheint auch

---

[18]) Klüber, öffentl. R. des D. Bundes, Ed. 3. II, S. 599.

ein Schlagschatz in der Art erhoben zu sein, daß man das Pfund Silber im Ankaufe mit 240 Stück Pfennigen bezahlte, aber einige Stücke mehr aus demselben münzte, d. h. die Stücke leichter machte, was dann aber gesetzlich festgestellt war, und wo dann der beabsichtigte Münzgewinn eine ausdrückliche Herabsetzung der Schwere der Münzstücke, eine Veränderung des Münzfußes veranlaßte.

Ein bekanntes neueres Beispiel einer officiellen Falschmünzerei geben die unter Napoleon gemünzten Silbermünzen. Er selbst hatte 1803 das Gesetz gegeben, nach welchem das Silber der französischen Münzen $\frac{900}{1000}$ fein sein sollte. Aber die Münzstätten vermochten sich das Material zur Verfertigung der Münzstücke, das rohe Silber, nicht anders als durch Einschmelzen spanischer Piaster zu verschaffen. Diese sollten nach dem Münzgesetze von 1772 freilich 902⁷⁄₉ Tausendstel fein sein; allein sie waren — ob wegen Mangel an technischer Fertigkeit der Münzarbeiter oder wegen absichtlicher Verkürzung — durchschnittlich nur 896 Tausendstel fein. Nun hätten die französischen Münzer entweder durch Affiniren oder durch Zusatz feinen Silbers dasselbe um $\frac{4}{1000}$ feiner machen müssen; allein ersteres war zu kostspielig und zu letzterem fehlte der Stoff; daher sind die Silbermünzen Napoleon's, statt 900, nur 896 Tausendstel fein. Daran wurde beträchtlich gewonnen, und wenn der Staatsschatz diesen Gewinn unter dem Namen „Schlagschatz" in Einnahme brachte, so wurden alle diejenigen, denen der Schatz 1 Franken oder 4,50 Gramm fein Silber zu zahlen hatte, betrogen, indem sie statt dessen nur 4,48 Gm. erhielten, und im Handel mit Deutschland die Fünf-Frankenthaler nur zu 2 Gulden 20 Kr. rh. oder 1 Thlr. 10 Sgr. anbringen konnten, während die Staatscasse sie zu 2 Fl. 21,43 Kr. ausgegeben hatte.

Am Weitesten hatte solchen Gewinn durch Falschmünzerei Friedrich II während des siebenjährigen Krieges getrieben.

Im Mittelalter ist das allmähliche Herabgehen des Karlingischen Pfennigs bis zu dem der Kipper- und Wipperzeit, des Florentinischen „Guldens" bis zum rheinischen oder gar polnischen Gulden fast lediglich durch dergleichen officielle Falschmünzerei entstanden; theilweise freilich auch dadurch, daß, bis zur Einführung der Goldwährung, das gemünzte Geld nur als eine Scheidemünze der Barrenwährung betrachtet werden konnte. Der durch diese Verringerungen von den Münzherren erzielte Gewinn ist dann aber nicht als ein am Courant, der „Oberwährung", gewonnener Schlagschatz, sondern als ein durch Ausmünzung von Scheidemünze hervorgebrachter Überschuss zu betrachten.

5) Nicht hieher kann gezogen werden der Unterschied des äußeren und inneren Werthes, der zwischen Metallwährung und „Creditgeld" besteht. Letzteres ist gleichsam der Antipode der Scheidemünze; so wie diese unter, so steht jenes — den von ihm vertretenen Werthbeträgen nach — über der Metallwährung. Zum Creditgelde gehören, außer den sämmtlichen Arten des Papiergeldes — von den Tausend-Pfund-Noten bis zu den Drei-Pfennigs-Briefmarken —: die russischen Platina-Ducaten und die preußischen Friedrichsd'or, seitdem diese in den öffentlichen Cassen zu einem höheren Silberwerthe, als demjenigen, den das in ihnen enthaltene Gold als Waare, und den sie selbst als Zahlmittel hatten, angenommen wurden (s. oben S. 23). — —

Wenn der gesetzliche Münzfuß durch vorherrschende Scheidemünze, durch fremde Münzen oder durch falsche Münzen verdrängt wird, so wird er damit aufgehoben und ein neuer tritt an seine Stelle. Es mag nun ein gesetzlicher oder ein auf irgend eine Weise mißbräuchlich angeführter Münzfuß bestehen, so lange er besteht, ist ein Unterschied zwischen dem Nennwerthe und dem Metallwerthe = Contradictio in adjecto, also logisch unmöglich! Der Unterschied ist in allen obigen Fällen nicht der zwischen äußerem und innerem Werthe, sondern zwischen „gerechter Münze" einerseits und andererseits Scheidemünze, fremder Münze oder Falschmünze, und der Geldhistoriker darf sich hierbei nicht durch die euphemistisch fälschenden Benennungen und Ausdrücke früherer Zeiten über das wahre Sachverhältniss täuschen lassen.

Eine ganz andere Art von Unterschied ist aber das, welches zwischen dem gesetzlichen und dem factischen Gewichte der Münzen in Folge deren längeren Umlaufes durch Abgreifung und Abreibung eintritt. Von diesem wird unten (§. 23) die Rede sein.

## §. 10. Reduction des Metallbetrages der Münzen auf deren Nennwerth.

Bei allen civilisirten Völkern wurde und wird eines der edeln Metalle als Werthmesser gebraucht. Aber die Einheit dieses Maßes und die Gradmessung der Scala war und ist überall eine verschiedene.

Will man nun Jemanden von dem Umfange irgend einer Größe einen deutlichen Begriff geben, so muß man ihm das Verhältniß derselben zu einer ihm wohlbekannten gleichartigen Größe bezeichnen; daher muß der Geldhistoriker, um jeden Werthbetrag, der in der Vor= und Mitwelt vorkömmt, anschaulich zu machen, denselben mit einem auch allbekannten Maße vergleichen und auf letzteres reduciren können. Aber eben weil die Währungen und die Münzsysteme gleichzeitig sehr mannigfaltig sind und sich überall im Laufe der Zeiten meist rasch nach einander verändert haben, so kann der Geldhistoriker stets nur einem kleinen Kreise auf kurze Zeit seine Angaben anschaulich machen. Hegel reducirt alle Werthangaben aus dem 14. Jahrhunderte auf die süddeutschen Gulden und Kreuzer des Wiener Vertrages von 1857, das Gold nach dem Börsencourse desselben vom Herbste 1861. In einem Buche, welches weder durch Erschöpfung des Vorraths noch durch das Bedürfniß einer besseren Bearbeitung je eine neue Auflage zu erwarten hat, hätte wohl eine weniger ephemere Art der Veranschaulichung gewählt werden sollen. — Hegel'n ist nun der Unterschied zwischen Gold= und Silberwährung sehr wohl bekannt, und er entwickelt (S. 227) sehr gut, daß der Werth einer Goldmünze nur durch Vergleichung mit einer anderen, bekannten Goldwährung verglichen werden könne, aber zu diesem Zwecke erschafft er sich ein eigenes Goldwährungs=System, indem er nach dem Gold=Course von 1861 den Münzfuß, nach den süddeutschen Gulden und Kreuzern die Zählweise fingirt. Das gewährt aber nur eine Veranschaulichung für 1861 und für Süd=West=Deutschland, und erfordert für jede andere Zeit und Gegend eine Reduction, die man viel sicherer und bequemer direct mit den Angaben der Original=

quellen vornimmt. Auch ich hatte mich einst (MSt. I. S. 167, aber 1855) nach dem Mittel zu einer veranschaulichenden Vergleichung umgesehen, glaubte aber dieses nur da suchen zu dürfen, wo Goldwährung sammt Münzfuß und Zählweise derselben feststanden, also — für Deutschland — in Bremen, wo ich denn freilich, wenn auch nicht für einen einzelnen Zeitpunkt, doch nur für eine bestimmte Gegend — Nord-West-Deutschland — veranschaulichte [19]).

Seitdem das metrische System der Maße und Gewichte für die „gelehrte Welt" in metrologischer Hinsicht das allgemeine Verständigungsmittel geworden ist, so wie es einst in aller Hinsicht die lateinische Sprache war, und man alle diejenigen, denen das metrische System Veranschaulichung von Größen zu gewähren nicht im Stande ist, als Analoga der „barbari" betrachten und herabsetzen darf, seitdem fast in allen Ländern des Continents den Münzfußen des Silbers das metrische Gewicht zum Grunde liegt, seitdem Deutschland eine gesetzliche allgemeine Goldmünze bekommen hat, deren Münzfuß sie, hinsichtlich des einen der beiden Bestandtheile eines solchen, zu einer theoretisch vollkommnen macht, indem er Münzfuß und Gewicht identificirt, seitdem endlich in einem großen — vielleicht dem größten Theile Deutschlands für die Gold- wie Silbermünze völlig oder doch theilweise das, freilich für die Zwecke des kleinen Verkehrs verwerfliche, aber für wissenschaftliche Berechnungen unerläßliche Decimal-System eingeführt ist, so ist nunmehr jede Schwierigkeit bei der Wahl und jede Wahl eines Mittels zur Veranschaulichung des Werths der Metalle oder Münzen früherer Zeiten und fremder Länder beseitigt. Sogar die wissenschaftliche Form der Werthvergleichung — die Proportion — der edeln Metalle gegen einander ist mit der vulgären — der Cours-Angabe — beinahe in Übereinstimmung

---

[19]) Sehr unrichtig sagt und rügt aber Hegel (S. 227): ich hätte „den Goldwerth der alten Münzen durch Bruchtheile des Friedrichsd'or" z. B. $^{16}/_{110}$ Friedrichsd'or (das. Note 4) ausgedrückt. Ich hatte ihn vielmehr in Thalern und Groten, den Rechnungs-Einheiten der Bremer Goldwährung, ausgedrückt.

getreten, indem die eine aus der andern durch einfachstes Rechen-Exempel zu ermitteln ist!

Die Goldkrone — (so unbrauchbar sie anfangs für den Verkehr gewesen und so kläglich gewählt ihr Name ist, so wenig sie den Geschäftsmann und den Sprachkundigen befriedigt hat, und so grämlich der Münz-Politiker ihr Korn bekrittelt (MSt. I, S. 451)) — die Goldkrone enthält 10 Gramme Gold, sie, oder vielmehr ihr Zehntel, das Gramm feines Gold, ist[20]) zur Rechnungs-Einheit einer neuen Goldwährung gemacht, — was bleibt nun eigentlich noch übrig, als alle Goldwerthe früherer und fremder Münzen nach Grammen anzugeben? — Nicht minder ist auch der Silberwerth des norddeutschen Thalers auf das metrische Gewicht gegründet, da er 16²/₃ Gramme Silber enthält, 3 Thaler also = 50 Gramme Silber sind. Freilich weichen in der Leichtigkeit der Vergleichung der Münze und des Gewichts die fünf, jetzt in Deutschland vorwaltenden Rechnungssysteme von einander ab. Von den Unter-Einheiten der Rechnungs-Einheit lassen sich nur die der österreichischen und der norddeutschen Zählweise — Neu-Kreuzer und Neu-Groschen — mit dem Gramme Silbers in runden Zahlen vergleichen; nur diese sind für leichte Veranschaulichung und Berechnung geeignet. Den preußischen „Silberpfennigen", den süddeutschen Kreuzern und den Lübischen Pfennigen geht diese schätzbare Eigenschaft ab. —

| | | | | |
|---|---|---|---|---|
| 1 Gm. Silber ist | = 9 NKr. | österreichisch | oder 10 Gm. | = 90 NKr. |
| " " " | = 18 Neu-₰ | norddeutsch[21]) | " " " | = 18 Ngr. |
| " " " | = $21^6$ Silber-₰ | preußisch | " " " | = 18 Sgr. |
| " " " | = $25^2$ ₰ (Viertelkr.) | südd. | " " " | = 63 Kr. |
| " " " | = $28^8$ ₰ | Lübisch | " " " | = 24 ß, |

20) — und zwar „mit weiterer decimaler Eintheilung" — wie alle im Jahre 1857 in Folge des Wiener Münzvertrages erlassenen deutschen Münzgesetze bestimmen, mit Ausnahme des Hannöverschen, welches wunderlicher Weise eine Eintheilung des Kronzehntels in 30 (Groschen) zu 10 (Pfennigen) vorschreibt.

21) Um die norddeutschen Decimal-Pfennige in preußische Duodecimal-Pfennige zu verwandeln, muß man erstere und ihre Decimal-Stellen mit 12 multipliciren und dann mit 10 theilen.

denn 5 Kr. österr. sind = 10 ₰ norddeutsch = 12 ₰ preußisch = 14 ₰ oder Viertelkreuzer süddeutsch = 16 ₰ Lübisch[22]).

Eine gegebene Anzahl von Grammen und Milligrammen Silbers multiplicirt mit 9 ergiebt deren Geldwerth in österreichischen Neu-Kreuzern,

1,000 × 9 = österreichische Neu-Kreuzer,
1,000 × 18 = norddeutsche Neu-Pfennige,
1,000 × 0,24 = Lübische Schillinge,
1,000 × 0,63 = süddeutsche Kreuzer.

Die Zahl der Milligramme Silber dividirt mit 45 ergiebt sodann den Betrag in Francs und Centimen der französischen Silberwährung, dividirt mit $18^0$ den Betrag mit russischen Rubeln und Kopeken, dividirt mit 27 den Betrag in polnischen Gulden oder mit 90 den in polnischen Groschen, denn

$4^5$ Gramme Silber sind = 1 Franc,
$18^0$ " " " = 1 Rubel,
$2^7$ " " " = 1 poln. Gulden[23]).

Die für die verschiedenen deutschen Zählweisen behuf Übertragung des Gramm Silbers in Rechnungsmünzen angegebenen Multiplicatoren dienen gleichfalls um die Angaben über das Cours-Verhältniß der beiden edeln Metalle aus der vulgären Aus-

---

22) 200 Gramme Silber sind = 21 fl. süddeutsch,
100 " " " = 9 fl. österreichisch,
50 " " " = 3 Thlr. norddeutsch,
27 " " " = 10 fl. polnisch,
20 " " " = 3 Mark Lübisch,
18 " " " = 1 Rubel,
9 " " " = 2 Francs,
1 " " " = 1 Grusch (Piaster) türkisch.

23) 1,864 Gm. Silber × 9 = 16,776 Nkr. österreichisch,
" " " × 18 = 3,3552 Ngr.,
" " " × 24 = 4,4736 ß Lübisch,
" " " × 63 = 11,7432 Kr. süddeutsch.
" " " : 45 = 41,42 Centimen,
" " " : 180 = 10,35 russische Kopeken,
" " " : 90 = 20,71 polnische Groschen.

drucksweise in die wissenschaftliche, und umgekehrt, zu übertragen.

Nach dem vor mir liegenden heutigen Zeitungsblatte steht die Goldkrone = 9 Thaler 6 Ngr. 5 Nh. Um diese Angabe zunächst in die Decimal-Rechnung zu übertragen, betrachte ich den Neugroschen als Rechnungs-Einheit des norddeutschen Münzsystems der Silber-Währung und setze den Betrag der 9 Thaler in Neu-Groschen an:

9 Thlr. = 270,0 Ngr.
+ 6,5 „
Also 1 Goldkrone = 276,5 Ngr.

Diese Zahl mit 18 dividirt, ergiebt, wie viele Gramme Silber, dem obigen Course nach, = 1 Gramm Gold sind, — das Verhältniß beider Metalle gegeneinder, „die Proportion“:

$$18 : 276{,}5 = 15{,}361 = 1 : 15\tfrac{361}{1000}.$$

Umgekehrt die Proportions-Zahl mit 18 multiplicirt ergiebt den Cours-Werth der Goldkrone in Neugroschen. Der preußische Tarif, der den Friedrichd'or zu $5^2/_3$ Thaler Silber-Währung festsetzte, nahm die Proportion = 1 : 15,692... an. Also:

18 × 15,692 = 282,456 Ngr.
davon ab 9 Thlr. = 270 „
= 9 Thlr. 12 Ngr. 4,56 Nh. als Cours der Goldkrone nach dem in jenem Tarife angenommenen Verhältnisse des Goldes gegen Silber.

Bei d. Verhältnisse 1 : 15,000 ist 1 Goldkr. = 270 Ngr. = 9 ₰.
„ „ „ 1 : 15,500 „ 1 „ = 279 „ = 9 ₰ 9 Ngr.

Ich habe hierbei die Goldkrone, als die Goldmünze des 1857 eingeführten deutschen Münzsystems angenommen, um aus dem Tages-Course derselben das augenblickliche Verhältniß des gemünzten Silbers zu dem gemünzten Golde, welches letztere sich dem gemünzten Silber — dem Werthmesser — gegenüber wie eine Waare verhält, zu berechnen. Nun coursirten anfangs aber neben der Goldkrone in Norddeutschland als einheimische Goldstücke auch Pistolen, welche, da diese Waare zu einem anderen Gebrauche dienen kann als jene, (z. B. wenn Jemand baare Zahlung in

Goldstücken nach Dänemark, wo Pistolen, nicht aber auch Goldkronen, Landesmünze sind, senden wollte,) in einzelnen Fällen gesuchter, also höher im Preise sein können, als jene. Das Verhältniss des in Goldkronen vermünzten Goldes ist also, obschon zu gleicher Zeit und an dem nämlichen Orte, nicht das nämliche wie des in Pistolen vermünzten. Da sodann an dem einen Orte Deutschlands vielleicht bedeutendere Zahlungen in Goldkronen zu machen sind, als an einem anderen, dieselben an jenem eine gesuchtere Waare sein würden als an einem anderen, so stellt sich das Verhältniss des in Kronen *vermünzten Goldes*, als *Waare*, an den verschiedenen Orten *anders* gegen *gemünztes Silber*, als *Werthmesser*, fest. So wenig sich also aus dem obigen Tages-Course der Goldkronen der Tages-Cours einer zweiten Gold-Münzsorte an dem nämlichen Orte ergiebt, eben so wenig lässt sich aus demselben das Verhältniss des gemünzten Goldes zu dem, in süddeutschen oder in österreichischen Gulden und Kreuzern vermünzten Silber in Frankfurt a. M. oder in Wien berechnen. Wäre aber am heutigen Tage die Nachfrage nach Goldkronen in ganz Deutschland die nämliche, das Verhältniss des gemünzten Goldes zum gemünzten Silber also überall das obige von = 1 : 15,361, so würde die Multiplication dieser Zahl mit 9 dem Cours der Goldkrone in österreichischen Gulden und Kreuzern, die mit 63 ihren Cours in süddeutschen Kreuzern, die mit 24 denselben in Lübischen Schillingen ergeben:

1 Goldkrone =

15,361 × 18 = 276,498 Ngr. nordd. (9 Thlr. 6 Ngr. 4,98 N₰.)
15,361 × 9 = 1382,49 NKr. österr. (13 Fl. 82,49 NKr.)
15,361 × 63 = 967,743 Kr. südd. (16 Fl. 7,743 Kr.)
15,361 × 24 = 368,664 β Lübisch. (23 Mark 0,664 β).

Eben so ergiebt die Division dieser Proportionszahl durch 45 den Werth der Goldkrone, den sie, nach dem obigen Tages-Course, in Francs und Centimen der französischen Silberwährung, mit 90 den in polnischen Groschen oder durch 270 in polnischen Gulden, durch 180 den in Rubeln und Kopeken:

15,361 : 45 = 34 Francs 13,55 Centimen.
15,361 : 27 = $56^{89}$ Poln. Gulden.
15,361 : 18 = 8 Rubel 53,8 Kopeken.

Um daher den Werth einer Goldmünze des Mittelalters, und nicht etwa nur für einen Monat an irgend einem bestimmten Orte, sondern mit dauernderem Erfolge für ganz Deutschland, zu „veranschaulichen", so muss ich denselben nach Grammen Gold angeben, um dann jedem Leser, dem diese Angabe zur Veranschaulichung noch nicht genügt, zu überlassen, sich diesen Werth, nach dem jedesmaligen Tages-Course des gemünzten Goldes gegen den jedes Orts angenommenen Werthmesser — gegen die Rechnungs-Einheiten der Silberwährung — zu berechnen.

Unrichtig ist es aber, den Werth älterer Gold-Münzen aus dem neuern Börsen-Preise des rohen Goldes zu berechnen, wie Hegel dies thut, denn gemünztes Gold darf nur mit gemünztem Golde, dem homogenen, verglichen werden, wie auch Hegel (S. 227) richtig sagt.

---

## §. 11. Reduction der Köllnischen Mark auf Gramme.

Der Metall-Inhalt der Münzen läßt sich auf Gramme berechnen, sobald man ihren Münzfuß, ihr Schrot und ihr Korn kennt. Das Münzgewicht war, bis zur ersten Reichsmünzordnung von 1524, nach den verschiedenen Hauptstämmen des deutschen Volks, ein verschiedenes (s. MSt. III, S. 37); das der Goldmünzen war, da die deutsche Goldmünze in dem Rheinischen Gulden bestand, fast ausschließlich, das der Silbermünzen größtentheils, die Köllnische Mark. Um also das Schrot bei weitem der meisten Münzen des Mittelalters und aller von 1524 bis 1857 in Deutschland geprägten auf Gramme reduciren zu können, muss man das Verhältniss der Köllnischen Mark zu dem metrischen Gewichte kennen. Hierüber weichen aber die Ermittelungen und neueren gesetzlichen Bestimmungen vielfach von einander ab (das. S. 36), allein die Abweichungen sind so unbedeutend, daß sie für Münz- und Geldkunde durchaus nicht in Betracht kommen können (das. S. 35). Es mag daher jeder Geldhistoriker beliebig die ihm bequemste Vergleichung seinen Berechnungen zum Grunde legen.

Ich glaube über den Grund und die Quelle dieser Abweichungen einen genügenden Aufschluss geben zu können.

Jedes deutsche Hauptland hatte sein besonderes Gewicht. Aber in jedem Hauptlande, an jedem Orte, in jedem Kramladen wichen die einzelnen Gewichtsstücke an Schwere mannigfach von einander ab; eine Maß- und Gewichts-Polizei, die für Normal-Gewichtsstücke, für Aich-Ämter, für Controle- und Nachwägungs-Maßregeln gesorgt hätte, wurde nicht ausgeübt; die mechanischen Werkzeuge waren viel zu unvollkommen, um die Gewichtsstücke genau und richtig justiren zu können.

Der große mercantilische Einfluss der Haupt-Handelsstadt Binnen-Deutschlands hatte deren Local-Gewicht wenn auch nicht überall gebräuchlich, doch überall gekannt gemacht, als Karl V. dieses Local-Gewicht Kölns zum allgemeinen Münzgewichte Deutschlands erklärte. Die Münzstätten sahen sich um nach möglichst feingearbeiteten Gewichtsstücken für die Unterabtheilungen des Köllnischen Halb-Pfundes, welches unter dem Namen „Mark" als Einheit — nicht des Stadt-Köllnischen Krämergewichts, sondern des neuen Reichs-Münzgewichts eingeführt war, und sie machten ausfindig, daß 19 As des holländischen Troy-Gewichts genau dem Richtpfennige des Köllnischen Gewichts gleichkamen; sie nahmen daher übereinstimmend die Normal-Schwere der deutschen Reichsmünzmark zu $= 19 \times 256 = 4864$ As, oder $^{19}/_{20}$ der holländischen Troy-Mark an.

Es werden daher unter dem gemeinschaftlichen Namen „Köllnische Mark" zwei vielleicht von einander abweichende Gewichte verstanden: das Köllnische Krämer-Halb-Pfund und die Reichs-Münzmark.

Es ist nun eine gelehrte metrologische Spielerei, ohne allen praktischen Nutzen, die theoretische Schwere dieser Gewichte, mit möglichst vielen Decimal-Stellen des Milligramms — des Sonnenstäubchens — ausfindig zu machen; ich selbst habe dies durch ein sehr einfaches Raisonnement bewerkstelligen zu können geglaubt.

Zwei Facta darf man als so gut wie mathematisch bewiesen annehmen: daß alle deutschen Münzstätten das richtige Gewicht der Reichs-Münz-Mark zu $= 19 \times 256$ holländischen Assen angenommen hatten, und sodann: daß das von der Amsterdamer Bank gebrauchte Normal-Gewicht als das Mutter-Gewicht, das Urstück der holländischen Troy-Mark betrachtet sei. Wer die Notorietät dieser beiden Facta leugnen wollte, dem würde, glaube ich, mit Recht die exceptio ignorantiae juris et facti zu opponiren sein. — Das Noback'sche „Taschenbuch" — unter den unwissenschaftlichen „Taschenbüchern der Münz-, Maß- und Gewichts-Kunde" doch wohl das bei Weitem beste „Handbuch der Metrologie" — giebt (S. 39) das neuerlich ermittelte Verhältniß der holländischen Troy-Mark zum metrischen Gewichte zu = 246,08386 Gm. an, freilich ohne die Quelle zu nennen; ich vermuthe, daß dies das amtliche, aus der Schwere des Bank-Normal-Gewichts ermittelte Verhältniß ist. Hiernach sind $^{19}/_{20}$ dieser Troy-Mark oder die deutsche Reichs-Münz-Mark = 233,779,667 Grammen.

Daß dies theoretisch die Schwere der deutschen Reichs-Münz-Mark eigentlich sein müsse, darüber war man überall einverstanden; da aber in früherer Zeit keine sicher justirten Gewichtsstücke des holländischen As und seiner Mehrheitsstufen zu erlangen gewesen waren, so wichen die in den verschiedenen Münzstätten gebrauchten Gewichtsstücke sämmtlich mehr oder weniger beträchtlich von einander ab.

Bis zum Ende des Reichs war die Metrologie bloß Sache der Gelehrten oder vielmehr nur der Rechenmeister gewesen; seitdem fing man auch in Deutschland an, nach dem Beispiele der Franzosen, die Maß- und Gewichts-Polizei auszuüben und gesetzliche Vergleichungen und Feststellungen nach dem metrischen Gewichte wurden in mehreren deutschen Staaten vorgenommen (MSt. III, S. 36), wobei denn — ächtdeutscher Weise — durch bunteste Vielheit die Ehre der Unabhängigkeit jeder Regierung behauptet wurde! Hiermit war aber überall nur beabsichtigt, das Gewicht der Reichs-Münz-Mark, so wie sie bisher jedes Ortes für die richtige gehalten war, genau zu ermitteln und festzustellen.

Aber Preußen schuf 1821 ein ganz neues Gewichtssystem, welches auf ganz „rationalem" Wege aus dem Längenmaße, — dem beibehaltenen Rheinländischen Fuße — abgeleitet wurde, dessen Cubus destillirten Wassers das Gewicht von = 66 Pfunden oder = 132 preußischen Mark Münzgewichts ausmachen sollte. Diese „preußische" Mark wiegt $233^{77}/_{90}$ oder $233{,}855^{5}/_{9}$ Gramme, also ziemlich das Mittel der verschiedenen Bestimmungen und Ermittelungen der Reichs-Münz-Mark, stimmt also mit dieser genau überein. Diese „preußische" Mark wurde 1837 von dem Münzverein der deutschen Staaten zur „Vereins-Münz-Mark", mit Abschaffung der bis dahin gesetzlichen Münzgewichte, angenommen.

Alle diese Berechnungen, Ermittelungen, gesetzlichen und diplomatischen Feststellungen beziehen sich aber bloß auf das Münzgewicht; alle stimmen — absichtlich oder zufällig — mit der eigentlichen Reichs-Münz-Mark — factisch und praktisch — genauest überein.

Andere Ermittelungen beziehen sich dagegen auf die Schwere des von der Reichs-Münz-Mark theoretisch ganz verschiedenen Köllnischen Local-Halb-Pfundes. Um diese zu ermitteln hat Eytelwein in Kölln Gewichtsstücke untersucht und gefunden, daß sie von 233,721 bis zu 234,35 Gm. von einander abweichen, im Mittel aber = $233{,}859^{6}$ Gm. ergeben, daß also diese Mark factisch mit der „preußischen" Münz-Mark von 1821 völlig übereinstimmt. — Dann haben noch wieder 1829 die Leipziger Kaufleute in Kölln dies angeblich älteste dortige „Muttergewicht" nachwägen lassen, und dasselbe $233{,}812^{3}$ Gm. schwer befunden, was dann Noback (a. a. O. S. 483) als „die wahre Köllnische Mark", d. h. das Köllnische locale Halb-Pfund, betrachtet.

Wenn nun, wie gesagt, alle diese Abweichungen der sogenannten „Köllnischen Mark" für die Geldgeschichte völlig gleichgültig sind, und also Jedermann sich eine beliebige Schwere aus jenen mannigfaltigen Ziffer-Reihen aussuchen darf, so habe auch ich mir eine — doch nicht blindlings — gewählt. Ich glaube am wenigsten Widerspruch zu befürchten, wenn ich die letzte, und grade am allgemeinsten angenommene gesetzliche Feststellung — die Vereins-Mark — jedoch mit Abänderung des Milligrammen-Bruches, annehme, glaube aber dabei, mich am wenigsten von jener Schwere zu entfernen, wenn ich den, über $^{1}/_{2}$ Milligramm ($^{5}/_{9}$) betragenden Bruch nicht wegwerfe, sondern, mit Hinzufügung der weniger als die Hälfte betragenden $^4/_9$ Milligramme zu voll ergänze, und die deutsche Münzmark für alle Zeitalter zu 233,856 Gm. rechne[25]). Diese Zahl ist eine für arithmetische Zwecke, namentlich geldhistorische Berechnungen, höchst vollkommene, denn, außer 5, gehen alle Einer und deren Multiplicationen, also 96 Zahlen, in ihr ohne Bruch auf, und da alle deutschen Münzgesetze vor 1857 das Schrot der Münzen niemals nach Gewichts-Einheiten, sondern stets nur nach Brüchen einer solchen — der Mark — bezeichnen, so ergiebt eine Zusammenstellung jener 96 Zahlen eine Divisionstabelle, mit deren Hülfe man sich beim Lesen der deutschen Münzgesetze manches Rechen-Exempel ersparen kann, um sich das Schrot der Münzen durch Übertragung in Gramme zu veranschaulichen[26]).

---

## §. 12. Geld-Systeme. — Münz-Systeme.

Ein jedes Geld-System besteht aus drei Theilen: der Währung, der Zählweise — die auch, eigentlich nur von einer der Bestimmungen derselben: das Rechnungs-System heißt — und

---

[25]) Die statt der gesetzlichen $855^5/_9$ Milligramme (= $^{77}/_{90}$ Gramme) zu nehmenden 856 Milligramme verhalten sich zu einander:

$$\frac{77}{90} = \frac{7700}{9000}$$
$$\frac{856}{1000} = \frac{7704}{9000}$$

[26]) Folgende sind die 96 Zahlen, die in 233,856 ohne Bruch aufgehen:

| | | | |
|---|---|---|---|
| 1 × 233856 | 21 × 11136 | 72 × 3248 | 203 × 1152 |
| 2 × 116928 | 24 × 9744 | 84 × 2784 | 224 × 1044 |
| 3 × 77952 | 28 × 8352 | 87 × 2688 | 232 × 1008 |
| 4 × 58464 | 29 × 8064 | 96 × 2436 | 252 × 928 |
| 6 × 38976 | 32 × 7308 | 112 × 2088 | 261 × 896 |
| 7 × 33408 | 36 × 6496 | 116 × 2016 | 288 × 812 |
| 8 × 29232 | 42 × 5568 | 126 × 1856 | 336 × 696 |
| 9 × 25984 | 48 × 4872 | 128 × 1827 | 348 × 672 |
| 12 × 19488 | 56 × 4176 | 144 × 1624 | 384 × 609 |
| 14 × 16704 | 58 × 4032 | 168 × 1392 | 406 × 576 |
| 16 × 14616 | 63 × 3712 | 174 × 1344 | 448 × 522 |
| 18 × 12992 | 64 × 3654 | 192 × 1218 | 464 × 504 |

dem Münzfuße. Die Währung bestimmt das Metall, welches als Werthmesser dienen soll; die Zählweise bestimmt die Scala des Werthmessers, der Münzfuß die körperliche Darstellung der Stufen dieser Scala. Zählweise und Münzfuß zusammen bilden das Münz-System. Beide sind aber keine nothwendigen Bestandtheile eines Geld-Systems, sondern können durch das Gewichts-System ersetzt werden, was zur Vollkommenheit eines Geld-Systems sogar nothwendig sein würde. Bei dem vollkommensten der bestehenden Geld-Systeme — dem Hamburger — fehlen gänzlich die Münzen, also auch der Münzfuß, und es besteht bloß aus: Währung, Gewichts-System und Zählweise; es würde — theoretisch — noch vollkommner sein, wenn auch letztere fehlte, und wenn, statt nach Mark und Schilling, nach Loth und Richtpfennig oder vielmehr nach den decimalen Gewichtsstufen des metrischen Systems gerechnet würde. —

Seit 1857 herrscht in Deutschland nur einerlei Währung und Münzfuß — der 30-Thalerfuß —, aber vier verschiedene Zählweisen, indem der Thaler in 30, 40, 105 und 150 Unter-Einheiten zerfällt; Gleiche Währung und Zählweise hatten vor 1848 Frankreich und Rußland, indem der Rubel — zufällig, nicht absichtlich — bis auf eine praktisch unmeßbare Verschiedenheit = 4 Silber-Francs ist, und gleich diesen, in 100 Unter-Einheiten zerfällt; gleiche Zählweise, aber ganz verschiedene Währungen und Münzfuße hatten England, Frankreich und Italien (Pound, Livre, Lira zu 20 Shillings, Sous, Soldi zu 12 Pence, Deniers, Denari). Ebenso bis 1857 Österreich und Baiern.

Zur Einheit im Münzwesen gehört Übereinstimmung der Währung und des Münzfußes, wie sie z. B. von 1845 an zwischen Preußen und Hamburg besteht. Einheit auch in der Zählweise wird nur von der Einerleiheit gefordert.

„Einheit" ist nicht auch „Einerleiheit". Diese wichtige Unterscheidung wird unendlich oft übersehen, weil so vielen Menschen für dieselbe der Sinn fehlt. Leute von Geist streben nach Einheit, geistlose Menschen nach Einerleiheit[24]); für sie

[24]) — wie denn z. B. zu letzteren bekanntlich die Architekten gehören, welche Symmetrie und Monotonie nicht unterscheiden können.

giebt es nur die Form. Die großen Vortheile umfassendster Einheit in der Metrologie sind zu einleuchtend und in der Praxis zu fühlbar, als daß sie nicht von sehr Vielen eingesehen und empfunden werden sollten; daher denn die so häufig vorkommende Begeisterung für die Einerleiheit in der Metrologie, besonders bei den Gelehrten.

---

## §. 13. 1. Die Metall-Währungen.

Es ist anerkannt und in allen Büchern über Geldwesen nachgewiesen, daß nur Gold und Silber diejenigen Gegenstände sind, welche absolut zum Werthmesser taugen. Es ist die Aufgabe der Finanz- und Handelspolitik, nachdem sie die Vermischung beider Metall-Währungen in einem und demselben Münzsysteme als fehlerhaft, vernichtend und thöricht beseitigt hat, von diesen Metallen eines zur ausschließlichen Währung zu wählen — das heißt nicht: aus theoretischen Grundsätzen, sondern aus praktischen Rücksichten zu wählen — richtig zu erkennen, welches von beiden Metallen den Umständen nach, welche beim jedesmaligen Handelsverkehre stattfinden, das von diesem für das angemessenere gehalten wird. Es geht hierbei der Handels- und Münz-Politik wie der Verfassungs-Politik, in welcher sich von 1789 an stets bewährt hat, daß die Staatsverfassungen sich nicht nach den Theorieen der Gesetzgeber, sondern nach den Bedürfnissen und der politischen Befähigung des Volks und des Zeitalters gestalten.

Die alten Griechen und Römer hatten Silberwährung; Constantin führte die Goldwährung ein, die bis Karl den Großen dauerte, welcher wieder die Silberwährung an deren Stelle setzte. Diese beiden Wandlungen gingen lediglich aus der Gesetzgebung hervor, denn der Verkehr war durch die vorhergegangenen politischen Stürme so zerrüttet, daß Bedürfnisse desselben schwerlich bemerkbar waren. — Die Handelsverbindungen Europa's mit dem Morgenlande, die sich in Folge der Kreuzzüge im 14. Jahrhunderte entwickelten, führten ersteres zur Goldwährung zurück; die enorme

Silber-Ausbeute der Bergwerke Tirols, des Erzgebirges und America's im Anfange des 16. Jahrhunderts machten wieder die Silberwährung allgemein; mit der Entdeckung der Goldlager von Californien und Australien und dem Abflusse des Silbers nach Hinter-Asien um die Mitte des 19. kehrte die Goldwährung wieder. Bei diesen letzten drei Wandlungen hat sich die Gesetzgebung lediglich den Umständen und Ereignissen angeschlossen, mit Ausnahme der in Deutschland, welche, trotz der welthistorischen Entwickelung der Verhältnisse, 1857 die Goldwährung fast ausdrücklich verboten hat.

Diese Wandlungen haben nicht von der Theorie, sondern von den praktischen Umständen abgehangen. Der Theorie nach ist aber die Goldwährung die bei weitem richtigere und natürlichere. Denn:

1) Das Gold wird für das werthvollste aller Metalle und, mit Ausnahme einiger seltenen Edelsteine, für die werthvollste aller Substanzen gehalten; es ist das Natürlichste und Veranschaulichendste, den Werth aller Gegenstände nach demjenigen zu messen, der selbst an Werth absolut über allen anderen steht.

2) Das Gold ist der dauerndste und unzerstörbarste aller Gegenstände, namentlich Metalle, da es fast gar nicht durch chemische Einflüsse, auch nicht einmal, wie das Silber, durch Chlorbildung zerstört wird [25]).

3) Das Gold ist so weich, daß es durch Berührung mit härteren Stoffen keiner nicht beabsichtigten Abnutzung und Abreibung unterliegt, sondern der Berührung nachgiebt, indem es sich, gleichsam elastisch, vor derselben zusammenzieht. Das Gepräge von Münzen aus reinem Golde wird durch den Umlauf nicht abgerieben, sondern platt gedrückt.

4) Die größere Leichtigkeit des Transportes macht das Gold für den Handelsverkehr brauchbarer, als das Silber. Ein Werthbetrag

---

[25]) „Es wird nämlich auch das Silber, jedoch in verhältnißmäßig geringem Grade, durch die chemische Veränderung mittelst des Schweißes „in Anspruch genommen. Der Schweiß enthält Kochsalz, durch dessen „Einwirkung indirekt eine kleine Menge Chlorsilber entsteht." (Karmarsch Beitrag zur Technik des Münzwesens S. 81 Note 2.)

in Gold ist etwa 30mal so leicht zu transportiren als in Silber, denn Gold nimmt, wegen seiner größeren inneren Schwere[26]), nur beinahe halb so viel Raum ein, als ein gleicher Gewichtsbetrag Silbers und der Werth eines Gewichtsbetrages Goldes ist ungefähr 15mal größer, als der gleiche Betrag Silbers.

5) Das Gold ist geeigneter als Münze gebraucht zu werden, als Silber, weil die Kosten des Münzens hauptsächlich von der Anzahl der verfertigten Stücke abhängen, und der Werthbetrag eines Goldstücks so viel beträgt als der von 15 Silberstücken gleicher Schwere. Nur weil die Goldstücke, bei dem höheren Werthe des Goldes, genauer nachgewogen werden müssen, ist ihre Ausmünzung etwas umständlicher, also kostspieliger, als die der Silbermünzen[27]). — Außerdem vermindern sich auch noch die Münzkosten bei der Goldwährung dadurch bedeutend, daß dann alle Silbermünzen, gleich den Kupfermünzen, nur Scheidemünzen sind, welche die geringeren Werthbeträge nur vertreten, nicht enthalten. Es ist also, ganz wie bei den Kupfermünzen, gar nicht nöthig, daß die silbernen Münzen denjenigen Werthbetrag an Silber enthalten, den sie im Verhältnisse zu dem Werthe des Goldes im Handel haben müßten; ja sogar ihr Werthbetrag muß weit unter demselben bleiben, so weit, daß ihr Metallwerth auch bei dem tiefsten Fallen des Goldpreises oder dem höchsten Steigen des Silberpreises dem letzteren nie gleich komme, weil dann die Silbermünzen nicht

---

26) Das Gewicht einer und derselben cubischen Masse von Wasser, Kupfer, Silber und Gold verhält sich zu einander wie

| | | | | | | | |
|---|---|---|---|---|---|---|---|
| | 1 | : | $8^3/_4$ | : | $10^1/_2$ | : | $19^2/_5$ |
| oder ungefähr | 1 | : | 5 | : | 6 | : | 11. |

27) Nach Hoffmann (Lehre vom Gelde, Zugabe S. 112) kostete auf der Berliner Münze die Ausmünzung von 35 Stück Friedrichsd'or 18 Silbergroschen, die von 14 Stück Thalern des 14=Thalerfußes 5 Silbergroschen; also kostete ein Werthbetrag (nach dem Tarife von $5^2/_3$ Thaler = 1 Friedrichsd'or) von = $198^1/_3$ ℔ in Golde nur eben so viel auszumünzen als einer von $50^2/_5$ Thalern in Silber, d. h. die Vermünzungskosten des Silbers betragen gerade viermal so viel als die des Goldes.

mehr als Scheidemünzen umlaufen, sondern als Waare verhandelt und eingeschmolzen werden würden. — So ist es in England. Ein goldener Sovereign gilt 20 silberne Schillinge; aber der in den 20 Schillingen steckende Silberbetrag ist weit geringer als der, welchen man auf dem Metallmarkte für einen Sovereign kaufen kann, man würde also großen Schaden leiden, wenn man die Schillinge einschmelzen und als Silber verkaufen wollte. Anders hatte man es in Frankreich angeordnet. Man hatte die Gold- und die Silbermünzen so schwer gemacht, daß der übliche durchschnittliche Marktpreis des in 20 Frankenstücken enthaltenen Silbers dem des in einem Napoleond'or enthaltenen Goldes gleich kam. Als nun aber jener Marktpreis sich plötzlich änderte, als das Silber im Preise stieg und man auf dem Metallmarkte für 1 Napoleond'or nicht mehr so viel Silber kaufen konnte, als in 20 Frankenstücken steckte, wurde es höchst vortheilhaft, alle Silbermünzen einzuschmelzen und als Silberbarren auf den Markt zu bringen. — In Hannover kostete 1857 das Pfund Kupfer 12 Ngr. Aus dem Pfunde wurden 250 Pfennige, also für 25 Ngr. gemünzt. Wäre nun einst der Preis des Kupfers so hoch gestiegen, daß der Kupferschmidt 26 Ngr. für das Pfund bezahlte, so würden sofort alle Pfennige eingeschmolzen worden sein, um auf je 25 Ngr. einen Gewinn von 1 Ngr. zu machen. So theuer wird das Kupfer schwerlich je werden, wenn aber die Pfennige noch einmal so schwer gemacht würden, als sie sind, so daß das Pfund in 125 Pfennigen, also zum Nennwerthe von $12^1/_2$ Ngr. ausgemünzt würde, so könnte es leicht eintreten, daß der Preis des Kupfers auf etwas mehr als $12^1/_2$ Ngr. stiege, wo dann alle Pfennige eingeschmolzen werden würden. Auf diese letztere Weise ist es aber in Frankreich mit dem Silber vorgekommen. — Wenn man nun die Pfennige nur halb so leicht macht, als sie dem Kupferpreise nach sein müßten, so kann man den gesammten Betrag an inländischer Kupfermünze für die Hälfte des Kupferwerths liefern, und wenn man die als Scheidemünze der Goldwährung dienenden Silbermünzen weit leichter macht, als sie dem Silberpreise gegen Gold nach sein müßten, so kann man den Bedarf an silberner Scheidemünze mit sehr viel weniger Silber decken. — Außerdem wird aber noch ein weiterer

Gewinn an den Münzkosten des Silbers gemacht. Da der innere Metall-Werth eines Scheidemünzstücks beträchtlich unter demjenigen bleiben muss, den es als Theilstück der Einheit der Hauptwährung haben müsste, so kömmt es gar nicht darauf an, ob es einige Centigramme mehr oder weniger Metall-Inhalt hat, als es der gesetzlichen Festsetzung nach haben sollte. So verhält es sich bei der Silberwährung mit der Scheidemünze aus Billon und Kupfer: sie wird nur al marco ausgemünzt, ohne daß die einzelnen Stücke justirt zu werden brauchten. Dasselbe kann aber bei der Goldwährung hinsichtlich aller Silbermünzen statt finden, und das Justiren derselben, die umständlichste und kostspieligste aller Proceduren beim Münzen, weil sie gar nicht, wie die meisten übrigen, durch Maschinen-Arbeit verrichtet werden kann — läßt sich ersparen. — Es versteht sich, daß bei der Goldwährung nicht mehr Silbermünzen ausgemünzt und in Umlauf gesetzt werden dürfen, als der Bedarf an Scheidemünze verlangt — ganz so wie es bei der Silberwährung mit der Scheidemünze aus Billon und Kupfer gehalten werden muss.

6) Goldmünzen sind, wegen der größeren Leichtigkeit des Transports größerer Summen für den Verkehr — je lebhafter er wird, je weniger er an die Scholle gebunden ist, unentbehrlich; da sie aber da, wo Silberwährung herrscht, als eine Waare, einen stets, und bei zunehmendem Verkehre und rascherem Ab- und Zuströmen rascher und häufiger schwankenden Preis haben, so entsteht für den jedesmaligen Inhaber derselben eine Ungewissheit über ihren Geldwerth, und diese Unsicherheit des doch unentbehrlichen Zahlmittels ist oft eine große Belästigung für den Verkehr. Diesem Übelstande kann nur durch die Goldwährung abgeholfen werden, bei welcher Silber nur so weit zu Zahlungen verwandt wird, als letztere weniger als den Betrag der kleinsten Goldmünze ausmachen, und wo die Silbermünzen in größeren Summen nur auf den großen Geldmärkten als Waare mit schwankendem, aber dann nur die eigentlichen Geld- und Metall-händler berührendem Preise vorkommen.

7) Das Gold ist zur Vermünzung geeigneter, als Silber, — nämlich bei einem theoretisch wie practisch richtigen Münzsysteme —

weil es sehr viel leichter und wohlfeiler als Silber gereinigt und völlig rein dargestellt werden kann, daher dann mittelst der Goldwährung nicht bloß ein an sich vollkommenes Münzsystem sich herstellen läßt, sondern auch die Gefahr, die der Erhaltung der letzteren durch unzuverlässige Beschickung des Münzmetalls drohet, ausgeschlossen wird.

8) Bei der Goldwährung ist der Ruin aller Münzsysteme: die allmähliche Verschlechterung des Münzfußes weniger leicht als bei Silberwährung. — Alle Münzsysteme gehen zuletzt daran zu Grunde, daß durch die Abreibung und Abgreifung der einzelnen Münzstücke, dieselben endlich so viel edles Metall nicht mehr in sich enthalten, als sie der gesetzlichen Bestimmung nach sollten, und daß die fortdauernd neu geprägten Münzen, als schwerhaltiger, von Speculanten ausgesucht und eingeschmolzen werden. Abgesehen nun davon, daß das reine Gold sich überhaupt wenig, sei es durch chemische oder mechanische Einwirkung abnutzt (s. oben 2 und 3), so sind die daraus verfertigten Münzen nicht so lange im Umlaufe, als silberne, denn wegen der Leichtigkeit des Transports (s. oben 4) werden sie gern zu Baarzahlungen in fremde Länder gebraucht, und, weil ihre Vermünzung verhältnißmäßig wenig kostet (s. oben 5), allda in die dort einheimischen umgeprägt; die Goldmünzen werden zu schnell erneuert, als sie durch den Umlauf an Gewicht viel verlieren könnten.

9) Wenn die Währung auf dem Golde beruhet, so wird sie auch dadurch unverfälschter erhalten, daß in Golde nur die größeren Beträge ausgemünzt werden können, die im Verkehre weniger oft umgesetzt werden, als die geringeren, daher die Goldmünzen weniger dem häufigen Gebrauche, und also weniger der Abnutzung durch den Umlauf ausgesetzt sind, als die aus geringeren Metallen, namentlich aus Silber.

10) Das Gold ist das geeignetste Münzmetall, weil es sich durch Zusatz anderer Metalle gar nicht oder doch fast gar nicht verfälschen läßt — wenigstens nicht so, daß sich durch die Verfälschung bedeutend gewinnen ließe, ohne daß dieselbe äußerlich leicht erkannt werden könnte. Jeder Zusatz verändert die Farbe, die Härte, daher Biegsamkeit, und, wegen der größeren spe-

cifischen Schwere, entweder das Gewicht oder die cubische Masse des Goldes. Bei dem nicht-reinen Silber wird die Veränderung der Farbe erst nach dem Glühen desselben, die der Härte, des Gewichts oder der cubischen Masse gar nicht bemerkbar.

Noch zwei Umstände, die nicht absolut, aber wohl local und temporär der Goldwährung einen großen Vorzug vor der Silberwährung geben können, sind:

11) Daß das Gold in hinreichender Menge vorhanden ist, um dem Verkehre seinen Bedarf an Zahlmitteln zu gewähren, während der Silbervorrath dazu nicht ausreicht, und daher durch Geld-Surrogate in Massen, durch Creditgeld aus Papier, durch ein fingirtes Silber, welches plötzlich das Zutrauen verlieren kann, ersetzt werden muss.

12) Daß das vorhandene Silber irgendwo im Auslande zu höherem Preise verkauft und daselbst Gold zu geringerem Preise angekauft werden, also durch Entbehrlichmachung des Silbers ein Gewinn gemacht, also Capital, also Reichthum erworben werden kann, der durch Festhalten an der Silberwährung verloren geht.

Diese letzten beiden Gründe haben namentlich nach der Mitte des 19. Jahrhunderts den Übergang von der Silberwährung zur Goldwährung in Deutschland empfohlen.

Das was man, diesen zwölf Vorzügen der Goldwährung gegenüber, als Vorzüge der Silberwährung aufführt, hat — unparteiisch erwogen — wenig Gehalt. Man sagt:

1) Ein Land (wie z. B. Deutschland), welches Bergwerke hat, aber nur Silber ausbeutet, müsse bei der Silberwährung bleiben, weil es sonst seine Ausbeute nicht mit Vortheil verwerthen könne. Hier fragt sich, ob die Ausbeute sehr bedeutend oder nicht ist. Ist sie so bedeutend, daß sie alles Bedürfniss, alle Nachfrage nach Silber übersteigt, so fällt dadurch das Silber im Preise, und der Preis aller anderen Gegenstände, — des Tagelohns, des Korns, des Goldes, aller Waaren —, wird steigen, wie dies seit dem Anfange des 16. Jahrhunderts wirklich der Fall gewesen ist. Übersteigt die Ausbeute aber den inländischen Bedarf, nicht aber auch den auswärtigen, wie gegenwärtig, so wird sie sich sehr vortheilhaft nach auswärts verkaufen lassen, vortheilhafter, wenn man Silber in

Barren verkauft, und nicht erst noch die theuren Münzkosten, welche der ausländische Käufer nicht vergütet, daran wendet [28]).

2) Man sagt: das Silber eigne sich besser zum Werthmesser, weil sein eigener Werth, als Waare genommen, weniger schwankend sei als der des Goldes. Hierbei fragt sich zunächst, welches Schwanken gemeint sei — das im Laufe der Jahrhunderte oder eines Börsentages eintretende? Hinsichtlich des erstern ist historisch nachweisbar, daß die Veränderung des Verhältnisses beider Metalle gegen einander seit dem Ende des Mittelalters nicht

---

[28]) Der Hamburger Courszettel notirt den Preis von 300 mk Banco in norddeutschen Thalern. Dieser Posten von 300 mk Banco enthält $2528^{1609}$ Gramme Silber. — Angenommen der Harz producirte diesen Posten, und wollte ihn verwerthen. — Die norddeutschen Münzstätten schlagen aus einem Pfunde Silber von 500 Gramm 30 Stück Thaler, und berechnen die Kosten derselben auf 10 Ngr. (= $1^1/_9$ Procent, $5^5/_9$ Gm.), bezahlen also das Pfund rohes Silber im Einkaufe mit nur $29^2/_3$ Thlr. ($494^4/_9$ Gm.). — Den obigen Posten bezahlt also die Münze mit Abzug von $1^1/_9$ Procent (= $28^{0906}$ Gm.) mit = $2500^{0703}$ Gm. oder = 150 Thlr. 0 Ngr. $1^{2654}$ Pf. — Am 23. August 1864 war der Cours der Thaler in Hamburg = 300 mk Banco: $153^1/_8$ Thlr. (= 153 Thlr. 3 Ngr. 7,5 Pf.). — Brachte also an diesem Tage der Harz seinen Posten Silber in die Hamburger Bank, so erhielt er dafür

| | | | | |
|---|---|---|---|---|
| | = 153 Thlr. | 3 Ngr. | 7,5000 Pf. | |
| dagegen auf der Münze | = 150 „ | 0 „ | 1,2654 „ | |
| Der Harz gewann bei der Bank | = 3 Thlr. | 3 Ngr. | 6,2346 Pf. | |

Die jährliche Ausbeute des Harzes beträgt = 48000 mk Silber oder = 1,332000 mk Banco. In dieser Summe steckt der Posten von 300 mk Banco genau 4440 mal. Wenn also der Harz seine gesammte jährliche Ausbeute, anstatt sie an die Münze in Hannover zu verkaufen, an jenem Tage in die Bank gebracht hätte, so würde er 4440 × 3 Thlr. 3 Ngr. $6^{2346}$ Pf. = 13856 Thlr. 8 Ngr. $1^{024}$ Pf. gewonnen haben. Die bei beiden Arten der Verwerthung entstehenden Transport-Kosten kämen, da sie nur aus der einen Staatscasse in die andere gezahlt werden würden, für den Staatshaushalt nicht in Betracht. — Noch richtiger wäre vielleicht das Verfahren, wenn die Ausbeute von Zeit zu Zeit an Ort und Stelle meistbietend verkauft würde, wo dann die Münze als Käufer concurriren könnte.

durch das Steigen des Goldes, sondern durch das Fallen des Silbers eingetreten ist. Und was die Börsen-Cours-Schwankungen betrifft, so sagt man in Hamburg, wo Silberwährung herrscht: das Gold schwanke, in Bremen, wo Goldwährung herrscht: das Silber schwanke. Welches von beiden in jedem einzelnen Falle das richtige, nach welchem der beiden Metalle in dem einzelnen vorübergehenden Falle die größere oder geringere Nachfrage war, läßt sich nur nach den besonderen jedesmaligen Handels-Conjuncturen entscheiden. Die Ansicht: daß das Silber weniger schwanke, als das Gold, ist an und für sich eine thörichte. — Richtig aber ist, daß das Gold, wegen der Leichtigkeit des Transports größerer Werthbeträge, sich leichter als Silber an dem einen Orte anhäufen, und einem andern entzogen werden kann, je nachdem die Handels-Conjuncturen die Handelsbilanz der verschiedenen Orte augenblicklich änderten. In diesem Falle kömmt aber das Gold gar nicht als Werthmesser, sondern nur als Zahlungsmittel in Frage, und je schneller das Gold sich irgendwo anhäufen kann, desto schneller strömt es auch wieder dahin, wo es augenblicklich fehlt. Bei der leichten Beweglichkeit der Waare, und daneben der Schnelligkeit des Transports durch Dampf, durch Eisen-Schienen und Schaufelräder ist durch die Goldwährung der Handel sogar weit gesicherter gegen Verlegenheiten, als bei der schwerfälligen Silberwährung. Es werden durch die leichte Beweglichkeit der Zahlungsmittel vielmehr gewinnbringende Conjuncturen und Chancen herbeigeführt oder benutzbarer. — Im Jahr 1851 war Mißwachs in Irland; man begehrte Getreidezufuhren vom Continente, die man aber, da sie durch Ausfuhren nicht vergütet werden konnten, durch Baarzahlungen erkaufen mußte. Weil dort die Goldwährung herrschte, Gold also reichlich umlief, so wurden durch den leichten Transport großer Summen in Golde die Zufuhren bedeutend erleichtert, vermehrt und beschleunigt. Da agitirten die Dubliner Kornwucherer gegen die bestehende Goldwährung und für die Einführung der Silberwährung. Die umständlichere Versendung des schwerfälligen Silbers hätte die Einfuhren verzögert; einige hundert arme Irländer wären verhungert, aber die Dubliner Kornwucherer würden bedeutend gewonnen haben!

---

## §. 14. 2. Die Rechnungs-Einheit.

Hier muss ich nun zunächst einen Lehrsatz aussprechen, der für alle Zweige der Geldlehre von eingreifender Wichtigkeit, und dessen Verkennung die Quelle großer Irrthümer und Missgriffe ist: das Geld ist freilich der Vermittler des Verkehrs, aber es giebt zwei ganz von einander verschiedene Arten des Verkehrs, die beide eine ganz verschiedene Art der Vermittlung fordern — den großen und den kleinen Verkehr: den Welthandel und den Kramhandel. Der große Verkehr spielt seine Rolle an der Börse und in den Rechnungsbüchern der Geld- und Waarenhändler: der Banquiers und Kaufleute — er rechnet! Der kleine spielt die seinige in den Bäckerläden und auf dem Gemüsemarkte — er rechnet nicht; er zählt, er misst, er wägt bloß. Die Berücksichtigung nur des einen Verkehrs bei den Anforderungen an ein Geldsystem und das Übersehen des andern ist Bornirtheit; ein Geldsystem, welches nur den Anforderungen des einen von beiden genügen will, ist tadelnswerth und verwerflich. — In Hamburg, wo seit Jahrhunderten stets nur „der beschränkte Unter-„thanen-Verstand“, aber nie „der gränzenlose Regierungs-Unver-„stand“ gewaltet hat, ist man sogar in der Unterscheidung des Verschiedenartigen so weit gegangen, ein zweifaches Geldsystem — eins für den großen Verkehr, bei welchem gar nicht einmal Münzen vorkommen, und eins für den kleinen Verkehr aufzustellen. Fast etwas ähnliches fand von etwa 1750 bis 1850 im nordwestlichen Deutschlande statt, wo im Allgemeinen der große Verkehr nach der Goldwährung, der kleine nach der Silberwährung rechnete.

Bei der Bestimmung der Zählweise eines Münzsystems kömmt es nur darauf an, zuerst den Werthbetrag fest zu setzen, welcher die Einheit der Zählweise bilden soll [29]), und sodann die Ver-

[29]) Die Fahr- und Fracht-preise bei der Post und auf den Eisenbahnen werden bis auf Viertel-Meilen berechnet, und da selten die Entfernungen in ganzen Meilen aufgehen, so sind die meisten Tarif-Sätze nach Bruch-Meilen bestimmt. Darin liegt der Beweis, daß die geographische

mehrungs- und Theilungsstufen dieser Einheit, und die Zahlen zu bestimmen, auf welche diese Stufen fallen sollen. Das scheint leicht einzurichten zu sein, wenn man aufs Gerathewohl wählen zu dürfen meint. Allein es ist schwierig und erfordert eine weit gewissenhaftere Erwägung, als oft gemeint wird, hierbei Einheiten, Stufen und Zahlen ausfindig zu machen, welche sowohl dem großen als zugleich auch dem kleinen Verkehre frommen. Wenn jede Art des Verkehrs nach ihrem Geschmacke wählt, so fallen mitunter die Werthbeträge der Einheiten sehr verschiedenartig aus. In Vorder-Indien rechnet der große Verkehr nach Lack-Rupieen zu 75000 Pfund Sterling das Stück, in Hinter-Indien der kleine Verkehr nach Kauri's, deren 185 auf einen Silbergroschen gehen.

Von allem, was in Frankreich bestand und durch Gesetzgebung umgeändert werden konnte, hat die Revolution, die Alles nach theoretischen Idealen neu gestaltete, Wesentliches wahrscheinlich weiter nichts beibehalten, als die Einheit des Rechnungssystems. Frankreich rechnete seit Karl dem Großen, wie Italien und England, nach Pfunden (Livres) zu 20 Sous zu 12 Pfennigen. Durch stets fortschreitende Verschlechterung der Münzen war der Silberbetrag des Livre so weit herabgegangen, daß man ihn in der Revolution unter dem Namen Franc ziemlich genau auf 4½ Gramme des neuen Gewichts-Systems festsetzte. Bei diesem geringen Betrage waren Deniers (Pfennige, deren 240 = 1 Livre) schon lange nicht mehr gemünzt; man hatte den Sou in 4 Liards (Dreier) getheilt; die Revolution schaffte dies ab, und theilte ihn statt dessen in 5 Centimen. Dieses System ist aber sowohl vom kleinen als vom großen Verkehre als unbequem verworfen worden. Das Volk war an das naturgemäße Quartal-System — die Eintheilung des Sou in 4 Liards — gewöhnt, und wollte durchaus nicht einsehen, daß 2 mal 2 fünf sein sollten. Da nun die seit der Revolution

---

Meile (1/15 Grad) eine zu große Einheit für die Tarife ist, und daß Post und Eisenbahnen ihre Preis-Sätze nach See-Meilen (1/60 Grad) als Rechnungseinheit ansetzen müssen. Denn es ist Verkehrtheit, nach einer Einheit zu rechnen, die fast nie anders als in Brüchen zur Anwendung kömmt.

geprägte Scheidemünze nur in den, aus den eingeschmolzenen Kirchenglocken gegossenen Sou-Stücken bestand, indem die Regierung das Ausmünzen von $^1/_5$-Sou-Stücken unterließ, so half man sich, so gut man konnte, und was die Münzstätten nicht lieferten, das lieferten die häufigen und reichen Münzfunde. Die Blancs und Douzains des 15. und 16. Jahrhunderts liefen unter dem Namen Six-Blancs, als $1^1/_2$ Sous zu 6 Liards um, und als Liards dienten die römischen Kupfermünzen des Spätreichs. Diese Scheidemünzen haben bis 1851 dem Bedürfnisse gedient. — Für den großen Verkehr war aber die Centime eine zu geringe Werthsteigerungsstufe, daher zählt er fortdauernd lediglich nach Sous, setzt dieselben aber in Rechnungen stets in Decimalbrüchen an, so daß z. B. die gesprochenen Worte: „15 Sous" geschrieben werden: „75 Centimes". Hieraus geht hervor, daß man — bloß zu Gunsten des bestehenden Livre — die Rechnungs-Einheit des neuen Geldsystems übel und unbrauchbar gewählt hat. Das Richtige wäre offenbar, den fünffachen Franc zu 100 Sous zu 4 Liards als Rechnungs-Einheit zu wählen, und wirklich hat man dieser Art die Frage im Großherzogthume Luxemburg aufgefaßt, wo man 1854 nach dem französischen Fuße von 1851 Kupfermünzen zu 5 und zu $2^1/_2$ „Centimes", also Sous und Halb-Sous, schlug! Das russische und das Römische Decimal-Rechnungs-System verursacht dem großen Verkehre gar keine Schwierigkeiten, denn Bajocco's und Kopeken sind sehr angemessene Werthsteigerungsstufen. Dagegen plagt das Römische System eben so wie das Bremische den kleinen Verkehr mit der Eintheilung des Bajocco in fünf Quattrini, des Groten in fünf Sware — beides Eintheilungen, die, wie bei ersteren schon der Name sagt, der Zählweise nicht ursprünglich angehören, sondern nur durch zu große Verschlechterung der Scheidemünze missbräuchlich entstanden sind, da ursprünglich ihrer nur vier auf den Bajocco oder Groten gingen [30]), die beide aber in der Wirklichkeit auch gar nicht

30) Der Name „Sware" ist die niederdeutsche Form für „schwere", d. h. Pfennige; der Gegensatz der „swaren" und ehemaligen „leichten" Pfennige (Brakteaten) in Bremen ist schon in den Jahren 1370 bis 1380 entstanden.

durchgeführt werden, denn man münzt in Rom *halbe* Bajocchi und in Bremen *halbe* Groten, zu $2^{1}/_{2}$ Unter-Einheiten, womit factisch die Quintal-Eintheilung der Halbtheilung gewichen ist. — Diese Umstände werden nun von allen denjenigen aus Unwissenheit nicht gekannt oder aus Einsichtslosigkeit übersehen, welche, um in ein bestehendes Münzsystem die Decimal-Zählweise einzuführen, glauben, man müsse die zufällig vorgefundene *unterste* Werthstufe eines Systems blindlings mit 100 multipliciren, um die *obere* Rechnungs-Einheit eines Decimalsystems zu erlangen. In diesem Irrthume ist man namentlich in *Sachsen* befangen, wo man schon seit 1840 bloß behuf jenes Zwecks voraussichtlich den Groschen in 10 Pfennige theilte, und 1857, von den übrigen deutschen Regierungen abweichend, die Ausmünzung der $^{1}/_{3}$-Thaler-Stücke festhielt, um letztere zu Einheiten des projectirten Systems zu machen, anstatt daß man den Thaler in 100 Kreuzer zu 4 Pfennigen theilen müßte, um sowohl dem *großen* als dem *kleinen* Verkehre gerecht zu werden. Eben so irrten die *Münchener*, als sie 1835 Griechenland auch durch ein neues Münzwesen beglücken wollten, wo sie, statt den spanischen Piaster in $\frac{100}{100}$ zu $^{4}/_{4}$ zu theilen, ein *Sechstel* desselben schufen, um dieses in 100 Lepta theilen zu können. Auch sie meinten, es müsse durchaus die *unterste* Werthstufe des kleinsten Verkehrs sein, die, mit 100 multiplicirt, die obere Rechnungs-Einheit des *großen* Verkehrs ergäbe! — Und solcher Leute giebt es oft, die in diese Angelegenheit darein reden, ohne von derselben irgend etwas weiteres zu wissen, als daß zehn mal zehn hundert sind! — In Frankreich hat sich, wie gesagt, der Verkehr den Despotismus bornirter Zahlenklauber nicht gefallen lassen. — —

Das Haupterforderniß eines brauchbaren Rechnungssystems ist, daß der Werthbetrag der *Unter*einheit desselben den *mindesten*, im *größeren* Verkehr noch beachteten Werthgrößen entspreche, und dadurch zugleich eine, diesem Verkehre angemessene *Werthsteigerungs*stufe bilde. Es handelt sich in letzterer Hinsicht — um bei dem Bilde einer *Stufe* zu bleiben — um die Anlegung einer *Treppe*, deren Stufen erfahrungsmäßig, für die Beine eines ausgewachsenen Menschen gewöhnlicher Statur, eine

Höhe von 8 bis 10 Zoll haben müssen. Machte der Zimmermann die Stufen nur 2 Zoll hoch, so würde der Hinaufsteigende, aus Ungeduld über das langsame Emporkommen, mehrere Stufen zugleich steigen; wären letztere aber 3 bis 4 Fuß hoch angelegt, so würden sich die Hausbewohner genöthigt sehen, noch kleine Leitern mit Zwischenstufen anzulegen. — Der Franzose springt stets fünf Stufen auf einmal — er rechnet nach Sous und bildet sich dadurch Stufen, deren Abstände von einander weder zu hoch noch zu niedrig sind. Diese Stufen sind gerade so groß, daß die durch die fünf Zwischenstufen bezeichneten Werthbeträge zu unbedeutend sind, als daß man sie nicht überspringen, zu geringfügig sind, als daß man sie achten, also bezeichnen sollte, und sie geben eben diejenigen Steigerungsbeträge an, die man in Anschlag bringt, also auch in runder Zahl ohne Bruch und Unterabtheilung bezeichnen zu können wünscht. — Der Norddeutsche muss eine zehn- oder zwölfsprossige Leiter anlegen, um seine allzuhohe Stufe, den Groschen, in Unterstufen zu zerlegen, denn er hat allzuviele Werthe zu messen und zu bezeichnen, deren Betrag nicht in ganzen Groschen aufgeht, sondern in die Zwischenräume der vollen Groschen fällt. Die Unbequemlichkeit dieser übel gewählten Werthsteigerungsstufen wird recht bemerkbar auf Trödel-Auctionen, auf denen z. B. früher Gebote unter $^1/_{24}$-Thaler unzulässig waren. Da waren 2 ggr mitunter zu wenig, 3 ggr aber bereits allzutheuer. Wollte man Gegenstände des kleinen Verkehrs genau taxiren, so musste man den Werth in zwei verschiedenen Münzsorten — Gutengroschen und Pfennigen — ausdrücken, während auch solche kleinen Werthe in Sous oder Kreuzern meistentheils ohne Brüche derselben aufgehen. Um diese Unbequemlichkeit zu vermeiden, müsste also ein minder hoher Betrag als der $^1/_{24}$- oder $^1/_{30}$-Thaler oder als des zwölffachen der letzten Einheit zur Rechnungs-Unter-Einheit des größeren Verkehrs gewählt werden. Ganz dasselbe gilt von den Silber- und Neugroschen, welche zu hohe Werthsteigerungsstufen bilden, als daß auch der größere Verkehr ihrer Unterstufen, der Pfennige, entbehren könnte, und die Werthbezeichnungen anders, als nach drei Rechnungsstufen angegeben werden könnten. — Unter den Duodecimal-Rechnungssystemen hat das süddeutsche die am besten getroffenen Größen;

es hat nur zwei Werthsteigerungsstufen für den Rechnungsverkehr, der Kreuzer ist groß genug, um dem großen Verkehre als Unter-Einheit zu dienen, und um noch zum Nutzen des kleinen Verkehrs in vier unterste Einheiten, die den kleinsten zur Zahlung kommenden Werthen entsprechen, getheilt werden zu können. — —

Ich stelle zunächst übersichtlich zusammen, welche Ober- und Unter-Rechnungs-Einheiten in den um die Mitte des 19. Jahrhunderts in den verschiedenen Staaten bestehenden Geld-Systemen entweder historisch entstanden oder neu gewählt waren. In den Systemen der Silberwährung sind die Beträge jeder Werth-Stufe in Grammen Silbers, in denen der Goldwährung in Grammen Goldes ausgedrückt, wobei Niemand denken wird, daß der Betrag jeder dieser Stufen auch in dem nämlichen Metalle ausgemünzt sei. Die Währungsmünze enthält wirklich den Werthbetrag an Silber, die Scheidemünze, aus Billon oder Kupfer, oder — bei der Goldwährung — aus Silber, Billon oder Kupfer, repräsentirt ihn bloß. Die Reihefolge der Systeme in dieser Tabelle ist durch die abnehmenden Beträge der oberen Einheiten geordnet; die mit vorstehender ° bezeichneten sind decimale; die eingeklammerten Zahlen zeigen nicht-ausgemünzte, bloß ideale Werthbeträge an.

Von den Ober-Einheiten aller dieser Rechnungssysteme ist, mit Ausnahme des deutschen „Kronzehntels“, keine, welche nicht auf historischem Wege entstanden wäre; keine dieser Größen ist aus Gründen und mit Absicht gewählt. Dagegen ist aber mehreren derselben die decimale Eintheilung in 100 Unter-Einheiten später hinzugefügt, während andere die letztere lange hergebracht hatten, bei denen sie sich mehr zufällig, durch das Zusammentreffen verschiedener Münzsorten, die, wie sich ergab, in dem Verhältnisse von 1 zu 10 und 100 zu einander standen, gebildet hatte. Zu den letzteren gehört die Hunderttheilung der oberen Einheit in Portugal, Rom, Rußland und Brasilien. Absichtlich der Decimal-Rechnung wegen ist die Hundert-Theilung eingeführt in Nord-America 1778, in Frankreich 1795, den Niederlanden 1816, Neapel 1818, Toscana 1826, Griechenland 1829, Spanien 1848, Schweden 1856, Deutschland (Kronzehntel) 1857 und Österreich 1857.

# I.
# Die Rechnungssysteme.

## 1. Silberwährungen:

| | Name der Einheit: | Zählweise: | Silber-Inhalt [31]) der oberen Einheit: | mittleren Einheit: | unteren Einheit: |
|---|---|---|---|---|---|
| o Portugal | Milreïs | = 1000 Reï | 27,145 | . . . | (0,027) |
| Norwegen | Species | = 120 Schilling | 25,281 | . . . | 0,210 |
| o Rom | Scudo | = 100 Bajocco | 24,208 | . . . | 0,242 |
| o Nord-America | Dollar | = 100 Cent | 24,056 | . . . | 0,240 |
| o Neapel | Ducado | = 100 Grano | 19,119 | . . . | 0,191 |
| o Rußland | Rubel | = 100 Kopek | 18. | . . . | 0,180 |
| Norddeutschl. | Thaler a | = 30 gr zu 12 ₰ | 16²/₃ | 0,555 | 0,046 |
| " | " b | = 30 gr zu 10 ₰ | — | — | 0,055 |
| o Brasilien | Milreïs | = 1000 Reï | 12,840 | . . . | (0,012) |
| Dänemark | RBank-Thaler | = 6 mk zu 16 ß | 12,640 | 2,106 | 0,131 |
| o Österreich | Gulden | = 100 Kreuzer | 11¹/₉ | . . . | 0,111 |
| Indien | Rupie | = 16 Anna zu 12 Pei | 10,692 | 0,668 | 0,055 |
| Süddeutschl. | Gulden | = 60 Kreuzer | 9,523 | . . . | 0,158 |
| o Niederlande | Gulden | = 100 Cent | 9,45. | . . . | 0,094 |
| Hamburg a | (Mark Banco) | = 16 ß zu 2 Sechsling | (8,427) | (0,526) | (0,263) |
| " b | Mark Cour. | = 16 ß zu 4 Dreiling | (6²/₃) | 0,416 | 0,104 |
| o Schweden | Daler | = 100 Öre | 6,320 | . . . | 0,063 |
| o Toscana | Fiorino | = 100 Quattrino | 6,304 | . . . | 0,063 |
| o Frankreich | Franc | = 20 Sou zu 5 Centime | 4,5. | 0,225 | 0,045 |
| o Griechenland | Drachme | = 100 Lepton | 4,029 | . . . | 0,040 |
| o Spanien | Real | = 10 Decima | 1,183 | . . . | 0,118 |
| Türkei | Grusch | = 40 Para zu 3 Asper | 1. | 0,025 | (0,008) |

## 2. Goldwährungen:

| | | | Gold-Inhalt: | | |
|---|---|---|---|---|---|
| o Spanien | Doblon | = 100 Real zu 10 Decima | $7{,}502^{3}$ | 0,075 | $0{,}007^{5}$ |
| England | Pfund | = 20 Schill. zu 12 Penny | $7{,}322^{3}$ | $0{,}360^{1}$ | $0{,}030^{5}$ |
| o Nord-America | Dollar | = 100 Cent | $1{,}504^{6}$ | . . . | 0,015 |
| Bremen | Thaler | = 72 Grote zu 5 Sware | $(1{,}190^{4})$ | $0{,}016^{5}$ | $0{,}003^{3}$ |
| o Deutschland | Kronzehntel | = $\frac{10}{100}$ zu $\frac{10}{1000}$ | (1,000) | (0,100) | (0,010) |
| o Frankreich | Franc | = 20 Sou zu 5 Centime | $(0{,}290^{3})$ | $0{,}014^{5}$ | $0{,}002^{9}$ |

[31]) Die Münzstücke der unteren Einheiten sind meist nur in Kupfer, die der mittleren meist nur in Billon-Scheidemünze ausgemünzt; der angegebene „Silber-Inhalt" ist der, den sie als Theilstücke der oberen Einheiten darzustellen haben.

(Von den oberen Rechnungs-Einheiten der Goldwährungen sind nur die der drei ersten auch ausgemünzt vorhanden; die der drei letzten sind nur 5-fach ausgemünzt.) — Dem neuen deutschen „Kronzehntel" des Wiener Vertrages von 1857 ist in den Münzgesetzen aller vertragenden Staaten — dem Hannöverschen ausgenommen — eine „weitere decimale Eintheilung" gegeben; nur letzteres theilt es in 30 „Theile" zu 10 „Theilen"!

Unbequem scheint es zu sein, wenn die Rechnungs-Einheit ein sehr geringer Betrag ist, wie der Real in Spanien und der Grusch (Piaster) in der Türkei. Dem Übelstande, daß man dann bei größeren Summen sehr bald in hohe Zahlen geräth, hat man oft durch Annahme einer Rechnungs-Summe von höherem, ja sehr hohem Betrage abgeholfen. Solche „Rechnungs-Summen" waren bei den Griechen: das Talent, gewöhnlich zu = 6000 Drachmen gerechnet; bei den Römern: das Sestertium, zu = 1000 Sesterzen; im neueren Indien: das Lak Rupien, zu = 100,000 Rupien, und das Crore Rupien, zu = 100 Lak oder = 10,000,000 Rupien. In Portugal und Brasilien, wo man ausschließlich nach Réis rechnet, einem so geringen Werthbetrage, daß derselb gar nicht mehr ausgemünzt werden kann, wo aber die Bezeichnung der, als Silbermünze ausgeprägten oberen Rechnungs-Einheit (mil Réis) gar kein Name, sondern eben nur die Bezeichnung des Betrages von „1000 Réis" ist, — beträgt „das Conto de Réis (d. h. „Rechnung von Réis") = 1,000,000 Réis oder 1000 Milréis. In der Türkei rechnet man größere Beträge nach Beuteln, Kessert, zu = 500 Grusch oder Grammen Silber (jetzt = 30 norddeutschen Thalern). In Deutschland hat man bis ins 18. Jahrhundert — seit wann und wodurch der Name veranlaßt war, weiß ich nicht zu sagen — nach „Tonnen Goldes", zu = 100,000 Thalern gezählt. Neuerlich hat in fast allen europäischen Sprachen das Zählwort „Million" völlig die Bedeutung einer Rechnungs-Summe angenommen, da man von anderthalb und drittehalb Millionen spricht, und „1½ und 2½ Mill." schreibt, das Wort „Million" also lediglich als Bezeichnung einer Rechnungs-Einheit betrachtet. In Frankreich hat man auch dem Zählworte „Milliarde", = 1000 Millionen, jene Bedeutung beigelegt.

Die folgende Tabelle enthält die in vorstehender enthaltenen Unter-Einheiten der verschiedenen Rechnungssysteme, mit Angabe der Unter-Eintheilungen derselben behuf des kleineren Verkehrs, welche in Rechnungen nicht selbständig ausgeführt werden — und zwar hier nach der abnehmenden Größe des Silberbetrages, an den sie geknüpft sind, geordnet:

## II.

## Die Rechnungs-Unter-Einheiten des größeren Verkehrs:

| | Gramme Silber. | Unter-Stufen. | | | | |
|---|---|---|---|---|---|---|
| England | 0,436 | Penny: | 1 | ½ | ¼ | ⅛ |
| Hamburg b | 0,416 | Schilling: | 1 | ½ | ¼ | |
| „ a | 0,263 | (Halb-Schilling Banco) | | | | |
| Bremen | 0,255 | Grote: | 1 | ½ | ⅕ | |
| o Rom | 0,242 | Bajocco: | 1 | ½ | ⅕ | |
| o Nord-Amerika | 0,240 | Cent: | 1 | ½ | | |
| o Frankreich | 0,225 | Sou: | 1 | ⅖ | ⅕ | |
| Norwegen | 0,210 | Schilling: | 1 | ½ | | |
| Österreich bis 1856 | 0,195 | Kreuzer: | 1 | ½ | ¼ | |
| o Neapel | 0,191 | Grano: | 1 | ½ | ¼ | |
| o Rußland | 0,180 | Kopek: | 1 | ½ | ¼ | |
| Süddeutschland | 0,158 | Kreuzer: | 1 | ½ | ¼ | ⅛ |
| Dänemark | 0,131 | Schilling: | 1 | ½ | | |
| o Spanien | 0,118 | Decima: | 1 | ½ | | |
| o Österreich 1857 | 0,111 | Neu-Kreuzer: | 1 | ½ | | |
| o Niederlande | 0,094 | Cent: | 1 | ½ | | |
| o Schweden | 0,063 | Öre: | 1 | ½ | | |
| Indien | 0,055 | Pei. | | | | |
| Norddeutschland | 0,055 | Pfennig (1/10 Ngr.) | | | | |
| Preußen | 0,046 | Pfennig (1/12 Sgr.) | | | | |
| o Griechenland | 0,040 | Lepton. | | | | |
| o Portugal | 0,027 | (Reï). | | | | |
| Türkei | 0,025 | Para. | | | | |
| o Brasilien | 0,012 | (Reï). | | | | |

Da in England und Bremen ausschließlich Goldwährung herrscht, so ist der oben als $^1/_{12}$-Schilling und bzw. $^1/_{36}$-Halbthaler der dortigen Silber-Scheidemünz-Währung angenommene Werthbetrag etwas zu niedrig.

Die eigentliche Unter-Einheit der Hamburger Zählweise ist der Pfennig, der aber weder in der Banco- noch in der Courant-Währung berechnet oder bezw. gemünzt wird. Die unterste Einheit, welche bei der Bank noch abgeschrieben wird, ist der halbe Schilling (= 0,263 Gm. Silber); das geringste Münzstück der Courant-Währung ist der Dreiling oder ¼ Schilling, der aber, wie auch der Sechsling oder ½ Schilling, nur dem kleinern Verkehre angehört, da der größere keine geringere untere Werthsteigerungsstufe als den Schilling anwendet.

Übrigens kommen in den Rechnungs-Systemen mehrerer Länder mitunter noch Beträge vor, die wegen ihrer Kleinheit nicht mehr ausgemünzt werden, also nicht zahlbar sind, z. B. der Pfennig in Hamburg, der Rëi in Portugal, der Asper in der Türkei. Diese stammen aus einer Zeit, in welcher die jetzt üblichen Benennungen der Münzsorten weit höhere Beträge bezeichneten, als später. Sie erscheinen jetzt als besonders benannte Brüche der untersten Rechnungs-Einheit, die herkömmlicher Weise noch in einigen gewissen Fällen vorkommen. Der Hamburger Pfennig ($^1/_{12}$ Schilling) findet sich nur in den Preis-Couranten bei einigen Arten von Waaren; der türkische Asper ($^1/_3$ Parà) liegt den Besoldungs-Etats der Soldaten zum Grunde, und der portugiesisch-brasilische Rëi ist die ideale Grundlage, die einzige Einheit der ganzen Zählweise.

Ganz verschieden von den in vorstehender Tabelle zusammengestellten Unter-Einheiten des größeren oder Rechnungs-Verkehrs sind die Unter-Einheiten des kleineren Verkehrs, welche in der folgenden Tabelle, in derselben Weise wie jene in der vorhergehenden, zusammengestellt sind. Einige finden sich darunter, welche eben so schon in letzterer vorkommen; aber diese kann man mit Sicherheit für übel gewählte Größen erklären, denn sie sind entweder für den größeren Verkehr zu geringe, oder für den kleineren zu hohe Werthsteigerungsstufen, wiewohl der Betrag der letzteren nicht in allen Ländern der nämliche sein kann.

## III.

## Die Unter-Einheiten des kleinen Verkehrs:

| | Gramme Silber: | |
|---|---|---|
| Nord-Amerika | 0,120 | 1/2 Cent |
| Norwegen | 0,105 | 1/2 Schilling |
| Hamburg | 0,104 | Dreiling |
| Portugal | 0,081 | 3 Réi |
| Dänemark | 0,065 | 1/2 Schilling |
| Spanien | 0,059 | 1/2 Decima |
| Norddeutschland | 0,055 | Neu-Pfennig |
| Österreich | 0,055 | 1/2 Neu-Kreuzer |
| Indien | 0,055 | Pei |
| England | 0,054 | 1/2 Farthing |
| Bremen | 0,051 | Sware |
| Rom | 0,048 | Quattrino |
| Neapel | 0,048 | 1/4 Grano |
| Niederlande | 0,047 | 1/2 Cent |
| Preußen | 0,046 | Pfennig |
| Frankreich | 0,045 | Centime |
| Rußland | 0,045 | Polnschka |
| Griechenland | 0,040 | Lepton |
| Süddeutschland | 0,039 | 1/4 Kreuzer |
| Schweden | 0,032 | 1/2 Öre |
| (Dänemark) | 0,026 | 1/5 Schilling |
| Türkei | 0,025 | Parâ |
| Baiern | 0,020 | Heller |
| Guinea | 0,010 | Kauri |
| Siam | 0,003 | Kauri |

Aus diesen Tabellen ersieht man, daß die Werthsteigerungsstufen des größeren Verkehrs, die, weil sie noch geviertheilt werden können, auch für den kleineren Verkehr brauchbar sind, zwischen dem Betrage von 160 und 240, so wie die des kleineren Verkehrs zwischen 40 und 60 Milligrammen Silber liegen.

Die obere Einheit für ein Decimal-Rechnungs-system muss also ungefähr zwischen 16 und 24 Grammen Silber, oder 1 und 1½ Grammen Gold liegen.

Die an sich relativen Begriffe von hoch und niedrig sind bei vorliegender Frage noch relativer; sie bestimmen sich nach dem größeren oder geringeren Reichthume eines Landes, nach der größeren oder geringeren Höhe aller Preise. In Nord-Amerika kann niemand für weniger als 120 Milligramme Silber kaufen und in Californien war es im zweiten Jahrzehende der Goldausbeutung dahin gekommen, daß ein Dollar der geringste Zahlbetrag war. Dies wird leicht drückend für die Ärmeren, die entweder auch minder werthvolle Gegenstände theuerer bezahlen, oder solche in einer größern Menge kaufen müssen. Ohne Zweifel bewirkt der höhere Betrag der Rechnungsmünzen größere Theuerung, und in Süddeutschland kann man Manches für einen Gulden kaufen, was in Norddeutschland einen Thaler kostet. — In England, wo die Preise aller Lebensbedürfnisse höher sind, als auf dem Continente, ist die kleinste Rechnungsmünze des großen Verkehrs ein Betrag von 472 Milligrammen, in Hamburg von deren 416. In England hat man aber, um den Ärmern Erleichterung zu verschaffen, für den kleinen Verkehr neue Münzsorten zu dem geringeren Werthbetrage von ½ Farthing, zu 54 Milligm. eingeführt. Und im Österreichischen Kaiserthume giebt es wahrscheinlich ärmere Gegenden, wo der Viertel-Kreuzer (zu 27½ MGm.) eine wohlthätige Münzsorte sein dürfte. Dagegen sind die Baierischen Heller (zu 20 MGm.) nicht für den Verkehr bestimmt, sondern dienen nur um in den Bierhäusern den steigenden oder fallenden Preis des Bieres auf die einzelnen getrunkenen Schoppen vertheilen zu können, weil man doch nicht bei jedem Preisschwanken die Biergläser vergrößern oder verkleinern kann. Da aber dieser Werthbetrag im gesammten übrigen Verkehre niemals gefordert wird, obgleich man ihn doch zahlen könnte, so liefert dieser Umstand den interessanten Beweis, daß in Baiern, also wohl in Deutschland überhaupt, Werthe unter 40 Milligm. Silber weder gesucht noch angeboten sind, und ein Münzsystem unter diesen Betrag nicht herab zu gehen braucht. Der französische Sou beträgt 225 MGm., die Centime 45, der Liard 56, und der ehemalige Denier (Pfennig) würde 19 MGm. werthen.

In Würtemberg sind nach dem Jahre 1840 mehrmals Viertel-Kreuzer gemünzt, die aber gänzlich wieder aus dem Umlaufe verschwunden sind, weil man — wie dort gesagt wurde — dafür nichts käuflich findet. Doch sollen sie in Ulm im Verkehre brauchbar gefunden sein. Der süddeutsche Viertel-Kreuzer jener Zeit stellte einen Werth von 0,039 Gm. Silber dar. Da in Würtemberg bis 1840 überhaupt keine geringeren Scheidemünzstücke als Kreuzer aus Billon zum Werthe von 0,159 Gm. Silber gemünzt wurden, so wird man sich dort daran gewöhnt haben, alle Umsätze unter diesem Betrage vom Verkehre auszuschließen, während der Verkehr der Gränzstadt Ulm mit dem nachbarlichen Baiern auch Werthe zum Viertel jenes Betrages umsetzt.

Indessen ist es auch ein bemerkenswerther Umstand, daß in dem sehr theueren England, wo lange Zeit der Farthing das geringste Münzstück — zu einem Betrage, der, nach einem durchschnittlichen Course des Goldes etwa = 0,120 Gm. Silber vertritt — gewesen war, erst noch von 1843 an Stücke zu ½ Farthing, also der Hälfte jenes Betrages ausgemünzt und in Umlauf gesetzt sind, was offenbar ein Bedürfniß nach Zahlbarmachung auch geringerer Werthe voraussetzen läßt. Gewiß giebt es auch allda manchen Werth, der früher nur nicht in Frage kam, weil er sich aus Mangel an hinreichend geringen Münzstücken nicht zahlen ließ; wenn auch solche Werthe umgesetzt werden können, wenn man mit einem Penny acht verschiedene Werthe, statt früher deren nur vier, bezahlen kann, so vermehrt sich die Masse der Umsätze, und vielleicht ist die Summe der Werthe, die zum Betrage von ½ Farthing umgesetzt werden, sehr bedeutend. Es steht aber fest, daß die größere Anzahl der geringeren Umsätze mehr Reichthum gewährt, als die geringere Anzahl der beträchtlicheren; es bleibt also noch zu untersuchen, ob durch das Vorhandensein von Münzstücken des geringsten noch irgend brauchbaren Werthes nicht fürs Allgemeine wesentlich gewonnen werden kann. — Bei Einrichtung eines Münzsystems sollte also gesorgt werden, daß das kleinste Münzstück jedenfalls unter den Betrag von 0,060 Gm. Silber, wenn auch nicht bis unter den von ungefähr 0,040 Gm., herabgehe.

## §. 15. 3. Die Zählweise.

Die Zählweise bestimmt: wie viel Unter-Einheiten in einer Ober-Einheit enthalten sein sollen.

Wenn die Mathematiker und Finanzmänner eine Zählweise einführen, so wählen sie stets die decimale; würde die Wahl von den Hökerweibern getroffen, so würde sie stets, wenn auch nicht auf die duodecimale, doch jedenfalls auf die quartale fallen[34]). Über die Vortheile des Decimalsystems für den größeren — den Rechnungsverkehr wird niemand ein Wort verschwenden wollen; aber auch der kleine Verkehr hat seine Ansprüche, die nur von bornirter Einseitigkeit übersehen werden. Das Decimalsystem ist der wissenschaftliche Hebel für die Addition; für die Theilung ist es das Quartalsystem. Der große Verkehr häuft an, der kleine vertheilt; für's Häufen ist das Decimalsystem, für's Vertheilen das Quartalsystem. Für den praktischen Gebrauch ist das Decimalsystem beim Häufen ein großer Segen, beim Vertheilen ein Fluch. Das Halbtheilen ist die einzige natürliche arithmetische und geometrische Function des menschlichen Geistes; der Mensch vermag sie körperlich, ohne Meßwerkzeuge, auf mechanischem Wege ohne vorherige Anweisung mit Genauigkeit vorzunehmen, dagegen das Zerlegen eines Räumlichen in fünf gleiche Theile eine verwickelte geometrische Construction erfordert. Das fortgesetzte Halbtheilen geschieht instinctmäßig. Im Decimalsysteme hört die Theilbarkeit schon bei der hohen Zahl 5 auf; unterhalb der 5 herrscht ein ganz anderes, zweites Zählsystem, welches von 1 an aufsteigt. Aber nur in dem Fortschreiten von 1 zu 2 zu 4 bleibt das Verhältniß der Beträge gegen einander stets übersichtlich und deutlich. Auch der größte Mathematiker ist ein Narr, wenn er behauptet, daß ihm das Verhältniß von 1 zu 5 eben so übersichtlich sei als das von 1 zu 2 und 4. Alle Leute, welche meinen, daß sie mit ersteren einen eben so bestimmten Be-

---

34) — — longis rationibus assem
Discunt in partes centum diducere.

Das As in 2 oder 4 partes zu diduciren brauchten die römischen Schuljungen nicht erst longis rationibus zu lernen, das konnten sie von selbst.

griff verbänden, als mit letzteren, sind ganz gewiss überhaupt keiner bestimmten Begriffe fähig. Ein mit 1 beginnendes und naturgemäß zu 2 und 4 aufsteigendes Zählsystem zunächst mit 5 abschließen zu wollen, ist ganz so, als ob man die Decimalzählung mit 101 schließen wollte. Was das fünfte Rad am Wagen sei, weiß Jeder, aber Jeder achtet in der Formel des Quartalsystems: „2 mal 2 ist 4" die erste aller Wahrheiten, die Ur-Gewissheit. —

In der Eintheilung der Unter-Einheit durch 5 liegt etwas so Unpraktisches, daß man sie in Bremen, Luxemburg und Rom gegen die Halbtheilung vertauscht hat; im alten Rom hatte man aus der decimalen Vervielfältigung des As den Denar gebildet, und als man ihn hatte, theilte man ihn statt in 10, in 16 As und ging zum reinen Quartalsysteme über.

Das reine Decimalsystem als Zählweise beim Geldwesen ist für das praktische Leben unzweckmäßig und verwerflich; es muss mit dem Quartalsysteme so combinirt werden, daß die 4 des letzteren = ist der 1 des ersteren, und das Decimalsystem eine Fortsetzung des Quartalsystems ist, wie dies in Russland stattfindet.

Das Streben: das gesammte Leben nach abstracten Theorien umzugestalten, welches zuerst — einem freilich ganz erstarrten Leben gegenüber — von der Mitte des 18. Jahrhunderts an als nothwendig dargestellt wurde und bald nachher in der französischen Revolution bis auf die irdisch unmögliche Spitze getrieben wurde, beherrscht so gewaltthätig auch noch das 19. Jahrhundert, daß Jeder, der nicht unbedingt die Theorien freilich sehr gelehrter, aber großentheils sehr geistloser und bornirter Menschen für allein leiten sollend anerkennt, als ein thöricht verblendeter Gegner seines Zeitalters erscheint. In früheren Zeiten, als denjenigen, welche ihre Lehrsätze dem Leben aufzwangen, Scheiterhaufen zu Gebote standen, war das gefährlicher als jetzt; die Opponenten werden jetzt höchstens überschrieen oder todtgeschwiegen! Aber „alles hat seine Zeit" — auch die allein-selig-machenden „dekadischen Kategorien"! [35])

35) Man hat den Gebrauch der $^1/_4$-Centner-Gewichte verbieten und nur den der $^1/_5$-Centner gestatten sollen, weil erstere: „nicht in die dekadischen

Napoleon — der praktische! — wußte recht gut, was er von „les idéologues!“ zu halten hatte; er behielt das metrische System bei, aber er führte neben demselben die daraus abgeleiteten „mésures usuelles“ ein, die erst Louis Philipp 1840 den Ideologen wieder zum Opfer bringen mußte[36]).

„Grau, Freund, ist alle Theorie“ — nein! nicht grau, sondern gräulich ist sie. Eben die Metrologie ist das Gebiet, auf welchem die höchste Weisheit der Theorie als der größte Unsinn der Praxis erscheint. Unwidersprechlich ist es doch, daß das metrische System sich auf eine colossale Dummheit gründet, — auf die unbegreifliche Verwechslung der ganz verschiedenen Begriffe: Maß und Maßstab (s. oben S. 3). — Die Astronomen messen bekanntlich nach „Sonnenfernen“; was würde man von demjenigen sagen, der „eine Sonnenferne“ für einen handgreiflichen Maßstab hielte? — Das metrische System sollte sich auf ein unveränderliches Urmaß gründen. Als solches ermittelten die Theoretiker den Umfang der Erde, behuf dessen genauester Festsetzung eine neue umfassende Gradmessung vorgenommen wurde. Als schon um die Mitte des 18. Jahrhunderts die französische Regierung eine solche in Peru vornehmen lassen wollte, und es sich fand, daß eine genaue gesetzliche Feststellung des Längenmaßes fehle, ließ man zu diesem Zwecke einen eisernen Etalon der Pariser Toise anfertigen, welcher der Pariser Sternwarte zur Aufbewahrung übergeben wurde. Nachdem nun abermals diese Toise als Längenmaß bei der Gradmessung zum Grunde gelegt war, konnte man angeben, wie viel Bruchtheile derselben der nun ermittelte vierzigmillionenste Theil

---

Kategorien paßten“! In Österreich ist der Decimal-Fanatismus sogar so weit gegangen, daß man den „halben Neukreuzer“ nicht anders, als durch die Ziffer $^5/_{10}$ zu bezeichnen gewagt hat! — Während der französischen Revolution wollte man den Straßburger Münster abtragen, weil er dem Principe der „égalité“ der Gebäudehöhe nicht entsprach. — Tempora mutabantur et mutabuntur.

36) Sitzfleisch und Gedächtniß machen den Gelehrten. Es ist unglaublich, mit wie wenig Geist ein Mensch sehr gelehrt werden kann! Dennoch werden solche Leute oft zur Beantwortung von Fragen des praktischen Lebens für befähigt gehalten.

des Erdumfangs enthalte, und diese Bruchtheile der Toise ergaben die Grundlage des système métrique: das Meter! Das ewig unveränderliche Urmaß ist also, in seiner unerläßlich nothwendigen Verkörperung zum Maßstabe, nichts weiter als ein Stück von einer alten eisernen Stange, die sich im Curiositäten-Cabinette des Pariser Observatoire befindet! — Dagegen verwarfen die französischen Theoretiker den englischen Vorschlag eines Ur-Maßes: den Secunden-Pendel[37]), weil dieser kein Ur-, sondern nur ein abgeleitetes — ein aus dem Zeitmaße abgeleitetes sei — als ob der Lauf der Sonne vergänglicher wäre, als eine alte halbverrostete Eisenstange! — Fast alle Einheiten des metrischen Systems sind für den praktischen Gebrauch aus irgend einem Grunde mehr oder weniger unbequem. Insbesondere sind die alltäglichsten Meß-Werkzeuge desselben ungeeignet. Der Meterstab ist im Vergleich mit der Elle unbequem zu handhaben, das Myriagramm-Gewicht kann von einem Einzelnen nicht bewegt werden. Als Einheit des Wegemessers ist das Myriameter zu lang, das Kilometer zu kurz[38]). Man hat daher andere Größen für den Gebrauch gewählt, die ohne Nachtheil überall von einander verschieden sein könnten, wenn sie nur sämmtlich in leicht übersichtlichen Verhältnissen aus denen des metrischen Systems abgeleitet wären. Das wäre Einheit — wenngleich nicht Einerleiheit. — Die wissenschaftliche Welt dagegen hat sich bereits über die ausschließliche Anwendung des metrischen Systems geeinigt.

„Das kann man sich an den Fingern abzählen" — sagt die Redensart von etwas recht Einleuchtendem. Dieses arithmetische Hülfsmittel ist von jeher von allen Menschen für ein so naheliegendes gehalten, daß von den zehn Fingern her die Decimal-Zählung in die Sprachen aller Völker aufgenommen ist. Für die

---

37) Der Secunden-Pendel zu London ist = 0,9941202602 mètres.

38) Sogar das Wort „Gramm" ist höchst unglücklich gewählt. Es ist eine Abkürzung des griechischen Wortes γραμμάριον: eines Gewichts. Das Wort γράμμα bedeutet aber: „Buchstabe, Schrift", daher wirren jetzt nun Telegramm, Pentagramm, Epigramm, Monogramm, Programm, Anagramm, Kilogramm und seine 8 Genossen durcheinander!

Arithmetik oder die Geld-Zählweise wäre es ein großer Gewinn gewesen, wenn der Mensch zwölf hätte, und dann 100 nicht auf neun und neunzig, sondern auf elf und elfzig folgte! — Ich will jedoch den Schöpfer nicht meistern; die Welt ist vollkommen überall wo der Mensch nicht hinkömmt mit seinen „dekadischen Kategorien"!

Wahrscheinlich wird aber das Duodecimalsystem eben so oft einseitig überschätzt, als dies mit dem reinen Decimalsysteme der Fall ist. Die Gewohnheit verschafft ihm vielleicht mehr Freunde, als die vielfache Theilbarkeit der Zahl 12. — Ein wesentlicher Nutzen für die Zählweise würde gewonnen, wenn neben dem Decimalsysteme im obern Stockwerke, das Duodecimalsystem im untern walten könnte, wenn z. B. die Eintheilung des Sou in 12 Deniers wiederhergestellt oder eine Ober-Einheit von 100 Silbergroschen eingeführt würde. Beides ist aber unthunlich, denn im ersteren Falle würde die Einheit des Unter-Systems auch für den kleinen Verkehr zu klein, da Werthe einer solchen nicht vorkommen; im andern würde das $^{12}/_{12}$ jener Unterheit eine für den großen Verkehr zu bedeutende Unter-Einheit, als daß er nicht ihre Untertheile berücksichtigen müßte.

Der überwiegende Vorzug, der dem Decimal-Systeme für den größeren, dem Duodecimal-Systeme für den kleinen Verkehr gebührt, veranlaßte den sonst sehr praktischen Loos in Berlin zu einem originellen Vorschlage einer Combination beider[39]), daß nämlich für jeden der beiden Zwecke verschiedenartige Münzen — Decimal-Pfennige aus Messing und Duodecimal-Pfennige aus Kupfer — geschlagen werden sollten, deren erstere dann als Marken oder Token für Cassenführer dienen, im kleinen Verkehre aber großentheils als gleichwerthend mit den anderen umlaufen würden. Diejenigen, welche gar nichts genießen, was ihnen nicht bereits bekannt ist[40]), werden freilich eine solche Combination beider Zählweisen für ganz ungenießbar erklären, allein die Erfahrung hat

---

[39]) — (nach mündlicher Mittheilung desselben)

[40]) „Watt de Bure nich kennt, datt frett he nich", sagt das niedersächsische Sprüchwort.

vielfach gezeigt, daß der Widerspruch solcher Leute auf die Dauer nicht maßgebend ist. Ich halte es für sehr möglich, daß einst noch solche Vermittlungen ins Leben treten, und daß man wiederum, wie Napoleon, auf praktische Modificationen der reinen decimalen Zählweise denken wird. Aber die einseitige Begeisterung der Gelehrten für ihre dekadischen Kategorien ist noch zu groß und muss erst, wie so manche gelehrte Schwärmerei vergangener Zeiten, etwas ausgetobt haben, ehe die besonneneren Ansichten sich aussprechen dürfen.

Wenn sich das Duodecimal-System mit dem decimalen indessen auf keine völlig praktische Weise combiniren läßt, so wird es zu verwerfen sein. Die Anknüpfung des Quartal-Systems an die unterste Rechnungs-Einheit des Decimal-Systems ist aber, wie Rußland zeigt, eine sehr praktische, und wenn sie auch nicht alle — obendrein vielleicht nur, der Gewohnheit wegen, überschätzten — Vortheile der Duodecimal-Rechnung mit dem Decimal-Systeme verbindet, so beseitigt sie doch vollständig den größten Übelstand, den das letztere für den kleinen Verkehr mit sich bringt. Das ist genug!

---

## §. 16. Der Münzfuß.

Die Bestimmung des Münzfußes ist praktisch die Hauptsache eines Münzgesetzes. Der Theorie nach sollte sie, wie schon oben gesagt, ganz überflüssig oder vielmehr ganz fehlerhaft sein. Ein Münzgesetz braucht nichts zu bestimmen als die Währung und das Gewichts-System, und dem Münzmeister diejenigen Vorschriften über die Verfertigung der Münzstücke zu geben, die er nothwendiger Weise befolgen muss, wenn letztere den Werthstufen des Gewichts-Systems stets entsprechen sollen.

Der Münzfuß beruhet theils auf dem Gewichte, theils auf dem Feingehalte des Metalles der Münzstücke —: dem Schrote und dem Korne.

Wenn die Einheit des Systems, wie die des türkischen von 1845, durch 1 Gramm Silber gebildet wird, so ist damit das Schrot, und wenn das diese Einheit bildende Münzstück aus ganz feinem Silber gemacht würde, so wäre damit das Korn der Münze vollständig bestimmt.

## 1. Das Schrot.

Die Münzen werden bei der Verfertigung einzeln nachgewogen — justirt — oder, wenn es Scheidemünzen sind, bei deren schlechtem Metalle es auf etwas mehr oder weniger Gewicht nicht ankömmt, in Bausch und Bogen so gewogen, daß die gesetzliche größere Anzahl das rechte Gewicht hat — sie werden al marco ausgestückelt. In alten Zeiten, wo die Wägewerkzeuge noch zu unvollkommen waren, als daß man einzelne Stücke damit hätte wägen können, wurden alle Sorten nur al marco ausgemünzt; die Gesetze schrieben daher nie vor, wie viel ein Stück wiegen solle, sondern sie sagten: wie viel Stücke auf eine Gewichts-Mark oder ein Pfund gehen sollten, was ursprünglich eine den Münzmeistern bequeme Art der Angabe des Betrages eines „Werks" — des auf einmal vermünzten Metall-Quantums — gewesen war; daher schlendriant denn der neuerlich, wo justirt wird, ganz unrichtige Sprachgebrauch: das Gewicht der Münzen nur indirekt, negativ, als Bruchtheil der Mark anzugeben, und so ist noch wieder 1857 ein „Dreißig-Thaler-Fuß" anstatt: „$16^2/_3$-Grammen-Fuß" geschaffen, womit, dem Buchstaben nach, gesagt ist: diese Thaler seien, wie Scheidemünze, al marco ausgemünzt. Zweckmäßiger wäre die Angabe der auf das rauhe Pfund gehenden Stückzahl, insofern in dieser Ausdrucksweise eine Gewähr liegen würde, daß die Schwere einer bestimmten Stückzahl der Gewichts-Einheit genau entspreche.

Bei Bestimmung eines Münzstückes sollte so viel wie möglich erstrebt werden, daß die aus einer obern Einheit des Münzgewichtes verfertigte Anzahl von Münzstücken sowohl in der beschickten — falls das Metall beschickt werden soll — als der feinen Gewichts-Einheit ohne Bruch aufgehe, und daß auch das einzelne Stück sowohl nach Gewicht wie Silber-Inhalt eine Anzahl von Unter-Einheiten des Münzgewichtes ohne Bruch enthalte, so daß z. B. 21 Stück = 1 Mark, 27 Stück = 1 Pfund wiegen, also das Münzsystem sich dem Gewichtssysteme, und zwar auch den größeren Einheiten desselben eng anschließe, — ein großer Vorzug des ersteren, da dies bei größeren Summen das Zählen der einzelnen Stücke erspart. — Nur ist dabei gar nicht nöthig, daß 27 Stück Thaler gerade ein Pfund wiegen; 25 Stück türkische Thaler wiegen 600 Gramme und enthalten 500 Gramme an feinem Silber. Es entspricht sehr viel mehr dem dekadischen Systeme, je 25 als je 27 Stück zugleich zu wägen, und dem, der durch die Wage das Gewicht der Münzen prüft, ist es bei diesem Zwecke ganz gleichgültig, ob er 1 oder 1⅕ Pfund auf die Wagschale legt. Ebenso bleibt die Thätigkeit des Münzmeisters ganz die nämliche, — er mag 27 Stück aus 500 oder 25 Stück aus 600 Grammen verfertigen sollen.

Ein noch größerer, wesentlicherer und wichtigerer Vorzug eines Münzsystems ist es, wenn das Gewicht jedes einzelnen Münzstücks in einem leicht übersichtlichen Verhältnisse zu den Einheiten des Gewichts steht, damit das etwaige Mindergewicht jedes einzelnen Stücks — nicht etwa nur leichter ermittelt werde, denn dies würde sich auch durch besonders auf das gesetzliche Gewicht der einzelnen Stücke geaichte Gewichtsstücke, wie sie die, wegen des Umlaufs so vieler zu leichten Pistolen und Ducaten einst so unentbehrlichen Goldwagen enthielten, ausführen lassen, — sondern vielmehr damit der Betrag dieses Mindergewichts um so leichter aufgefaßt und veranschaulicht, daher strenger beobachtet und berechnet werde, weil darin ein hauptsächliches Mittel liegt, um den Umlauf zu leicht gewordener Münzstücke zu erschweren, und die gesetzliche Währung aufrecht zu erhalten. — Vor der Erfindung der Münzen wogen die Menschen das edle Metall, welches sie zu diesem Zwecke so rein als möglich herzustellen suchten, einander zu. Diese unbequeme Zahl-Art gab man gegen den Gebrauch der Münzstücke auf; als sich aber entdeckte, daß diese allzubequem zum Betrügen wären, kehrte man da, wo die vollkommenste Zahl-Art herrscht — in Hamburg — zu dem uralten Zuwägen reinen Metalles zurück, nur daß man hier die frühere Unbequemlichkeit des Zuwägens von Hand zu Hand beseitigte, indem alle, die mit einander in Verkehr traten, ihr Silber in einen einzigen großen Geldkasten — die Bank — zusammenwarfen, und die „Herren und Bürger der Bank" zu ihrem gemeinschaftlichen Cassenmeister bestellten, die genau aufschrieben, wie viel jederzeit jedem Einzelnen an dem gemeinschaftlichen Cassenbestande zukäme. Diese vollkommenste Zahl-Art, bei welcher die gesetzliche Währung unerschütterlich aufrecht erhalten wird, weil es dabei keine falschen, keine betrüglich beschickten, keine zu leichten, abgegriffenen und abgeriebenen Münzstücke giebt, kann unglücklicher Weise aber nur eine locale sein und nur den Verkehr der an einem und demselben Orte Wohnenden vermitteln. Aber die Frage liegt nahe: wie weit kann man sich denn wohl beim Gebrauche der, für jeden über die Stadtmauer ausgedehnten Verkehr unentbehrlichen Münzstücke jenem Ideale einer vollkommenen Zahl-Art nähern? Zunächst dadurch, daß man wieder zu dem reinen Zuwägen der edeln Metalle in der Art zurückkehrte, daß das Gewicht des einzelnen Münzstücks den allbekannten und anschaulichen Einheitsgrößen des Gewichtssystems genau entspräche. Wenn daneben dann aber auch nothwendig wäre, daß das durch Nachwägen gefundene Verhältniß der Abweichung vom richtigen Gewichte auf eine möglichst übersichtliche und anschauliche Weise ausgedrückt würde, so ist nothwendig, daß sowohl für die Ober-Einheit der Münze, als für die entsprechende des Gewichts die Decimal- oder vielmehr Centesimal-Eintheilung eingeführt sei, denn die vollkommen anschauliche Übersicht des Verhältnisses findet nur bei den Zahlen 1 : 4 und 1 : 100 statt. Freilich würde dazu gehören, daß die Münzen nur aus ganz feinem Metalle geprägt würden. Wenn dann z. B. das portugiesische Milréis = 10 Gramm wiegen sollte, so würde jedes zu leicht gewordene Münzstück um so viel Réis weniger werth sein, als es Centigramme weniger wiegt. — Von diesen beiden Grundsätzen — Vermünzung feinen Metalles und Übereinstimmung von Münz-Betrag und Gewichts-Einheit — sind ursprünglich alle Münzsysteme, von denen die Geschichte Kunde giebt, ausgegangen. Durch Betrug ist bei jedem derselben der Feingehalt des Metalles und das Gewicht nach und nach verringert und verschlechtert, aber so vielfach auch, namentlich im 19. Jahrhunderte, die historisch überlieferten Münzsysteme wiederum verbessert sind, so hat man doch dabei stets an den eingerissenen Gebrechen mehr oder weniger festgehalten, ohne aufs Neue wieder von jenen beiden Grundsätzen auszugehen. Eine solche Radical-Reform des

Münzwesens würde große Kosten verursachen; aber die Zeit wird kommen, wo man sie in allen Staaten willig daran wenden wird. Mit einem Weltverkehre, wie er sich bereits entwickelt hat und noch mehr in noch ungeahnetem Umfange entwickeln wird, muss jede Art von Münzunordnung unvereinbar gefunden werden.

Hoffmann sagt freilich (S. 162): „Es erleichtert allerdings die „Übersicht der Münzverhältnisse, wenn das gesetzliche Gewicht der „Münzen bekannte Gewichts-Einheiten genau enthält; aber bei „Weitem die mehrsten umlaufenden Münzen enthalten sogar sehr „wenig übersichtliche Bruchtheile der üblichen Gewichts-Einheit, ohne „daß irgend ein erheblicher Nachtheil davon im Verkehre bemerkbar „würde.“ Freilich wird ein affirmatives damnum emergens nicht bemerkbar, aber das negative lucrum cessans kann ebenfalls nicht bemerkbar, aber dennoch vorhanden sein, — nicht bemerkbar, falls man sich nicht etwa bloß gewöhnt haben sollte, es zu übersehen!

## 2. Das Korn.

Da der Werthmesser in Gold oder Silber bestehen soll, so handelt es sich bei den Münzen nur um diese beiden Metalle; dessenungeachtet werden diese fast nie anders als vermischt mit Kupfer zu Münzen verarbeitet. Alle älteren und neueren Münzsysteme sind bei ihrer ursprünglichen Entstehung davon ausgegangen, die edeln Metalle nicht anders als ganz rein und unvermischt zu vermünzen; zuerst war es die Betrügerei der Münzberechtigten, die, des Gewinnes wegen, theilweise unächtes für ächt ausgaben, nachher die Unwissenheit der Sachkundigen, welche glaubten, die Münzen aus weichem edeln Metalle durch Zusatz von härterem unedeln dauerhafter machen zu müssen.

Dieser Mangel an Dauerhaftigkeit: die daraus hervorgehende allmähliche Verminderung des Metall-Inhalts der Münzstücke durch den Umlauf ist, weil er den Münzfuß im Laufe der Zeit verändert, von so großer Wichtigkeit, daß umfassende Untersuchungen über die Ursachen dieser Verminderung angestellt sind.

Diese Verminderung findet auf zweifache Art statt: auf mechanischem und auf chemischem Wege: durch Abreibung und durch Auflösung der Metalle.

Über den letzteren Vorgang spricht ausführlich ein Aufsatz in den „Münzstudien“ (I, S. 415) auf den Grund der von dem Münzmeister Brüel über diesen Gegenstand gemachten, für die Geldlehre überaus wichtigen chemischen Entdeckungen.

Die umfassendsten und fleißigsten Untersuchungen über die mechanische Abreibung und die sorgfältige Zusammenstellung der Ergebnisse aller früheren hat Karmarsch veröffentlicht (in dem „Beitrage zur Technik des Münzwesens“, S. 58—90 und 111, und: „Mittheilungen des Gewerbevereins für Hannover“, 1857, S. 57—95). In der ersteren Schrift (S. 80) sagt er über diesen Gegenstand insbesondere, nachdem er die Ergebnisse seiner Forschungen über die verschiedenen preußischen Münzsorten mitgetheilt hat: „Man sieht hieraus, daß — für gleich große Ober„flächen berechnet — die Abnutzung in gleicher Zeit desto beträcht„licher ist, je geringer die Größe des einzelnen Münzstücks; daß „sie namentlich (im allgemeinen Durchschnitte) bei den Dritteln „um 10, bei den Sechsteln um 37, bei den Zwölfteln um 115, „bei den Gutengroschen um 120, bei den Vier-Pfennigstücken end„lich um 308 p. C. mehr beträgt, als bei den Thalern. Für „diese Erscheinung giebt es offenbar nur zwei mögliche Gründe: „entweder rührt sie nämlich allein davon her, daß die kleineren „Münzsorten rascher umlaufen, d. h. häufiger den Besitzer wechseln, „wobei sie nothwendig einer stärkern Abreibung ausgesetzt sind; „oder es wirkt nächstdem eine größere Abnutzbarkeit derjenigen ge„ringhaltigeren Silber-Legirungen mit, aus welchen die kleineren „Münzen in Deutschland allgemein geprägt werden. Der erstere „Grund ist nicht nur ganz bestimmt vorhanden, sondern auch jeden„falls an Einfluß vorwiegend; aber der zweite ist nur wahrschein„lich, mindestens so lange zweifelhaft, als nicht entscheidende Ver„suche über die relative Abnützbarkeit des in verschiedenen Fein„gehalten legirten Silbers Aufschluß gegeben haben. Diese Ver„suche haben gezeigt, daß eine solche größere Abnutzbarkeit des stark „legirten Silbers nicht existirt. — Die Abnutzung des Geldes „im Umlaufe findet theils auf chemischem, theils auf mechani„schem Wege statt. In ersterer Beziehung ist von regelmäßigen „und unvermeidlichen Einwirkungen nur jene des Schweißes an„zuführen, der sich beim Handhaben der Münzen an deren Ober-

„fläche hängt und eine Oxydation durch den Sauerstoff der Luft „befördert, worauf das Oxyd (oder eine Verbindung desselben mit „Stoffen aus dem Schweiße) durch mechanische Abreibung alsbald „wieder entfernt wird oder in der sich ansetzenden Schmutzdecke „eingemengt bleibt. Die gedachte Oxydation trifft fast ausschließlich „das Kupfer; der auf solche Weise entstehende Gewichts-Abgang ist „also bei stark legirten Silbersorten am größten. In der That „findet man den auf Münzstücken haftenden Schmutz jederzeit kupfer„haltig, und dies im höchsten Grade bei solchen aus geringhaltigem „Silber. Die mechanische Abnutzung (Abreibung) nimmt dagegen „das Silber und Kupfer der Legirung gleichmäßig in Anspruch, „ihr ist die Gewichtsverminderung des Geldes durch den Umlauf „zum bei Weitem überwiegenden Antheile zuzuschreiben. Sie findet „auf zweierlei Weise statt, nämlich theils durch Reibung der Geld„stücke an fremdartigen harten und rauhen Substanzen, z. B. Sand, „Staub u. dgl., welche auf Tischen sich befinden, wohin man Geld „legt, theils durch Reibung von Geld an Geld, wie beim Tragen „in der Tasche (u. s. w.). Wenn man alles genau erwägt, wird „man geneigt sein, den größten Theil der mechanischen Ab„nutzung auf Rechnung dieser Reibung von Geld an Geld zu setzen. — „Bei der natürlichen Abnutzung finden nur mäßige Reibungen „statt, und deren Erfolg kömmt äußerst langsam zu Stande, er„reicht daher erst nach vielen Jahren einen Betrag von solcher „Größe, daß eine Vergleichung mit Sicherheit möglich ist. Die „Versuche auf ähnliche Weise anzustellen, ist unthunlich. Man sieht „sich also genöthigt, durch gewaltsame Behandlung sehr rasch „eine starke Abnutzung herbeizuführen" u. s. w.

Die Ergebnisse der hinsichtlich der „natürlichen Abnutzung" durch den „Umlauf" angestellten Untersuchungen stimmen jedoch mit denen der sehr rasch herbeigeführten starken „Abnutzung durch ge„waltsame Behandlung" durchaus nicht überein; denn die ersteren ergeben, daß die verhältnißmäßige Abnutzung mit dem stärkeren Kupferzusatze zunimmt, die letzteren (S. 86): „daß bei Schütteln „eines Gemenges von Silbermünzen verschiedenen Feingehalts, aber „gleicher oder wenig verschiedener Größe, das feine Silber am „meisten abgenutzt wird, die Abnutzbarkeit mit zunehmendem Kupfer-

„zusatze sich verringert, im 5-löthigen Silber aber das Minimum „erreicht und bei noch geringhaltigerem wieder steigt" — was vielleicht zu räthselhaft ist, als daß nicht die Zuverlässigkeit der Versuche bezweifelt werden könnte. Jedenfalls ergiebt sich aber, daß die natürliche Abnutzung der Münzstücke eine von der gewaltsamen wesentlich verschiedene sein muss, und da nun obendrein eine gewaltsame Abreibung, wie sie bei jenen Versuchen veranlasst wurde, bei den im Umlaufe befindlichen Münzen niemals oder höchstens zufällig bei einzelnen Stücken vorkommen kann, so möchte doch der Grund dieser Verschiedenheit wohl darin gesucht werden dürfen, daß jene natürliche Abnutzung vorherrschend die auf chemischem Wege, die nicht durch Abreibung, sondern durch Abgreifung eingetretene sei.

Eben um die Abreibung zu verhindern oder auch zu vermindern, hat man die edelen Metalle durch den Kupferzusatz härter machen wollen, aber es ist dargethan, daß durch diesen Zusatz die andere Art der Verminderung erst recht hervorzurufen und möglich wird, weil äußere Einflüsse, besonders die in dem Schweiße der menschlichen Hand befindlichen Säuren das Kupfer zersetzen, das Silber aber nur sehr wenig, und das Gold gar nicht angreifen. Der Kupfer-Inhalt der Münzen löset sich auf, und wird durch die Berührung weggewischt, mit ihm aber auch der Inhalt an edelm Metalle, der dann nicht mehr zusammengehalten ist. — Daneben hat man entdeckt, daß Münzen aus feinem Golde und feinem Silber durch heftiges Schütteln allerdings ihr Gepräge ganz verloren hatten, daß dasselbe aber nicht abgerieben, sondern platt gedrückt war, so daß die Stücke an ihrem Gewichte nichts verloren hatten. — Und endlich ist es ganz bekannt, daß goldne und silberne Münzen, die gar keinen oder einen nur sehr geringen Zusatz unedeln Metalles hatten, wie z. B. das Harzgeld und die Ducaten, zum Theil nach mehr als hundertjährigem Umlaufe in der Regel ein völlig gut erhaltenes Gepräge zeigten.

Dagegen haben die mehrfachen, sowohl von Karmarsch als früher in England sehr ämsig angestellten Untersuchungen über die durch den Zusatz vermehrte Härte der edelen Metalle, die sowohl mit Münzstücken aller Art und der verschiedensten Umlaufszeit, als auch mit eigens hierzu verfertigten, geprägten und ungeprägten, mannigfaltigst beschickten Metallplatten vorgenommen sind, so sehr von einander abweichende Ergebnisse geliefert, daß sich daraus auf den Umfang der vermeintlich durch die Beschickung gewonnenen größeren Dauerhaftigkeit gar kein Schluss machen läßt. Jenen in dieser Hinsicht nachgewiesenen Vorzügen der Vermünzung ganz reiner Metalle gegenüber, sind diese Untersuchungen über die Abreibung der Metalle auf mechanischem Wege, so schätzbar sie auch für andere Zweige der Technologie sein dürften, doch für das Geldwesen und die Politik der Münztechnik ganz unfruchtbar und werthlos. —

Es ist beinahe unbegreiflich, wie man, den oben genannten drei erwiesenen Umständen gegenüber —: der corrosiven Einwirkung der Säure im menschlichen Schweiße, den nicht abgegriffenen, sondern plattgedrückten Geprägen auf Münzen aus reinem Golde und Silber, und der guten Erhaltung derselben trotz langem Umlaufe, — den überwiegenden Antheil an der Gewichtsverminderung der Münzen durch den Umlauf nicht der chemischen Abgreifung, sondern der mechanischen Abreibung zuschreiben und noch fortwährend eine Beschickung der edelen Metalle behuf Verminderung der Abreibung empfehlen mag, ohne auch nur jene drei wohl erkannten Umstände der Erwägung zu würdigen. Hier waltet mehr Eigensinn, der an vorgefaßter Meinung hält, als wissenschaftlicher Geist!

Über die Beschickung der Goldmünzen sagt bereits Hoffmann (Lehre v. G. S. 24): „Es ist schwer, einen haltbaren Grund für „die Legirung der Goldmünzen anzugeben". — Hinsichtlich des Silbers läßt sich ganz dasselbe sagen, obgleich die Ausmünzung des feinen Silbers nicht überall thunlich sein soll. Die Silber-Erze des Harzes enthalten nur solche metallische Zusätze, welche sich mit dem zum Abtreiben des Silbers verwandten Bleie durchaus vermischen, daher dasselbe durch das Verfahren des „Feinbrennens" ohne allzugroße Kosten völlig rein dargestellt werden kann. Die frühere Meinung, daß dasselbe durch das Brennen nur bis zu $\frac{143}{144}$ Theilen fein werde, aber noch $\frac{1}{144}$ Zusatz an unedelm Metalle behalte, hat sich neuerlich als irrig bewährt, da dieselbe auf Täuschungen beruhete, welche durch die unvollkommene Cupellen-Probe veranlaßt wurden, während die sicherere „Probe auf nassem Wege“ jenen Irrthum widerlegt hat. Der etwa durch das „Brennen“ nicht beseitigte Zusatz beträgt in einzelnen Fällen höchstens ½ Grän ($\frac{1}{576}$), — ein für's Münzwesen gar nicht in Betracht kommender Mindergehalt. Dagegen soll das z. B. aus den ungarischen Bergwerken gewonnene Silber metallische Zusätze enthalten, die sich nicht durch das Feinbrennen, sondern erst durch weit umständlicheres und kostspieligeres Verfahren aus dem Silber scheiden lassen, daher für dieses bei der Vermünzung ein gewisser nicht zu überschreitender Zusatz vorgeschrieben werden muß. Die Ausmünzung ganz feinen Silbers ist daher vielleicht nicht überall thunlich; dagegen steht der Vermünzung ganz feinen Goldes gar nichts entgegen, da die Kosten der Affinirung beschickter Goldmünzen so unbedeutend sind, daß sie durch den Werth der ausgeschiedenen unedeln Metalle sogar noch übertroffen werden!

Als Gründe der Beschickung werden (nach Karmarsch Beitrag S. 12) folgende angeführt:

1) Betrug der Regierung, meist aus Gewinnsucht, mitunter aus Noth.

2) Die — von Karmarsch freilich für begründet gehaltene — Ansicht, daß Beschickung die edelen Metalle dauerhafter mache.

Außer diesen beiden schon vorhin besprochenen Ursachen noch:

3) Die Absicht, den Münzen geringeren Betrages eine bequemere Größe geben zu können. Aber Münzen von 1 Gm. feinen Silbers Schwere sind noch nicht unbequem klein, und Münzen geringeren Betrages können aus Kupfer gemacht werden.

4) Die den Münzstätten zum Kauf angebotenen edelen Metalle — fremde Münzen, eingeschmolzenes Bruchsilber — sind gewöhnlich bereits beschickt, daher man sie ebenso oder noch schlechter beschickt vermünzen wollte. Aber alsdann wird der Ankaufspreis um die Kosten der Affinirung geringer werden müssen, so daß jener Grund daneben wegfällt. — Zu diesen vier Ursachen kommen aber noch zwei andere, etwas triftigere:

5) Bei der Meinung, daß auch die edelen Metalle der Abnutzung unterworfen wären, wollte man das Münzmetall stark mit

Kupfer mischen, damit die Abnutzung nur theilweise das edele Metall träfe. Aber der weit überwiegende Theil dieser Abnutzung trifft überhaupt nur das beschickte Metall!

6) Das Justiren braucht nicht so haarscharf vorgenommen zu werden, weil ein kleines Mehr- oder Minder-Gewicht größtentheils in unedelem Metalle bestehen wird; es wird also weniger kostspielig sein. Das ist aber völlig das Ersparungssystem, welches den eigenen Pferden den Hafer aus der Krippe stiehlt!

Gegen die Beschickung sprechen dagegen:

1) die unnütz verschwendeten Kosten des zugesetzten Kupfers;

2) das die Kosten und die Schwierigkeit des Transports vermehrende größere Gewicht der Münzstücke. — Sodann aber und mehr noch

3) die Erleichterung der Falschmünzerei, da stärker beschickte echte Münzen den ganz aus unedeln Metalle gefälschten schon völlig ähnlich sind;

4) die bereits mehrerwähnte Veranlassung der durch Abgreifung auf chemischem Wege entstehenden Gewichtsverminderung der Münzstücke, durch deren unaufhaltsames Fortschreiten der gesetzliche Münzfuß unmerklich zu Grunde geht.

5) Die Beschickung trifft die einzelnen Münzstücke ungleich, was namentlich bei Goldmünzen auf ihren Gold-Inhalt einflußreich ist, da sich die edelen und die unedelen Metalle wegen der Verschiedenheit ihrer specifischen Schwere nicht gleichförmig durcheinander mischen lassen (Münzst. I, S. 455), sondern sich während des Schmelzens wie Öl und Wasser von einander trennen, daher an dem einen Ende der Zaine das edele, an dem andern das unedele Metall vorherrschen kann. Man hat gefunden, daß eine Mischung von $^3/_4$ Silber und $^1/_4$ Kupfer, — deren specifisches Gewicht sich sehr nahe steht, daher bei beiden die Trennung nur in geringerem Maße statt findet, — daß also 12-löthiges Silber am Boden des Tiegels 13-löthig und oben auf 11-löthig war (Karmarsch Handbuch der Technologie Ausg. 1857, I, S. 59). Wenn nun auch bei Silber durch vorsichtiges Verfahren diese Trennung der Metalle beim Gießen der Zaine verhindert werden kann, so ist sie doch beim Gießen des beschickten Goldes, wegen der sehr großen Verschieden-

heit der specifischen Schwere des Goldes und des Kupfers sehr schwer oder gar nicht zu beseitigen, so daß schon die von der einen Seite des Randes eines einzelnen Goldstückes genommene Probe einen anderen Feingehalt ergeben hat, als die von der entgegengesetzten Seite des Randes (Münzst. II, S. 1003), daher die Proben der Goldmünzen etwas unzuverlässig sind, und man behaupten könnte, daß die beschickten, hinsichtlich des Schrots noch so genau justirten Goldmünzen hinsichtlich des Korns doch immer nur al marco ausgemünzt seien.

6) Da sich das Gold mit den unbedeutendsten oder gar keinen Kosten [41]) sehr leicht chemisch rein darstellen läßt, so sind für die Vermünzung von nur affinirtem, unbeschicktem Golde alle Schwierigkeiten, die beim Probiren und Beschicken ein Remedium nothwendig machen, weil die Untersuchung und Verfertigung der Mischung nie ganz genau getroffen werden kann, völlig beseitigt; jedes Münzstück hat stets genau sein gesetzliches Korn, so lange nicht der Münzmeister absichtlich betrügen will, und die Erhaltung des das Korn betreffenden Theils des Münzfußes ist unbedingt gesichert. Die Sicherung des andern, das Schrot betreffenden Theils desselben kann aber alsdann von Jedermann mittelst der Goldwage controlirt werden, namentlich wenn sich das Gewicht des einzelnen Münzstücks dem Gewichtssysteme anschließt.

Wenn bei Silber-Münzen — beim Golde ist es durchaus verwerflich — eine Beschickung statt finden soll, was übrigens neben der Goldwährung ziemlich gleichgültig ist, so wird dabei jedenfalls nur eine thunlichst geringe angewandt werden müssen. Das Verhältniß des Zusatzes zu dem Silber wird sich dann nur im concreten Falle bezeichnen lassen, denn es wird davon abhängen, ob und wie weit sich der Münzfuß dem Gewichtssysteme anschließen soll. Für die allgemeine Beschickung des Silbers mit $^1/_{10}$ Zusatz führt man an, daß bereits ein großer Theil der in Europa um-

---

41) Die Affinirung der $^1/_{10}$ Zusatz enthaltenden französischen und nordamericanischen Goldmünzen ist sogar durch das ausgeschiedene Silber und Kupfer noch gewinnbringend (Münzst. I, S. 456.).

laufenden Silbermünzen so beschickt sei, und deren Umprägung dadurch bequemer werde. Absurd wäre es, diese Beschickungsart des Decimalsystems wegen zu wählen, dessen Grundsätzen sie vielmehr völlig entgegen ist (Münzst. I, S. 434.). — Wenn dabei das Münzsystem sich dem Gewichtssysteme anschließen soll, so fragt sich, ob dies hinsichtlich des Gewichts der Münzen, wie bei den französischen Münzen, oder hinsichtlich des Metall-Inhalts, wie seit 1857 bei den deutschen Goldkronen und Thalern stattfinde; dann scheint Letzteres jedenfalls das dem Decimalsysteme, Ersteres das den Bedürfnissen des Verkehrs entsprechendere zu sein.

Das Allerverkehrteste ist, die größeren und die kleineren Münzstücke eines und desselben Münzfußes, wo letztere nur Theilstücke der ersteren sind, ganz verschiedenartig zu beschicken. Der Absicht des Gesetzes nach sollen in einem Thalerstücke, in drei Drittel- und in sechs Sechstel-Thalerstücken eine übereinstimmende Menge Silbers sein, während, abgesehen von den schon gesetzlich gestatteten Abweichungen von dieser Übereinstimmung, letztere durch die in Folge des verschiedenartigen Kupferzusatzes eintretende Gewichtsverminderung bald aufgehoben wird. Es spricht dafür gar kein nur irgend haltbarer Grund, gar keiner, als die (oben unter 6 erwähnte) Statthaftigkeit des minder genauen Justirens; nur das Herkommen, der alte Schlendrian hält in Deutschland — aber auch nur hier — noch nach der Mitte des 19. Jahrhunderts an einem Münzgebrechen, welches einst eingeführt wurde, um besser betrügen zu können! — Bei der zweifellos erwiesenen — gleichviel ob mechanischen oder chemischen — schnelleren Gewichtsverminderung der stärker beschickten Münzen, wird in letzteren die Währung weniger bewahrt, als in den minder beschickten Sorten, so daß jene immer mehr und mehr zu einer Scheidemünze herabsinken müssen. — Aber auch schon neu, wie sie aus der Münze kommen, haben verschiedene, verschiedenartig beschickte Münzsorten, und wenn sie auch nach gleichem Münzfuße gemacht wären, einen verschiedenen Werth, denn einerseits macht die größere Menge des zugesetzten Kupfers die mehr beschickten Münzen um den Betrag des letzteren werthvoller, andererseits vermindert derselbe ihren Werth, — falls feines Silber, auf welches doch zuletzt Alles ankömmt, gefordert wird, — um die

Kosten der Affinirung. Das Alles kömmt im großen, internationalen Handelsverkehre zur Frage.

Der Kupferzusatz macht es jedenfalls unmöglich, das oben bezeichnete vollkommene Münzsystem herzustellen. Nach dem alten deutschen Silber-Reichsmünzfuße von 1566 gingen auf die rauhe Mark 8 (Species-)Thaler, auf die feine deren 9. Jeder Thaler wog also genau 2 Loth, und enthielt $^8/_9$ an feinem Silber, $^1/_9$ an Kupfer. Aber die zahlreichen Münzherren hielten den Münzfuß nicht genau inne, und die, wenn auch etwa ursprünglich vollwichtigen Münzen wurden durch den Umlauf abgegriffen, so daß die Hamburger Bank, deren Währung Anfangs auf zu 3 Mark gerechneten Thalern beruhet hatte, später deren nicht mehr 9, sondern $9^1/_4$ Stück auf eine Münzmark feinen Silbers rechnen mußte, daher seitdem die letztere zu $27^3/_4$ Mark Banco gerechnet wird. Hier half es aber nichts, daß jedes Stück 2 Loth wiegen sollte, denn wenn die Bank auch hätte das Mindergewicht an dessen Werthe abrechnen wollen, so wäre dies, da es nicht aus ganz feinem Silber geprägt war, doch in Bezug auf den etwa zu geringen Feingehalt nicht möglich gewesen.

---

## §. 17. Scheidemünze.

So lange die Preise nicht so hoch gestiegen sind, daß auch die geringsten im Verkehre zur Zahlung kommenden Werthe mit einem Münzstücke aus edeln Metalle von noch brauchbarer Größe gezahlt werden können, muß man sich, zur Zahlung der unter der letzten Größe bleibenden Werthe, eines Stellvertreters der Münze, als Theilstücks des kleinsten in edelem Metall zahlbaren Betrags, bedienen, der aus jedem beliebigen, nur weniger werthvollen Stoffe gemacht sein kann, da der Werth gar nicht in diesem Stoffe gezahlt werden soll, sondern das Zahlmittel hierbei in einer Anweisung besteht, die erst realisirbar ist, wenn man ihrer mehrere zusammen hat. Der Werth der kupfernen Centime beruhet auf der Aussicht, daß man für ihrer 20 Stück ein silbernes Stück von $^1/_5$ Frank wird erhalten können. Es liegt die Idee dabei zum Grunde, daß man, auch wenn dieser Stellvertreter des hundertsten Theils eines silbernen Francs aus ganz werthlosem Stoffe besteht, doch nur einen geringen, nicht zu achtenden Verlust erleiden würde, auch wenn ihn Niemand wiederum für $^{1}/_{100}$ Franc annehmen wollte. Der Stoff dieses Stellvertreters ist also ganz gleichgültig, und man macht ihn aus Kupfer, — nächst den edelen Metallen dem besten Materiale für Münzstücke, da es dauerhafter als die einen und besser zu verarbeiten als die anderen der unedelen Metalle ist.

Der Gegensatz von „Scheidemünze" heißt „grobe Münze" oder Courant; die sächsischen Münzgesetze des 15. Jahrhunderts nennen letzteres: „Oberwährung", erstere: „Beiwährung".

Bei der Silberwährung besteht die Scheidemünze aus Billon oder aus Kupfer oder aus beiden zugleich; bei der Goldwährung sind auch die feinsten und größten Silbermünzen nur als Scheidemünze zu betrachten, daher es, wie überhaupt bei Scheidemünze, auch hierbei auf den inneren Metallwerth derselben nicht ankömmt, und also das Verhältniss, welches dabei zwischen dem Golde und dem Silber angenommen wird, gleichgültig ist. Nur muss dabei, ebenso wie bei der Scheidemünze aus Kupfer, ein Verhältniss beobachtet werden, nach welchem das Silber sehr viel theurer angenommen ist, als es je nach dem Marktpreise werden kann, indem, wenn letzteres jenes Verhältniss erreichte, die Scheidemünze als Rohstoff würde eingeschmolzen und als Waare verkauft werden.

Daß man Scheidemünze aus Billon — einer Metallmasse, die mehr Kupfer als Silber enthält, — macht, kömmt daher, daß man ursprünglich der Meinung war, auch die kleinsten Beträge noch in Silber zahlen zu müssen, welches man dann, in einem großen Kupferzusatz verschmolzen, in noch greifbaren Münzstücken darstellen wollte. Aber dabei versteckte man das Silber immer mehr und mehr in Kupfer, so daß Niemand mehr gewahr werden konnte, wieviel dessen gezahlt wurde, und darin entdeckten die Münzherren ein vortreffliches Mittel, ihre Unterthanen zu betrügen. Diese Billonmünzen enthielten alsbald sehr viel weniger Silber, als sie im Verhältnisse als Theilstücke der kleinsten Silbermünze hätten enthalten müssen, wurden dadurch also zu bloßen Stellvertretern dieser Theilstücke: zu Scheidemünze. Aber dabei kam es dahin, daß die Ausmünzung der nach dem gesetzlichen Münzfuße ausgeprägten Silber-Münzen ganz unterblieb, so daß auch die größten Summen in solcher Billon-Münze, die nicht nach ihrem Silbergehalte, sondern nur nach ihrem Nennwerthe galt, gezahlt wurden. Diese Billon-Münze ist die Ursache der Jahrhunderte hindurch in Europa herrschenden Münz-Anarchie gewesen; sie ist daher überall abgeschafft, und durch Kupfermünzen, durch deren Gehalt Niemand getäuscht wird, ersetzt; nach der Mitte des 19. Jahrhunderts kömmt sie nur noch in Deutschland vor, wo man freilich versuchte, durch Gesetze und durch Verträge den auszumünzenden Betrag derselben auf das vermeintlich unentbehrlichste Quantum zu beschränken.

Aber wozu soll Scheidemünze aus Billon gemacht sein? Soll das darin enthaltene Silber als Zahlmittel gelten, so betrügt man damit; soll die Scheidemünze bloß Stellvertreter des Zahlmittels sein, so ist das darin enthaltene Silber durchaus vergeudet, und wird durch reines Kupfer völlig ersetzt. Nichts spricht für die Billon-Münze, aber die Warnungen der Münzgeschichte schreien, allen gesetzlichen und vertragsmäßigen Vorsichtsmaßregeln zum Trotze, gegen sie!

Eben um die letzte Thür, durch welchen der officielle Betrug in den Verkehr eindringt, mit Gewähr des Erfolgs zu verschließen, ist die Vermeidung aller Billon-Scheidemünze und ihr Ersatz durch schwerere Kupfer-Münzen ein unabweisbares Erforderniß!

Aber auch ohne Rücksicht auf diesen betrüglichen Zweck ist die Billon-Scheidemünze verwerflich.

Der Staat garantirt jedem Empfänger eines Thalers den Besitz von $^1/_{30}$ Pfund feinen Silbers. Sogar noch in den $^1/_6$-Thalerstücken soll $^1/_{180}$ Pfund Silber gewährleistet sein. Aber alle geringeren Beträge sollen nur in Marken, ohne inneren Silberwerth, in Anweisungen auf einen gewissen Silberbetrag gezahlt werden. Wenn nun wirklich diese metallenen Anweisungen einst ihren Credit verlieren, — wie es z. B. 1807 den preußischen Groschen ergieng — so wird, da sie nur zur Zahlung der Werthbeträge unter $^1/_{180}$ Pfund Silber dienen sollen, Niemand derselben so viele in Händen haben, daß er durch ihre Entwerthung einen irgend fühlbaren Verlust erleiden könnte. Ob er dann bei einer solchen Entwerthung gar nichts, wie beim Papiergelde, oder etwas Kupfer oder einen armseligen Bestandtheil an Silber in diesen Anweisungen rettet oder nicht, — das ist ihm, bei der geringen Menge derselben, die er in Händen haben wird, ganz gleichgültig.

Wären nun aber solche Anweisungen — seien sie aus Papier oder aus Kupfer oder aus Billon verfertigt, — in großer, alles Bedürfniß des kleinen Verkehrs übersteigender Masse in Umlauf gesetzt, so würde allerdings zuletzt ihr innerer Werth in Frage kommen, wie denn wirklich die preußischen Groschen 1808 auf ihren innern Silberwerth reducirt wurden, wie schon russische und österreichische Kupfermünzen als Kupferbarren eingeschmolzen sind und ungarisches Papiergeld 1849 als Maculatur verkauft wurde; dann verliert Jedermann wenigstens so viel, als er an baarem Gelde in Händen hat.

Sobald aber dagegen Billon-Scheidemünzen, wie dies z. B. in dem Wiener Vertrage von 1857 verabredet ist, nicht in einer das Bedürfniß übersteigenden Masse in Umlauf gesetzt werden dürfen, sie also immer nur als Anweisungen, nie als werthhabende Substanz in Frage kommen, so lange ist das in ihnen enthaltene Silber nutzlos und rein vergeudet und verschwendet.

Der Zweck der Scheidemünze macht die Bestimmung nothwendig, daß mittels derselben nur solche Beträge gezahlt werden sollen, welche unter denen der kleinsten Münzstücke der Währung bleiben. Eine derartige gesetzliche Bestimmung wird jedoch von den Zahlenden und Zahlung Empfangenden nur so lange beobachtet, als hinreichend Münzen der Währung, und Scheidemünzen nicht übermäßig im Umlaufe sind; wenn der Zahlende nichts Anderes als Scheidemünze anzuschaffen weiß, so bequemt sich der Empfänger immer noch gern genug dazu, wenigstens diese zu erhalten!

So lange wie jeder Mensch einsieht, daß es vortheilhaft ist, 30 harte Thaler einzuschmelzen und für 34½ Thaler Groschen daraus zu machen, so lange wird es immer noch wieder Finanzmänner geben, die im Falle der Noth zu diesem Mittel des Geldschaffens greifen — man mag so viele Präservativ-Mittel dagegen aufs Papier schreiben als man will!

Es steht freilich zu erwarten, daß wenn Staaten sich durch Verträge untereinander über gemeinschaftliche Anordnung des Münzwesens mit einander verbunden haben, solchen Verträgen auch von allen Theilnehmern entsprochen werden wird. Hoffmann freilich kömmt an mehreren Stellen seines Buches auf sehr entschieden ausgesprochene Zweifel an der strengen Ausführung solcher Verträge zurück: „Wie gerecht und groß auch das Vertrauen auf „den festen Willen der Regierungen sein möge, mit strenger Rechtlich„keit über den angenommenen Münzfuß zu halten, so stellen sich der „Vollziehung dieses Willens doch Schwierigkeiten entgegen" u. s. w. (L. v. G. S. 120); „Gebeut auch die Achtung gegen fremde Re„gierungen, ihren festen Willen, vollhaltiges Geld nach dem von „ihnen angenommenen Münzfuße prägen zu lassen, keineswegs zu „bezweifeln, so zeigt doch die Erfahrung, daß der Begriff der Voll„haltigkeit nicht überall gleich strenge aufgefaßt wird." u. s. w. (Zugabe, S. 53).. Er hält sogar für nothwendig, daß „das „Münzwesen im ganzen Bereiche des Zollvereins unter einer ge„meinschaftlichen Gesammtverwaltung steht und von dieser allein „alles Ausprägen von Münzen für denselben ausgeht" (L. v. G. S. 156). Hoffmann spricht hier eigentlich von dem vollhaltigen Courante; er setzt voraus, daß Scheidemünze überhaupt nie über die Gränzen des Landes hinaus, dessen Regierung sie hat prägen lassen, Umlauf erlangen werde. Aber die zahllosen gemachten Erfahrungen berechtigen hinsichtlich dieser zu noch weit entschiedeneren Besorgnissen.

Wo aber eine Scheidemünze aus Billon und ein zweifacher Münzfuß für ein und dasselbe Metall — Scheidemünze aus stark und Courant aus minder beschicktem Silber — ganz unbekannt ist, da kann allenfalls wohl ein Noth-Zahlungsmittel mit Zwangs-Cours vorkommen, aber es bleibt äußerlich streng unterschieden, was Ordnung und was Nothstand ist. Aber wo man im Zustande der Ordnung schon an Zahlung kleiner Beträge in Billon-Scheidemünzen gewöhnt ist, da fällt es gar nicht mehr auf, wenn im Zustande der Noth auch größere darin gezahlt werden. Bei größeren Zahlungen in Kupfer oder gar in Papier tritt der Nothstand deutlich hervor, und Jedermann vermag ihm die Ordnung entgegen zu setzen, die aber dadurch stets anerkannt wird und bewahrt bleibt. — Hoffmann sagt (Zugabe S. 43): „Von kupfernen „Scheidemünzen ist insofern weniger Missbrauch zu befürchten, als „sie nur unter ganz ungewöhnlichen Verhältnissen ein Zahlungsmittel „im großen Verkehre werden können."

Bei den Billon- und überhaupt den stark beschickten Münzen bildet das Weißsieden der Platten einen wesentlichen Theil der Verfertigungs-Procedur. Man ätzt aus der Oberfläche der Stücke das in der Mischung enthaltene Kupfer weg, so daß der damit verbunden gewesene Theil von Silber als ein feiner Schaum auf der Oberfläche hängen bleibt, der dann durch den Stempelschlag festgepreßt wird und eine Versilberung der Münzen bildet, die aber, da sie nur aus einem lose haftenden Silberschaume besteht, sofort im Umlaufe abgerieben wird. Dieser Verlust trifft ausschließlich den Gehalt an feinem Silber, der freilich bei Scheidemünzen aus Billon auf den Werth der Stücke keinen Einfluss hat, aber auf desto schädlichere Weise den der aus stark beschicktem Silber gemünzten Stücke der Hauptwährung verringert. — Diese Verschönerung der stark kupferhaltigen Münzstücke durch Silberglanz bezweckt freilich nicht Betrug, aber jedenfalls Täuschung; ihre Entstehung verdankt sie jedoch allerdings der Absicht des Betrügens. Sie ist materiell schädlich, weil sie die Verfertigungskosten der Münzen vermehrt und weil sie deren Feingehalts-Verminderung befördert; aber sie ist moralisch noch schädlicher, weil sie dem unkundigen, in dieser Hinsicht jeder Belehrung unzugänglichen Volke die vermeintlichen Beweise eines fortgesetzten von seiner Regierung verübten Betruges in die Hände liefert! — Die Einführung der preußischen Silbergroschen 1821 fiel in eine Zeit, in welcher die Regierung das Vertrauen des Volkes in den neuerworbenen Landestheilen noch nicht hatte gewinnen können, dagegen sie sich durch die kurz vorher ergriffenen unfreisinnigen Maßregeln verhaßt gemacht hatte. Die neuen blanken Silbergroschen waren an Gestalt den, namentlich den Rheinländern so wohl bekannten halben Franken durchaus ähnlich; die rasch eintretende Unähnlichkeit beider Münzsorten gab zu vielfachen übelwollenden Vergleichungen Anlaß. Damals war es auch, daß H. Heine meinte: Seit Einführung der neuen Silbergroschen brächten alle Mütter in Preußen so blühend aussehende Kinder zur Welt, weil sie sich alle an den rothen Backen des Königs versähen!

---

## §. 18. Kupfermünzen.

Kupfermünzen sind nur Stellvertreter der geringeren Beträge von Gold- und Silbermünzen, so wie Papiergeld Stellvertreter des Metallgeldes überhaupt ist. Der Werth des Kupfers in den Kupfermünzen kömmt dabei eben so wenig in Betracht, als der Werth des Papieres, und eben so wenig wie das Papierblatt zu einem Hundert-Thaler-Scheine aus besserem, werthvollerem Papiere zu bestehen braucht oder gar hundertmal größer sein muss, als das zu einem Ein-Thaler-Scheine, eben so wenig braucht die Größe der Kupfermünzen zu dem Betrage des Silbers, den sie vertreten sollen, oder der Kupfermünzen verschiedenen Nominal-Werthes zu einander im Verhältnisse zu stehen. Wenn die Kupfermünzen nicht, wie einst in Schweden und fast einige Male in Russland, eine eigentliche Kupferwährung abgeben sollen, so können sie bei mäßiger Größe auch größere Silberbeträge vertreten.

Die Proportion zwischen Silber und Kupfer — die Bestimmung, durch wie viel Gramme in Kupfermünzen 1 Gramm Silber vertreten werden solle — ist in den verschiedenen Staaten sehr verschiedenartig gewählt. Mit der Abschaffung der Billon-Scheidemünzen ist man mehr und mehr zu der Ansicht gelangt, daß, um auch größere Silberbeträge in noch nicht allzu unbequemen großen Kupfermünzen darstellen zu können, jenes Verhältniss zum Silber niedriger angenommen werden sollte. — Folgende Verhältnisszahlen sind oder waren in den verschiedenen Münzsystemen angenommen:

(Die Tabelle ergiebt die Anzahl der Pfunde Kupfer, die zur Ausmünzung der auf ein Pfund Silber gerechneten Kupfermünzen, nach den um die Mitte des 19. Jahrhunderts bestehenden Münzgesetzen verschiedener Staaten, erforderlich ist.)

| IV. | | IV. | |
|---|---|---|---|
| Norwegen = 1 : | 56 | Preußen 1821 | 32,812 |
| Brasilien | 55,85 | Neapel | 32,65 |
| Dänemark | 55,78 | Griechenland | 32,5 |
| Portugal | 46,97 | Spanien | 32,4 |
| Nord-America 1796 | 45,33 | Preußen 1857 | 32,4 |
| Schweden 1855 | 45 | Sachsen 1840 | 30,8 |
| Österreich 1816 | 44,97 | Österreich 1857 | 30 |
| Belgien | 44,44 | Rußland 1849 | 28,44 |
| England bis 1860 | 43,34 | Österreich 1851 | 28,04 |
| Türkei 1845 | 42,84 | Meckelnb. Oldenb. | 28 |
| Hessen 1772 | 42,71 | Schweiz 2 N.-St. | 27,777 |
| Rom | 42,03 | Bremen | 27,04 |
| Hannover 1834 | 42 | Baden 1857 | 26,87 |
| Niederlande | 40,68 | Wiener Vertr. 1857 | 26,78 |
| Frankfurt | 39,2 | Frankreich 1852 | 22,22 |
| Hessen-Cassel | 38,75 | England 1860 | 21,67 |
| Hannover 1857 | 36 | Nordamerica 1857 | 20,25 |
| Hessen-Darmstadt | 34,89 | = 1864 | 13,50 |
| Schweiz 1 N.-St. | 33,33 | = 1850 | 6,75 |

Bei dem Marktpreise des Kupfers von 1 Pfund (500 Gm.) = 12 Silbergroschen (= 6²/₃ Gm. Silber), den die norddeutschen Münzstätten von 1857 an voraussetzen, ist das Verhältniß des Silbers zum Kupfer = 1 : 75.

Von diesem Verhältnisse hängt es ab, welche Werthbeträge noch in Kupfermünzen darstellbar sind. Da wo das Verhältniß zu weniger als 1 : 30 angenommen ist, wird man, ohne allzu unbequeme große Kupfermünzen liefern zu müssen, ziemlich beträchtliche Werthe durch Kupfer darstellen können; bei dem Verhältnisse von mehr als 1 : 40 lassen sich nur die minderen Beträge noch in Kupfer ausmünzen. Eben bei dem letztern müssen dann die geringeren Silberbeträge in Billon dargestellt werden.

Die höchsten Werthbeträge an Silber, die in Deutschland und etwa um die Mitte des 19. Jahrhunderts außer Deutschland durch Kupfermünzen dargestellt wurden, sind folgende (in absteigender Größe geordnet), mit Hinzufügung des Kupferbetrages, durch welche sie, in Gemäßheit der angenommenen, vorstehend zusammengestellten Proportion, dargestellt sind:

| V. | Gramme Silber | | Gramme Kupfer |
|---|---|---|---|
| Rußland 1832 | 1,799 | 10 Kopeken | 45,500 |
| Rom 1849 | 1,210 | 5 Bajocchi | 50,860 |
| Neapel | 0,956 | 5 Grani | 31,184 |
| Brasilien | 0,924 | 20 Réis | 28,687 |
| Rußland 1849 | 0,899 | 5 Kopeken | 25,594 |
| Spanien | 0,592 | 1/2 Real | 19,172 |
| Österreich 1851 | 0,585 | 3 Kreuzer | 16,406 |
| Portugal | 0,543 | 20 Réis | 25,500 |
| Rom 1835 | 0,484 | 2 Bajocchi | 20,344 |
| Nord-America 1864 | 0,480 | 2 Cents | 6,476 |
| Frankreich 2c. 1852 | 0,450 | 10 Centimes | 10,000 |
| Österreich 1860 | 0,444 | 4 Neu-Kreuzer | 13,333 |
| England 1860 | 0,436 | 1 Penny | 9,450 |
| Norwegen | 0,421 | 2 Schillinge | 23,528 |
| Griechenland | 0,403 | 10 Lepta | 12,992 |
| Österreich 1848 | 0,390 | 2 Kreuzer | 17,540 |
| Hessen 1772 | 0,365 | 8 Heller | 15,590 |
| Schweden | 0,316 | 5 Öre | 8,502 |
| Sachsen | 0,277 | 1/2 Neu-Groschen | 7,500 |
| Dänemark | 0,263 | 2 Schillinge | 14,616 |
| Preußen 1857 | 0,185 | 4 Pfennige | 6,000 |
| Österreich 1816 | 0,195 | 1 Kreuzer | 8,750 |
| Baden | 0,159 | 1 Kreuzer | 4,273 |
| Türkei 1845 | 0,125 | 5 Parâ | 5,362 |
| Hannover 1857 | 0,111 | 2 Pfennige | 4,000 |
| Niederlande | 0,094 | 1 Cent | 3,845 |
| Schweiz | 0,090 | 2 Rappen | 2,500 |

Hiernächst folgt die vorstehende Tabelle umgekehrt, geordnet nach den Kupfermünzen, in absteigender Ordnung des Gewichts, und zwar der schwersten Kupfermünzen jedes Münzsystems, mit Beifügung des Silberbetrages, der durch jede derselben dargestellt sein soll:

| VI. | Gramme Kupfer | | Gramme Silber |
|---|---|---|---|
| Rußland 1762 | 51,185 | 5 Kopeken | 0,899 |
| Rom 1849 | 50,860 | 5 Bajocchi | 1,210 |
| Rußland 1832 | 45,500 | 10 Kopeken | 1,799 |
| Neapel | 31,184 | 5 Grani | 0,956 |
| Rußland 1840 | 30,713 | 3 Kopeken | 0,539 |
| Brasilien | 28,687 | 20 Réis | 0,924 |
| England 1797 | 28,350 | 2 Pence | 0,872 |
| Rußland 1849 | 25,594 | 5 Kopeken | 0,899 |
| Portugal | 25,500 | 20 Réis | 0,543 |
| Norwegen | 23,528 | 2 Schillinge | 0,421 |
| Rom 1835 | 20,344 | 2 Bajocchi | 0,484 |
| Belgien | 20,000 | 10 Centimes | 0,450 |
| Spanien 1848 | 19,172 | ½ Real | 0,592 |
| England 1797 | 18,899 | 1 Penny | 0,436 |
| Österreich 1848 | 17,540 | 2 Kreuzer | 0,390 |
| Österreich 1851 | 16,406 | 3 Kreuzer | 0,585 |
| Hessen 1772 | 15,590 | 8 Heller | 0,365 |
| Dänemark | 14,616 | 2 Schillinge | 0,263 |
| Österreich 1860 | 13,333 | 4 Neu=Kreuzer | 0,444 |
| Hannover 1792 | 12,992 | 4 Pfennige | 0,270 |
| Griechenland 1833 | 12,992 | 10 Lepta | 0,403 |
| Nord-America 1796 | 10,886 | 1 Cent | 0,240 |
| Frankreich 1852 | 10,000 | 2 Sous | 0,450 |
| Hannover 1817 | 9,742 | 4 Pfennige | 0,243 |
| England 1860 | 9,450 | 1 Penny | 0,436 |
| Österreich 1816 | 8,750 | 1 Kreuzer | 0,195 |
| Lombardei 1823 | 8,750 | 5 Centesimi | 0,195 |
| Schweden 1835 | 8,502 | 5 Öre | 0,316 |
| Sachsen 1857 | 7,500 | 5 Pfennige | 0,277 |
| Sachsen 1808 | 7,430 | 4 Pfennige | 0,243 |
| Nord-America 1864 | 6,476 | 2 Cents | 0,480 |
| Preußen 1857 | 6,000 | 4 Pfennige | 0,185 |
| Türkei 1845 | 5,362 | 5 Parâ | 0,125 |
| Baden 1857 | 4,273 | 1 Kreuzer | 0,159 |

| | Gramme Kupfer | | Gramme Silber |
|---|---|---|---|
| Hannover 1857 | 4,000 | 2 Pfennige | 0,111 |
| Niederlande 1816 | 3,845 | 1 Cent | 0,094 |
| Schweiz 1850 | 2,500 | 2 Rappen | 0,090 |

Wenn die geringste Kupfermünze das Gewicht etwa von 1 Gramm hat, — wobei sie bei dem Durchmesser von 15‴ oder 16‴ völlig bequem bleibt, — so kann man ihr Zehnfaches oder Zwölffaches nach Verhältniß des Gewichts, durch ein Stück von 30‴ Durchmesser darstellen, welches gleichfalls für den Umlauf durchaus bequem erscheint.

In Deutschland waren größere, schwerere Kupfermünzen nie allgemein. Die im 18. und 19. Jahrhunderte im Gebrauche gewesenen haben selten sich der Schwere von 10 Grammen genähert. Die Hannöverschen 4=Pfennig= und die Hessen=Cassel'schen 8=Heller=Stücke, die bis an 13 und 16 Gramme reichen, und die mannichfaltigen, von 1800 an gemünzten österreichischen Mehrstücke des Kreuzers bilden vereinzelte Ausnahmen. Die letzteren sind indessen nicht aus der Absicht, dem kleinen Verkehre ein zweckmäßiges Zahlmittel zu gewähren, sondern aus Noth und Mangel an Silber hervorgegangen. — In den übrigen deutschen Ländern hat man die Münzstücke so weit herab als irgend möglich aus Billon verfertigt. Aber, so wie in Österreich den schwereren Kupfermünzen, so lag auch den kleineren Billonmünzen oft ein tadelnswerther Zweck zum Grunde: man beabsichtigte betrüglicherweise, die Billon=Scheidemünze als Münzstücke der Silber=Währung, wofür Kupfermünzen unmöglich würden angesehen sein, in den Verkehr einzuschwärzen.

So wie nun, wie oben gesagt, das in der Billon=Scheidemünze enthaltene Silber unnütz vergeudet ist und also durch die Ausmünzung der kleinen Billon=Scheidemünze dem öffentlichen Schatze und der Münzcasse ein damnum emergens entsteht, so durch die darüber unterlassene Ausmünzung schwererer Kupfer=Scheidemünzen ein lucrum cessans, denn an der Verfertigung letzterer wird jedenfalls mehr gewonnen als an der der ersteren.

Dagegen sind es zwei Gründe, aus denen in Deutschland

die Billon-Scheidemünze beibehalten wird, oder vielmehr ein Grund und ein Vorwand; der Grund ist: Es ist nun einmal seit langer Zeit so und darum muss es so bleiben; — es schlendriant! Der Vorwand ist: Große Kupfermünzen sind unbequem!

Unter allen Begriffen ist der von „Bequemlichkeit" wahrscheinlich der aller-subjectivste. Militärs versichern, es gäbe kein unbequemeres Kleidungsstück als den Schlafrock, und Frauen behaupten, das bequemste Kleidungsstück sei das Corset! — Die Gelehrten sind in beiden Fällen der entgegengesetzten Meinung, bekämpfen die ganze Armee und disputiren sogar gegen die Weiber! — Ich, der ich weder Militär, noch Dame, noch Gelehrter bin, bin auch nicht Narr genug, um über „Bequemlichkeit" zu streiten.

Gewohnheit macht auch das objectiv-unbequemste bequem oder vielmehr nicht als unbequem empfunden, ja oft sogar behaglich und angenehm. Vielleicht nirgend bestätigt sich dies so, als bei den in die Verkehrsverhältnisse des Alltagslebens so oft und tief eingreifenden Münzsystemen — bei der Zählweise wie bei den Münzfußen. Jahrhunderte lang hat Spanien seinen Real in 34 Maravedi zertheilt, wo schon nach der ersten Halbtheilung jede weitere Theilung bei der hohen Primzahl 17 stehen blieb. Österreich hatte, bei einer Rechnungseinheit von 60 Untereinheiten, Münzstücke zu 17 und zu 7 Untereinheiten, die in gar keinem übersichtlichen Verhältnisse zu der oberen Einheit standen. Das praktische England hatte, bei einer Obereinheit von 20, Münzstücke zu 21 und zu 7 Untereinheiten, Hamburg rechnete nach Obereinheiten von 16, zahlte aber fast ausschließlich in Münzstücken von 31 Untereinheiten. Diesen arithmetischen Unbequemlichkeiten der Zählweise oder des Verhältnisses derselben zu den Münzstücken stehen die der Größe oder Kleinheit der Münzstücke nicht nach. Die 1 Mark schweren Braunschweigischen Juliuslöser und ihre Nachkommen oder die mehrpfündigen schwedischen Kupfer-Daler sind freilich wohl weniger als Münzen, denn als münzförmige Barren zu betrachten, deren erstere für den größeren Verkehr, gleich den Banknoten oder Schatzscheinen von höheren Beträgen, ein brauchbares, wenigstens sehr solides Zahlmittel geliefert haben werden.

Die Päpstlichen 5=Bajocchi=Stücke von 1849 zu 50⁴/₅ Gm. Kupfer waren, als Nothmünzen, nur vorübergehend im Umlaufe, aber die russischen Kupferstücke zu 5 Kopeken von 1763 an, und die zu 10, seit 1832, von 51 und 45¹/₂ Gm. Schwere, sind übliche Scheidemünze gewesen. Dagegen werden in Hamburg die obendrein nur für den Verkehr der niederen Stände bestimmten Dreilinge von 0,512 Gm. Gewicht und 12 Millimeter Durchmesser nicht für unbequem gehalten, und die russischen Silberkopeken, zu ¹/₄ Gramm an Gewicht und 4''' Durchmesser, — bis 1700 die einzigen einheimischen Münzstücke in Rußland, — haben sogar für ein ungeheuer bequemes Zahlmittel gegolten, denn wenngleich sie viel zu klein waren, um von Kosackentatzen gegriffen werden zu können, so schüttete man um so leichter bei Zahlungen den Geldbeutel auf dem Tische aus, wischte mit der flachen Hand davon die fragliche Stückzahl dem Empfänger zu, und beide, Geber und Nehmer, jener das ihm von seinem Kassenbestande bleibende, dieser das als Zahlung empfangene, leckten dann den ihnen zukommenden Antheil wohlgefällig von den wahrscheinlich recht sauberen Tischen auf und spuckten ihn in ihre Geldbeutel!

Man darf aber wohl nicht behaupten, daß Kupfermünzen von 10 bis 12 Grammen Schwere und bis 30 Millimeter Durchmesser „unbequem" seien, denn es giebt deren, außer Deutschland, in fast allen europäischen Ländern, ohne daß man über ihre Unbequemlichkeit klagte. Auch weiß ich gewiß, daß die Hannöverschen 4=Pfennig=Stücke aus dem 18. Jahrhunderte, welche, bei einem Durchmesser von 31''', = 13 Gm. wogen, in den niederen Ständen eine beliebte und vor den gleichwerthenden Stücken aus Billon sehr bevorzugte Münzsorte waren, die man, so lange man andere Zahlmittel zur Hand hatte, gern im Beutel behielt. Und als 1821 neue preußische Kupfermünzen — darunter 4=Pfennig=Stücke von 26''' Durchmesser — eingeführt wurden, klagten die Leute über die Kleinheit derselben! (Rumpf Preuß. Monarchie. S. 217) — Leute aus den höheren Ständen haben jedenfalls nur sehr selten Veranlassung zu Zahlungen unterwegs, die ihnen den Geldbeutel mit schwerer Scheidemünze überfüllen könnten. — Die Rede von der „Unbequemlichkeit" ist also nichts weiter als Geschwätz.

Zwecklos ist es aber, das Gewicht der Kupfermünzen, etwa in der Meinung, ihnen möglichst viel Metallwerth geben zu müssen, zu vergrößern. Was könnte es denn nur für einen Zweck haben, Banknoten auf Folio-Bogen zu drucken?

Wenn der unterste Münzbetrag durch ein Stück von 1 Gm. Kupfer dargestellt wird, wie von 1852 an die französischen Centimen, so würde, auch wenn der Grundsatz der verhältnißmäßigen Gewichtssteigerung festgehalten werden soll, eine Kupfermünze von 12 Gm. Gewicht und 30''' Durchmesser — im Volumen von den französischen Doppel-Sous von 1852 nicht zu unterscheiden — in Rußland den Altyn (zu 3 Kopeken), in Norddeutschland den Silbergroschen darstellen, und in ersterem die allzuschweren Münzstücke, in letzterem die Billon-Scheidemünze beseitigen können. Nach der Tabelle V (oben S. 100) sind schon weit größere Werthbeträge als der des Silbergroschens (= 0 $^5/_9$ Gm. Silber = 0,555) durch Kupfermünzen dargestellt. Das Verhältniß des Silbers zum Kupfer würde in diesem Falle sein = 1 : 21$^3/_5$, also genau das seit 1860 in England, und sehr nahe dem seit 1852 in Frankreich angenommenen (s. oben Tab. IV, S. 99).

Aber es ist auch der Grund einer solchen dem Nennwerthe verhältnißmäßigen Gewichtssteigerung nicht wohl abzusehen. Es ist nicht nöthig, daß die Stücke von 1, 2, 5, 10 Centimen auch 1, 2, 5, 10 Gramme oder daß Stücke von $^1/_4$, $^1/_2$, 1, 2, 3 Kopeken auch 1, 2, 4, 8, 12 Gm. wiegen, vielmehr könnten letztere auch ganz füglich etwa 1, 2, 4, 7, 10, oder gar 1, 2, 4, 6, 8 Gm. wiegen, wo sich dann mit 10 und 12 Gm. auch noch Stücke zu 4 und 5 Kopeken aus Kupfer darstellen lassen würden. — Wirklich wog das englische 2-Pence-Stück von 1797 nicht das doppelte, sondern nur das anderthalbfache des 1-Penny-Stücks, und der Schweizer Rappe wiegt 1$^1/_2$, sein Doppeltes nur 2$^1/_2$ Gm.; in Österreich wogen von 1800 an die Stücke zu 1, 3 und 6 Kreuzer bezw. 1, 2 und 3 Quentchen. Es würde daher füglich das 18-fache oder 20-fache von 1, wenn letzteres = 1 Gm. wiegt, durch ein Stück von nur 12 Gm. dargestellt werden können, falls nur nicht allzu viele Zwischenstufen, die sich dann an Größe allzu ähnlich werden müßten, ausgemünzt würden.

Wenn der Gewichtsunterschied zwischen solchen nahe liegenden Werthbeträgen so gering angenommen wird, daß sich die Stücke durch ihren Durchmesser weniger gut von einander unterscheiden — wie sich z. B. die vier Arten der preußischen Kupfermünzen an Durchmesser etwas nahe stehen, — so wird man dem Übelstande entgehen, wenn die Stücke abwechselnd — ¼, 1, 3 aus rothem Kupfer, ½, 2, 4 aus Messing gemacht werden. Durch dieses Hülfsmittel haben bereits die römischen Cäsaren ihre an Größe sich einander nähernden Münzen verschiedenen Werthbetrages unterschieden. — —

Den Abschnitt über die Kupfermünzen halte ich für einen der wichtigsten in der gesammten Geldlehre, denn durch die ausgedehnteste Anwendung der Kupfermünzen wird die Abschaffung des Billons und der allzu kleinen Silbermünzen möglich, und in dieser Abschaffung liegt ein großer Theil der Garantie gegen die Zerrüttung des Münzsystems und der Währung. Um Ansichten über die Anwendung der Kupfermünzen und die Ausdehnung dieser Anwendung zu gewähren, habe ich die obigen vergleichenden Zusammenstellungen des desfallsigen Inhalts der verschiedenen Münzgesetze gemacht.

---

## §. 19. Quantitäts-Verhältniss der umlaufenden Münzsorten.

Es giebt keinen Maßstab, nach welchem man berechnen könnte, wie viel der Verkehr in einem bestimmten Lande oder Staate an gemünztem Gelde bedürfe, eben weil es keinen Maßstab giebt, nach welchem man den Umfang des inneren Verkehrs bei einem Volke in Zahlen angeben könnte. Da sich dieser Bedarf aber lediglich nach dem Umfange dieses Verkehrs richten müßte, so kann die Kopfzahl der Bevölkerung einen solchen Maßstab gar nicht abgeben. — Man hat von mehreren Staaten die genauesten Nachweisungen, wie viel seit der Einführung des bestehenden Münzsystems in jedem Metalle und jeder Münzsorte ausgemünzt worden ist; allein diese Zahlen geben gar keinen Begriff von dem zu irgend einem Zeitpunkte wirklich umlaufenden Betrage an gemünztem Gelde oder gar von dem desfallsigen Bedarfe des Verkehrs, denn von dem ausgemünzten Vorrathe wird so sehr viel ausgeführt oder eingeschmolzen — je nachdem Conjuncturen im Metallhandel das eine oder das andere Gewinnbringend machen —, daß vielleicht die gesammte Ausmünzung des einen Jahrzehends in einem folgenden wieder aus dem Umlaufe verschwindet. — Von Statistikern und in amtlichen Berichten sind Zahlen über den muthmaßlichen Betrag des umlaufenden gemünzten Geldes veröffentlicht; aber es wird nicht auch angegeben, welches die Grundlagen solcher Zahlen-Ermittelungen seien; man darf wohl mit Sicherheit annehmen, daß dergleichen eigentlich rein aus der Luft gegriffen sind. — Genau genommen liegt auch eigentlich in der Beantwortung der Frage nach dem Betrage des Umlaufs mehr eine Befriedigung statistischer Neugier als ein praktischer Gewinn. Ein Land mit wenig innerem Verkehre wird leicht seinen Bedarf an metallenen Zahlmitteln gedeckt sehen; wo der Verkehr lebhafter ist, wird bei steigender Nachfrage nach Zahlmitteln entweder vom Auslande Metall zur inländischen Vermünzung eingeführt werden, oder, wenn das Ausland keinen Überschuß über den eigenen Bedarf haben sollte, so wird das Bedürfniß des Handels den Mangel an Metall durch papierne Zahlmittel — durch Creditgeld — zu ersetzen wissen, falls nicht schon die Regierung in dieser Hinsicht aushelfen sollte. Papiergeld in Stücken von höheren Beträgen wird dem größeren Verkehre, wegen der Leichtigkeit der Versendung und der Vermeidung des Zählens, stets angenehm und Bedürfniß sein; Creditgeld in Stücken kleiner Beträge, im Betrage einzelner Münzstücke, dessen sich auch der kleine Verkehr bedient, ist stets ein Beweis, daß der dem Verkehre nothwendige Betrag an metallenen Zahlmitteln im Lande nicht vorhanden sei. Während des zweiten Viertels des 19. Jahrhunderts war der innere und äußere Verkehr aller civilisirten Völker der Erde so bedeutend gestiegen, daß alle Ausbeute der Bergwerke und Goldlager bei Weitem nicht ausreichte, um den Bedarf an Zahlmitteln auch nur kleinsten Theils zu decken. Doch würde, mittelst der Ausbeute der erst um die Mitte des Jahrhunderts entdeckten californischen und australischen Goldlager, in Staaten mit zweckmäßiger

Anordnung des Geld- und Münzwesens der herbeizuziehende Betrag an edelen Metallen wohl hingereicht haben, um das Creditgeld aus dem kleinen Verkehre zu verdrängen, also den Gefahren, die bei zu weit ausgedehntem Umlaufe desselben drohen, zu begegnen.

So wenig es einen Anhaltspunkt giebt, um den Bedarf an Zahlmitteln bei einem Volke zu berechnen, so wenig giebt es einen solchen Behuf der Bestimmung, zu welchen Antheilen der Bedarf an gemünztem Metalle auf jedes der beiden Münzmetalle oder auf die einzelnen Münzsorten, die aus jedem zu prägen sind, vertheilt werden müsse. Nur so viel läßt sich, aus leicht nachweisbaren Gründen, im Allgemeinen sagen, daß dasjenige Metall, welches zur Währung dient, in beträchtlich vorherrschender Menge umlaufen, und daß wiederum der bei Weitem überwiegende Betrag in der größten Münzsorte dieses Metalls ausgemünzt sein müsse. (Hierbei liegt es wieder nahe, an die Vorzüge der Goldwährung vor der Silberwährung zu denken.) Dem letztern Grundsatze entgegen litt Norddeutschland an der Überfüllung mit Theilstücken des Thalers, wenigstens mit $^1/_6$-Thalerstücken [42]) (s. unten S. 126), deren

[42]) Von 1764 bis 1806 waren in Preußen für 42 Millionen Einthaler-Stücke, daneben aber für $16^3/_4$ Millionen $^1/_3$- und für $19^3/_4$ Millionen $^1/_6$-Thaler-Stücke gemünzt — diese kleinen Sorten im Übermaße, nur um an dem größern Remedium derselben Gewinn zu machen! Zu diesem Betrage von $^1/_6$-Stücken kam von 1809 bis 1840 — also etwa dem Zeitpunkte, wo der preußische Münzfuß auch von den übrigen norddeutschen Staaten angenommen wurde, neben nahe an $71^1/_2$ Millionen Ein-Thaler-Stücken, noch für $18^1/_2$ Millionen $^1/_6$-Thaler-Stücke, so daß der Gesammtbetrag der Ausmünzung von 1764 bis 1840 an Thalern nahe an $113^1/_2$ Millionen, an $^1/_6$-Thaler-Stücken für $37^1/_4$ Millionen Thaler betragen hat, während von den ersteren sicherlich sehr viele, von letzteren nur für 3 Millionen Thaler durch Einschmelzung wieder aus dem Umlaufe gezogen waren. Das Verhältniß hat sich aber seit 1836, bei bedeutenden Ausmünzungen von Ein- und nur unbedeutenden von $^1/_6$-Thaler-Stücken wiederum sehr geändert, doch waren fortdauernd so große Massen der letzteren im Umlaufe, daß sie zu größeren Zahlungen verwandt und an der Hamburger Börse mit besonderem Course notirt blieben.

Übermaß dadurch vielleicht gemindert wurde, daß sie als Viertel-Gulden der österreichischen Zählweise sich über einen sehr erweiterten Umlaufsbereich ausdehnen konnten.

In den Münzverträgen der deutschen Staaten von 1838 war verabredet, wie viel jeder Contrahent nach Verhältniss seiner Bevölkerung an Doppel- und Ein-Thalerstücken jährlich ausmünzen sollte. Da diese aber die Vereins-Münzen, zu deren Betrage jeder nach Verhältniss seinen Beitrag zu liefern hatte, sein sollten, so lag darin keine Bestimmung, die Einfluss auf den Bedarf des Verkehrs hätte haben können.

Eine genaue gesetzliche Bestimmung über den verhältnissmäßigen Antheil jeder Münzsorte ist 1856 in Frankreich, wo alles gesetzlich genau geregelt werden muss — in optima republica plurimae leges! — getroffen, die aber interessant ist, insofern ihr gewiss praktische Beobachtungen über den Bedarf des Verkehrs zum Grunde liegen dürften. So oft 200,000 Stück Fünf-Franken-Thaler in Silber gemünzt werden, so muss daneben ein bestimmtes Quantum von jeder der kleineren Silbermünzsorten geschlagen werden, nämlich neben

| | | | | |
|---|---|---|---|---|
| 200,000 | Stück zu | 5 | Franken | (= 1,000,000 Francs), |
| 10,000 | „ „ | 2 | „ | (= 20,000 „ ), |
| 25,000 | „ „ | 1 | „ | (= 25,000 „ ), |
| 12,500 | „ „ | ½ | „ | (= 6,250 „ ) und |
| 2,500 | „ „ | ⅕ | „ | (= 500 „ ). |

Freilich ist diese Vertheilung auf die verschiedenen Sorten nie zur Ausführung gekommen, denn sie wurde eben zu der Zeit festgesetzt, wo alle Silbermünzen in Frankreich aus dem Umlaufe verschwanden und die Silberausmünzung ganz aufhörte. Die Hauptsache war hierbei aber, daß jede gleichzeitige Ausmünzung ungefähr $^{20}/_{21}$ an Thalerstücken und $^{1}/_{21}$ an kleineren Sorten enthalten sollte; der Antheil jeder der letzteren daran war dabei ziemlich gleichgültig. — Gleichzeitig wurde für die Gold-Ausmünzung die Bestimmung getroffen, daß der Betrag einer Million Franken an Goldmünzen enthalten solle:

| | | | |
|---|---|---|---|
| 850.000 Franken | in 20-Fr.-Stücken | (= 42,500 Stück), |
| 100,000 " | " 10 " " | (= 10,000 " ). |
| 50,000 " | " 5 " " | (= 10,000 " ). |

Das Verhältniß dieser drei Sorten zu einander war also = $^{17}/_{20}$, $^{2}/_{20}$ und $^{1}/_{20}$.

In England, wo von 1817 an die gesammten umlaufenden metallenen Zahlmittel durchaus erneuert wurden, wo aber, bei herrschender Goldwährung, die Silbermünze nur den Zweck hat, die in Gold nicht zahlbaren geringeren Beträge zahlbar zu machen, wurden von 1817 bis 1836 55 Millionen Pfund Sterl. in Gold, 10¼ Million Pf. in Silber und 186.000 Pf. in Kupfer gemünzt. Aus diesen Zahlen läßt sich das Verhältniß des umlaufenden Goldes zu der silbernen und kupfernen Scheidemünze nicht ersehen, da die Goldmünzen größtentheils wieder eingeschmolzen oder ausgeführt sind; es wurde angenommen, daß 1836 etwa 20 Mill. Pf. Sterl. an Goldmünzen und eben so viel an Banknoten das umlaufende Zahlmittel der Hauptwährung bildeten, so daß also hier, bei reiner Goldwährung, das Zahlmittel der Hauptwährung und die Scheidemünze im Verhältnisse von 4 : 1 gegen einander gestanden hätten. — Von den Goldstücken sind drei Arten: doppelte, einfache und halbe Sovereigns geschlagen, für bezw. 16,000 Pf. St., für 51 Millionen und für 8 Millionen, also = 2 : 6½ : 1. Die Silber- und Kupfer-Münzen vertheilen sich auf die einzelnen Sorten folgender Art (Alles — der leichteren Übersicht wegen — in abgerundeten Zahlen):

| | | | | |
|---|---|---|---|---|
| 1,850,000 | Stück | Kronen, | für | 462,000 Pfund St. |
| 31,000,000 | " | Halb-Kronen | " | 3,859,000 " " |
| 92,000,000 | " | Schillinge | " | 4,595,000 " " |
| 51,000,000 | " | Six-pence | " | 1,270,000 " " |
| 4,000,000 | " | Groats (4 ₰) | " | 72,000 " " |

Sodann an Maundy-money 55,000 Stück zu 3 ₰, 72,000 Stück zu 2 ₰ und 180,000 Stück zu 1 ₰, zusammen für 2000 Pf. St.

Es kommen also auf 100 Pf. St. = 4 Pf. in Kronen,
36 " " Halb-Kronen,
42 " " Schillingen,
11 " " Six-pence,
7 " " Groats.

An Kupfermünzen wurden geschlagen

| | | | | |
|---|---|---|---|---|
| 21¼ | Millionen Stücke zu 1 Penny, | für | 88,600 | Pf. St. |
| 27½ | „ „ „ ½ „ | „ | 57,300 | „ „ |
| 38 | „ „ „ ¼ „ | „ | 39,800 | „ „ |

zusammen für 185,700 Pf. St., im Verhältnisse der drei Sorten zu einander von 48, 31 und 21 %. Das Verhältniss der Silber-Scheidemünze verhält sich zu der kupfernen wie 98 : 2.

Viel wichtiger — und von der grössten Wichtigkeit war aber seit Jahrhunderten und überall da, wo Scheidemünze aus Billon gemünzt wird, das Betrags-Verhältniss derselben gegen den Betrag der umlaufenden Münzstücke der Hauptwährung, weil das gänzliche Übersehen eines richtigen, die letztere sichernden Betrags-Verhältnisses vielfach die Zerrüttung des gesammten Münzwesens verschuldet hat. In Norddeutschland war man daher schon seit dem Ende der Franzosen-Zeit sehr behutsam mit der Ausgabe von Scheidemünze geworden, während in Süddeutschland die Münz-Anarchie bis 1838 fortdauerte, und noch bis dahin namentlich in Koburg der Scheidemünz-Unfug mit solcher Schamlosigkeit getrieben wurde, dass die umliegenden Staaten auf energische Abwehrungsmassregeln gegen die Fabricate der dortigen Heckemünze dachten. — Die österreichischen von 1848 an gemünzten 6-Kreuzerstücke kann man, als Nothmünzen, nicht eigentlich hieher rechnen.

Im preussischen Staate war 1821 eine neue Scheidemünze, mit völliger Beseitigung der bis dahin im Umlaufe gewesenen, eingeführt. Man schlug von 1821 bis 1840 an ganzen und halben Silbergroschen für 3,147,000 und an Kupfermünzen für 752,000 Thaler Nominalwerth. Wenn dieser Betrag, durch welchen der Bedarf an solchen geringeren Münzsorten völlig gedeckt wurde, im Jahr 1840 noch unvermindert im Umlaufe war, so kam davon auf jeden Kopf der damaligen Bevölkerung an Billon für ⅕, an Kupfer für $1/_{20}$ Thaler, zusammen ¼ Thaler, wobei aber die $1/_{12}$-Thalerstücke, deren damals noch für 15 Millionen Thaler im Umlaufe sein mochten, mit zum Courant gerechnet wurden, so dass davon auf den Kopf der Bevölkerung = 1 ℔ kam.

Der Wiener Münzvertrag von 1857 bestimmt dagegen den höchsten Betrag der von jedem Staate auszumünzenden Scheidemünze auf $^{5}/_{6}$ Thaler für den Kopf, wobei die $^{1}/_{12}$-Thalerstücke mit zur Scheidemünze gezählt werden. Wahrscheinlich liegt dieser Annahme der durch die preußischen Scheidemünz-Ausmünzungen von 1821 bis 1857 in Umlauf gesetzte Betrag zum Grunde, und da letzterer unstreitig dem Bedürfnisse des Verkehrs entspricht, so wird jenes Verhältniß eben das angemessenste — wenn freilich nicht gerade an Scheidemünze aus Billon und Kupfer, aber doch an kleineren Münzstücken bis zu und unter dem Betrage von $1^{1}/_{2}$ Grammen Silber sein. Es würde aber in Preußen die Billon-Scheidemünze nie über den anfänglich beabsichtigt gewesenen Betrag des $^{1}/_{30}$-Thaler-Stücks ausgedehnt sein, wenn man nicht, um die älteren Courant-$^{1}/_{12}$-Thaler-Stücke ohne Schaden einziehen und umprägen zu können, daraus eine neue Scheidemünzsorte von bedeutend höherem Betrage als die bisherige größte Sorte derselben hätte machen müssen. Eine solche Ausdehnung der Scheidemünze war nicht das Ergebniß einer wohlbedachten Münzpolitik, sondern einer übel angebrachten, vielleicht dereinst kostspieligen Sparsamkeit!

Es ist mir nicht bekannt, welches Betrags-Verhältniß zwischen Silber- und Kupfer-Münze man in denjenigen Ländern, in welchen es keine Billon-Scheidemünze giebt, als das dem Bedürfnisse entsprechende anerkannt hat.

Es ist das richtige Verhältniß aber nicht immer und überall deutlich zu erkennen, da oft in irgend einer Gegend eines Landes, obgleich im Allgemeinen reichlich Scheidemünze in Umlauf gesetzt ist, über Mangel daran geklagt wird, weil sie sich gleichzeitig in einer anderen Gegend im Übermaße angehäuft hat, wo man sich dann gleichzeitig über die Überfüllung beklagt. Deshalb ist eine obere Beaufsichtigung des Münzenumlaufs für wünschenswerth gehalten, um für solche Fälle durch die öffentlichen Cassen Ausgleichungen zu vermitteln.

In dem Wiener Münzvertrage von 1857 ist aus Vorsicht, den neuen Münzfuß der Hauptwährung durch übermäßigen Umlauf von Scheidemünze nicht zu gefährden, bestimmt, daß, bei etwaiger Anhäufung derselben, Beträge von mindestens 20 Thalern oder 40 Gulden der Billon-Scheidemünze und von 5 Thalern oder 10 Gulden der kupfernen bei den öffentlichen Cassen der Münz-

Vereins-Staaten gegen Courant ausgetauscht werden können [43]). Hoffentlich werden nie Zeiten eintreten, wo die Cassen, wie nach 1848 in Österreich, den Tauschlustigen die exceptio Caesarea opponiren müssen! — Eine nachhaltige Sicherung gegen die Überfüllung mit Scheidemünze will ich unten (am Schlusse des §. 22) empfehlen.

---

## §. 20. Die Politik der Münztechnik.

Die Zwecke, behuf deren die Verfertigung der Münzen stattfindet, werden von der Geldlehre vorgeschrieben. Die Anschaffung der Rohstoffe der Münzen: der Metalle, ist nach den desfallsigen wirthschaftlichen Rücksichten zu beschaffen, und gehört zu der Finanz-Verwaltung des Münzwesens. Auf welche Weise die Metalle zu behandeln seien, um am besten zu den vorgeschriebenen Zwecken zu dienen, lehrt die Metallurgie. Wie die Werkzeuge einzurichten seien, mittelst welcher jene Metalle für diesen Zweck am besten zu Münzstücken zu verarbeiten sind, lehrt die Mechanik, die Maschinenbaukunde. Diese Verarbeitung selbst bildet einen Zweig der Technologie: die Münztechnik; bei der, für jene Zwecke erforderlichen Verzierung der Elaborate wird dann die Kunst: die Glyptik zu Hülfe gerufen. — Die Geldlehre schreibt dem Metallurgen, dem Maschinenbauer, dem Münzenmacher, dem Stempelschneider vor, was er machen soll; der Geldlehrer verhält sich zu diesen, wie der Architekt zum Maurer, zum Zimmermanne, zum Bautischler, zum Steinmetzen — letztere führen nur handwerksmäßig aus, was der erstere für das von ihm als den besten Zwecken entsprechende erkannt und vorgeschrieben hat. Dem Metallurgen wird vorgeschrieben, in welcher Reinheit oder Zusammensetzung er die Metalle liefern solle — ob brandfein oder chemisch-rein, ob und in welchen Verhältnissen

---

[43]) Es fehlt aber dabei die Bestimmung: bei welcher Casse die zahlreichen im Umlaufe befindlichen Silbergroschen, deren Gepräge so gänzlich abgegriffen ist, daß es nicht mehr möglich ist, den Münzherrn derselben zu entdecken, umgewechselt werden sollen.

8

beschickt; ihm wird vorgeschrieben, wie er sich von der richtigen Ausführung der Vorschrift zu vergewissern habe, welches der verschiedenen Verfahren, welche die Probierkunst lehrt, — Strich- oder Cupellen- oder nasse Probe — er anwenden solle, um die Metalle genau in der geforderten Art dem Münzer liefern zu können. Dem Mechaniker wird vorgeschrieben, wie die Werkzeuge zum Münzen beschaffen sein und in Benutzung gesetzt werden sollen, damit sie das Äußere der Münzen in einer die Erreichung der vorgeschriebenen Zwecke sichernden Weise herzustellen vermögen; dem Münztechniker muß dann vorgeschrieben werden, was er machen soll. Wie er es mache, ist dann seine Sache zu wissen; er disponirt nicht, sondern führt nur aus. Die eigentliche Thätigkeit des Münz-Technikers beschränkt sich auf die mechanischen Verrichtungen des Gießens und Streckens der Zaine, des Ausstückelns und Justirens der Schrötlinge oder Platten und des Prägens derselben. Aber die Geldlehre hat jede dieser Verrichtungen durch ihre Vorschriften so zu leiten, daß das Werk allen Zwecken einer Münze thunlichst entspreche[44]). Diesen Zweig der Geldlehre könnte man die „Politik der Münztechnik" nennen.

Über diesen Gegenstand findet man wenig oder gar nichts in den Darstellungen der Geldlehre oder der Münzkunst, er bildet aber den hauptsächlichsten Inhalt einer Schrift von Karmarsch: „Beitrag zur Technik des Münzwesens" (Hannover 1856), welche indeß, da sie von Geldlehre und Geldgeschichte ganz absieht, alle praktische Betrachtung des Gegenstandes durch geistlose Zahlenklaubereien und arithmetische Spielereien und Spitzfindigkeiten, neben gänzlichem Übersehen der Standpunkte, von denen man stets und überall bei diesen Bestimmungen ausgegangen ist und verständiger Weise ausgehen muß, ersetzt, und damit die Fragen höchst einseitig und unpraktisch erörtert[45]).

---

44) Damit soll aber nicht gemeint sein, daß alle oben genannten Thätigkeiten nach dem Principe der Theilung der Arbeit unter verschiedene Personen zu vertheilen seien. Es sind die einzelnen Zweige der „Münzkunst" aufgezählt.

45) In fast Allem, was der Verfasser in Bezug auf Verkehr und Geldwesen, sogar gelegentlich hinsichtlich Epigraphik und Genealogie sagt,

Wenn das Münzsystem — Währung, Zählweise und Münzfuß — festgestellt ist, so ist zunächst zu bestimmen, was für

## a) Münzsorten

im Anschlusse an die Zählweise in jedem der drei Münz-Metalle auszumünzen seien, nämlich diejenigen Werthstufen zwischen der oberen und der unteren Rechnungs-Einheit, so wie die über der ersteren und unter der letzteren zu bestimmen, welche durch ausgeprägte Münzstücke vertreten werden sollen. Man könnte diesen Theil des Münz-Systems „das Münzen-System“ nennen.

Diese Zwischenstufen sind nämlich keineswegs ausschließlich Steigerungsstufen der unteren Einheit, wie in jener Schrift angenommen wird, für welche man daher bequeme Multiplicatoren ausfindig machen müßte, sondern sind auch Theilungsstufen der oberen Einheit. — Es kommen Münzen-Systeme vor, in welchen die Steigerungsstufen und die Theilungsstufen getrennte Reihen bilden — z. B. in Frankreich: 1, 2 und 4 Sous (= 5, 10, 20 Cent.) und 1, $1/2$, $1/4$ Franc (= 100, 50, 25 C.), oder in England, wo, mit nur einer Ausnahme, nur Theilstufen vorkommen: 1, $1/2$, $1/4$, $1/8$ Pfund (1 und $1/2$ Sovereign, 1 und $1/2$ Krone), 1, $1/2$, $1/4$, $1/8$ Schilling (Schilling, Sixpence, 3, $1^1/_2$ Pfennige), 1, 2, 4 Pfennige und 1, $1/2$, $1/4$. $1/8$ Pfennige[46]); eben

---

zeigt sich, daß er überall nur das res cognoscere, nie das rerum cognoscere causas übt, daß er nichts sieht, als was sich „auf der Wachtparade weiset“. Wo er denken sollte, da fängt er an zu zählen.

[46]) Alle diese Münzsorten sind in England wirklich ausgeprägt vorhanden, und es sind sogar noch Stücke zu 2 Schillingen hinzugekommen, die außerhalb obiger Zahlenreihen liegen, und, als $1/10$ Pfund, mehr der Weisheit der Theoretiker als dem praktischen Bedürfnisse ihre Entstehung verdanken.

Die 1- und 2-Pfennigstücke sind sogar zweifach gemünzt: von Silber und Kupfer. Allein fast gar nicht für den Umlauf bestimmt sind die $1/4$-Pfund-Stücke (Crowns), die meist nur ein einziges Mal unter jeder Regierung, (eigentlich nur zur Vervollständigung der Münzsammlungen) und die silbernen 1-, 2-, 3- und 4 Pfennigstücke (die Maundy-money), die nur zur Almosenvertheilung bei gewissen Hoffeierlichkeiten geschlagen werden. Die kupfernen Doppel-Pfennige sind wieder abgeschafft, und

so getrennt liegen die Stufen beider Arten durch einander bei der **preußischen** Scheidemünze: 1, 2, 4 Pfennige, 1, $^1/_2$, $^1/_4$ Silbergroschen[47]. Bei der Wahl aller dieser Werthstufen hat, wie man sieht, nie die Theorie der Gelehrten, sondern lediglich der gesunde arithmetische Menschenverstand gewaltet, denn sie beruhen sämmtlich auf dem Quartal-Systeme. Diesem Systeme gehört auch das norddeutsche System von 1, $^1/_3$, $^1/_6$ und $^1/_{12}$ Thaler, und das frühere französische von $^3/_4$, $1^1/_2$, 3, 6 Livres an, denn beide erklären sich historisch, als Bestandtheile früherer Rechnungsarten. Der norddeutsche Thaler ist ursprünglich ein Zählthaler zu $^3/_4$ des Reichs-Species-Thalers, dessen $^1/_2$, $^1/_4$, $^1/_8$, $^1/_{16}$-Stücke die $^2/_3$, $^1/_3$, $^1/_6$, $^1/_{12}$-Stücke jenes Zählthalers sind, der seit 1750 als „Preußischer Thaler" auch ausgemünzt wurde. Als aber der Thaler, seit 1622, zu 24 Groschen gerechnet wurde, bildeten jene Theilstücke zugleich Mehrstücke zu 2, 4, 8, 16 Groschen. — Und jene Theil- und Mehrstücke des Livre kommen daher, daß man in Frankreich den Écu zu 3 Livres zum Hauptmünzstücke machen wollte, und daher Stücke zu 2, $^1/_2$ und $^1/_4$ Écu ausprägte, wobei freilich die Hauptrechnungsmünze, das Pfund zu $^1/_3$ Écu, ganz unausgemünzt blieb und in Stücken zu $^3/_4$ und $1^1/_2$ Livres (= 15 und 30 Sous) gezahlt werden mußte. — Nach dem, von 1726 bis 1845 bestandenen Münz-Systeme der Lübischen Währung, in welcher das Quartal-System strengest durchgeführt war, münzte man, absteigend, Stücke von 2, 1, $^1/_2$, $^1/_4$, $^1/_{16}$, $^1/_{32}$ und $^1/_{64}$ Mark, die dann aber, aufsteigend, mit denen von $^1/_4$, $^1/_2$, 1, 2, 4, 8, 16 und 32 Schillingen identisch waren. Nachdem, durch früheren Scheidemünz-Unfug, der Schilling auf einen so geringen Werthbetrag herabgesunken war, daß dessen Zwölftel, der

die 4-Pfennigstücke (Groats — von anderem Volumen als die gleichwerthenden der Maundy-money) sind erst unter der Königin Victoria wieder eingeführt. — („Maundy-thursday" heißt der grüne Donnerstag — der Tag jener Almosenvertheilung.)

[47]) Wie man sagt, coursiren in der einen Provinz vorherrschend die Theilstücke des Silbergroschens, in der andern mehr die Mehrstücke des Pfennigs, was sich von den verschiedenen früher üblichen Münzsorten und Zählweisen herschreiben mag.

Pfennig, aus dem Rechnungs- wie Münzen-systeme ganz verschwand, münzte man Stücke zu ½ und ¼ Schilling (zu 6 und 3 Pfennigen); früher, als der Pfennig noch eine Hauptmünzsorte war, schlug man statt dessen Witten (zu 4 Pfennigen), wo also, sowohl beim früheren Aufsteigen als beim späteren Absteigen der Zahlen-Beträge, stets das Quartal-System maßgebend war. — Diesem und dem preußischen Münzen-Systeme ähnlich war auch das päbstlich-römische in den unteren Werthstufen, wo man Stücke zu 1, 2, 2½, 4, 5, 10 Bajocchi hatte, welche aber deren zu 1, 2, 4 Bajocchi und 1, ½, ¼ Paoli (zu 10 Bajocchi) waren. — Im russischen Münzen-Systeme hat man in der untersten Werthe-Region Stücke zu ¼, ½, 1, 2 und 3 Kopeken, in der mittleren deren zu 5, 10, 20 Kopeken, in der oberen deren zu 1, ½, ¼ Rubel (= 100, 50, 25 Kopeken). — Die süddeutsche und bis 1857 auch österreichische Zählweise ist die durch Karls des Großen Münzgesetz im größten Theile des westlichen Europas eingeführte von 1 Pfund zu 20 Schillingen zu 12 Pfennigen, nur daß hier das 4-Pfennigstück unter dem Namen „Kreuzer" zur Unter-Einheit geworden ist, und daß dann jene drei Stufen die Namen Gulden, Groschen und Viertel-Kreuzer erhalten haben [4a]). In diesem Münzen-Systeme finden sich, aufsteigend, Stücke zu 1, 2, 4, 8 Pfennigen (¼, ½, 1, 2 Kreuzer) und zu 1,

---

[4a]) Die Wörter „Pfund" und „Schilling" hatten die Bedeutung einer Stückzahl von 240 und 12, ganz so wie ein „Schock" oder „Dutzend", angenommen, daher man stets dabei sagte, was für Gegenstände damit bezeichnet seien, z. B. ein Pfund Pfennige, Heller, Tournois, Sterlinge u. s. w. Wenn „das Pfund", der Betrag von 240 Pfennigen, oder „der Schilling", der von deren 12, ausgemünzt wurde, — was bekanntlich erst seit dem 13. Jahrhunderte, als der Pfennig durch die officielle Falschmünzerei auf einen geringen Betrag herabgekommen war, geschehen ist —, so erhielt das Münzstück stets einen andern Namen, z. B. Florenus, Gulden, Franc, Réal, und noch neuerlich wieder Sovereign. Der „Gulden" gilt = 1 Pfund, der Franc oder Sovereign = ein Livre. Der ausgemünzte Schilling hieß: Groschen. Als man in England und Hamburg die ersten Schillinge münzte, war dort diese Unterscheidung bereits ungebräuchlich geworden.

2, 4, 8 Groschen (3, 6, 12, 24 Kreuzer), dann, absteigend, zu 1, $^1/_3$, $^1/_6$ Gulden (60, 20, 10 Kreuzer) oder auch zu 1, $^1/_2$, $^1/_4$ Gulden. An beiden Systemen kann man deutlich erkennen, daß der obere Theil, die Rechnungsart für den größeren Verkehr, mit der unteren, der des kleineren, in gar keinem Zahlen-Zusammenhange zu stehen braucht, denn die Unterstufen der ersteren — 20, 10 — lassen sich mit den Oberstufen der letzteren — 3, 6 — in ganzen Zahlen nicht verbinden. — Bei der österreichischen Conventions-Währung erschienen die Stücke zu 20 und 10 Kreuzern als Theilstücke des Guldens, bei der rheinischen, wo dieselben Stücke den Nominal-Werth von 24 und 12 Kreuzern erhielten, erschienen sie als Mehrstücke des Groschens (4, 8 Groschen). Indessen sind in Süddeutschland ebenso wenig als in Norddeutschland diese Theil- und Mehrstücke ausdrücklich für die angenommene Zählart wohl überdachter Weise ausgewählt; sie sind aus den vorgefundenen Münzstücken anderer älterer Systeme hervorgegangen.

Bei der Frage: was für Münzstücke eines gegebenen Münz-Systems auszumünzen seien, hängt es davon ab, ob Mehrstücke der unteren oder Theilstücke der oberen Rechnungs-Einheit und Mehrstücke der letzteren sich als zweckmäßig und praktisch brauchbar darstellen, und hierbei wird es dann fast allein auf den höheren oder geringeren Werthbetrag der oberen Rechnungs-Einheit ankommen. England und Frankreich haben ein- und dasselbe Rechnungs-System, aber die obere Einheit desselben beträgt, in Folge der durch Jahrhunderte fortgesetzten Verschlechterung der Münzen, in England das $25^1/_4$-fache des französischen. Der englische „Thaler" (Crown) ist das Viertel des englischen Livre, der französische das fünffache des französischen; das Zwanzigstel des englischen Pfundes (der Shilling) steht der Einheit des französischen (dem Franc) dem Werthbetrage nach ziemlich nahe. — Diese Unterschiede muß man im Auge behalten, wenn man die Frage beantworten will, ob es besser sei, zwischen den Schilling und die Crown oder den Franc und den Cent-sous ein Mittelstück von 2 oder eins von $2^1/_2$ einzuschieben, ob es besser sei, Stücke von 2 Schillingen, statt der von $2^1/_2$, und Stücke von $2^1/_2$ Franc, statt der von 2, zu machen. Beides muß verneint werden, denn Theilstücke von $^1/_8$ Pfund

(2½ Schilling) stehen in übersichtlicherem Verhältnisse zu ihrem Ganzen, als die von 2 Schilling (1/10 Pfund), so wie 2 im übersichtlicheren zu 1 Franc als 2½ zu 1.

Es muss hierbei also unterschieden werden: ob Mehr- ob Theilstücke, ob obere ob untere Region des Rechnungs-Systems. Aber man sollte stets dabei berücksichtigen, daß das Verhältniß von 1 : 5 ein unanschauliches ist, und daß überall die Zahl 4 als Multiplicator wie als Divisor (also: 1, 2, 4, oder 1, ½, ¼) der Zahl 5 bei Weitem vorzuziehen, oder vielmehr daß letztere der ersteren gegenüber unbedingt zu verwerfen ist (also nicht: 1, 2½, 5, oder 1, ½, 1/5). Indessen hängt es bei Anwendung solcher Grundsätze, wie gesagt, davon ab, ob die Rechnungs-Einheit ein hoher oder ein niedriger Werthbetrag ist; um etwas allseitig praktisch brauchbares zu schaffen, würde man diesen Werthbetrag selbst müssen bestimmen können; es ist Quacksalberei, über die besten Theil- und Mehrstücke des Franc und des Sovereign zu grübeln, da beide übel gewählte Einheits-Größen — jene zu klein, diese zu groß — sind. — Sodann kommen auch die oben besprochenen Zahlenverhältnisse eigentlich nur bei der vollständigen oder theilweisen Decimal-Zählung (1 : 100 oder 1 : 20) in Frage. Bei dem reinen Quartal-Systeme ist hinsichtlich der Mehrstücke der Unter-Einheit und sämmtlicher Theilstücke gar keine Wahl übrig.

Allgemein praktische Grundsätze über die Wahl der Zahlenbeträge lassen sich also nur sehr wenige aufstellen, weil es hierbei auf die Zählweise — ob decimal oder quartal oder duodecimal —, auf den größeren oder minderen Betrag der oberen Rechnungs-Einheit und darauf: ob die Werthbeträge in der Region der höheren oder der minderen Werthe liegen, ankömmt. — Zweckmäßig ist, daß die Mehrstücke der oberen Rechnungs-Einheit einer Zahl entsprechen, die in 100 aufgeht, da alle größeren Summen nach Hunderten gezählt und gezahlt werden[49]). Stücke zu

[49]) — doch will ich hierbei die Bemerkung mittheilen, daß die Landleute in der Gegend von Hannover die Thaler oft nicht Hundert-weise, sondern Stiegen-weise zählen. Man hört: „5, 10 Stiege Dalers“, auch: „'ne halbe Stiege Dalers“.

4, 5, 10, 20 Ober-Einheiten sind bequem, und zwar sind hier vielleicht die zu 5 denen zu 4 vorzuziehen, da sich mit ersteren auch halbe- und viertel-hundert bilden lassen. Die Hamburger Thaler zu $2^1/_2$ Mark sind bequem, da ihrer 40 = 100 Mark sind. Das sächsische Project: den Drittelthaler zur oberen Rechnungs-Einheit zu machen, ist auch insofern tadelnswerth, als die Hauptmünze des Systems, der Thaler, deren 3 enthält, und 100 jener Marke sich nicht in Thalerstücken zahlen lassen. Ebenso unbequem war in dieser Hinsicht der französische Laubthaler zu 6 Livres.

Die unterste Einheit muss unerläßlicher Weise einen so hohen Betrag bilden, daß sie noch in 4 Viertel, die der größere Verkehr ihrer Geringfügigkeit wegen nicht zu beachten braucht, wie die Kopeke in 4 Poluschken, der Sou in 4 Liards, zerfallen könne. — Was die zwischen der unteren und der oberen Rechnungs-Einheit liegenden Werthstufen betrifft, so sind die zu $^1/_3$ und $^1/_6$ der obern Einheit weniger bequem, so bald sie nicht auch eine Vervierfachung unterer Einheiten enthalten. Die Stücke zu $^1/_3$ und $^1/_6$ Thaler waren gut gewählt, so lange sie zu 8 und 4 Groschen gerechnet wurden. Für decimale Rechnungs-Systeme sind alle Stücke zu 5, 25 und 50 Unter-Einheiten durchaus nicht zu empfehlen, da sie nur Theilstücke der obreren, aber keine Mehrstücke der unteren Einheit bilden, und sie als erstere eigentlich fast ganz entbehrlich sind, dagegen — vom Gesichtspunkte der praktischen Bequemlichkeit aus — vervierfachende Mehrstücke der unteren Einheiten fast unerläßlich sind. Stücke zu 20 und 40 Kopeken dürften daher denen zu 25 und 50 vorzuziehen sein; denn so wünschenswerth es, wie gesagt, ist, daß die Mehrstücke der oberen Einheit in 100 aufgehen, so ist dies bei den Mehrstücken der unteren Einheit sehr gleichgültig, da bei ihnen nur ihr Verhältniß zu der unteren in Frage kömmt, und sich bei dem Decimal-Systeme die Rücksichten auf beide Einheiten, nicht wie bei dem Quartal-Systeme, mit einander vereinigen lassen. Eben deshalb würden Münzstücke zu 8, 12, 16 Kopeken durchaus nicht verwerflich [30]) sein, und deshalb

[30]) Werthe von 4, 8, 12 Sous kommen im Verkehre, — wenigstens im kleinen — weit öfter vor, als von 5 und 10 Sous ($^1/_4$ und $^1/_2$ Franc).

sind auch Stücke zu 3 Kopeken, obgleich sie im Rubel nicht aufgehen, eine sehr bequeme Münzsorte, zumal da sie, als Stücke von 12 Poluschken, noch einen leisen duodecimalen Anklang in das Zähl-System bringen. In der österreichischen und sardinischen Lombardei, auch im Königreiche Westfalen, hatte man Stücke zu drei Centesimen, die dem kleinen Verkehre sehr ersprießlich und brauchbarer waren, als deren zu 4, namentlich aber zu 5 derselben. Auch das österreichische Münzgesetz hat Kupfermünzen zu drei Decimal-Neukreuzern zugelassen, und ebenso das nord-americanische zu 3 Cents, deren zum Gulden und Dollar freilich nicht passendes Verhältniß im Verkehre niemals in Frage kömmt, weil zwischen beiden die Schranken liegen, welche den großen und den kleinen Verkehr von einander trennen. — Hiernach darf man — beispielsweise — im russischen Münz-Systeme die Werthbeträge von $^1/_4$, $^1/_2$, 1, 2, 3, 10, 20, 100 Kopeken für die den Interessen des größern und kleinern Verkehrs am besten entsprechenden Münzstücke halten. Dies gilt auch von allen den Systemen, in denen die obere Rechnungs-Einheit aus einem Werthbetrage von 15 bis 25 Grammen Silber oder 1 bis $1^1/_2$ Grammen Gold besteht und die Decimal-Eintheilung bestimmt ist; denn nur bei einem derartigen Werthbetrage — Rubel, Scudo, Dollar, Cent-sous — wird sich die Unter-Einheit des größern Verkehrs noch in vier, für die Bedürfnisse des kleinern Verkehrs weder zu große noch zu kleine Viertel theilen lassen. Bei denjenigen decimalen Rechnungs-Systemen, deren Ober-Einheit weniger als 15 Gramme beträgt, werden gewiß Münzstücke zu 4 Unter-Einheiten, wie die von 1860 an in Österreich, im Verkehre brauchbarer sein, als deren zu 5.

Die Aufgabe bei Aufstellung eines Münzen-Systems und bei Bestimmung der auszuprägenden Münzstücke, wird sein: dem größeren Verkehre die Vortheile der Decimal-Rechnung, dem kleineren wo nicht die des Duodecimal-, doch des Quartal-Systems zu gewähren, sodann hinsichtlich der Mehrstücke der oberen Rechnungs-Einheit das hundertweise Zählen größerer Summen, für alle übrigen Münzstücke aber lediglich den kleinern Verkehr und die diesem ausschließlich zusagenden Zählweisen zu berücksichtigen. Diese allein sind die in Frage stehenden praktischen Gesichtspunkte.

Insbesondere von dem letzteren Gesichtspunkte aus wird die Anordnung der auszuprägenden Münzstücke in der erwähnten Schrift von Karmarsch sehr ausführlich besprochen, wo als Haupt-Rücksicht hervorgehoben wird, daß „zur bequemen Ausführung aller, beson„ders aber der kleineren Zahlungen ein Münz(en)-System sich „desto mehr empfehle, je weniger Geldstücke und je weniger „verschiedene Sorten zur Bildung eines jeden Betrages erfor„dert werden, auf je mehr verschiedene Arten es aber zugleich „die Zusammensetzung eines bestimmten Betrages zuläßt." Die Schrift verliert sich über diese Frage in wüste, unendlich ausführliche Zahlenklaubereien, namentlich um auszuführen, daß die französischen Mehrstücke 1, 2, 5 Franc in obiger Hinsicht den englischen 1, $2^1/_2$, 5 Schillingen vorzuziehen seien — wobei denn gänzlich übersehen wird, daß erstere Mehrstücke, letztere aber Theilstücke sind und sein sollen. Der Satz kömmt auch nur bei den „klei„neren Zahlungen" in Frage, — wo aber die Mehrstücke 1, 2, 3 noch weit mehr Combinationen gewähren würden, als jene drei Arten, — er ist aber praktisch ganz gleichgültig, da die in jenen Hinsichten zu gewährende Erleichterung der Zahlungen lediglich von den Münzstücken abhängt, die jeder Zahlende zufällig zur Hand hat, und bekanntlich die Leichtigkeit und Bequemlichkeit der Zahlung eben so sehr wie durch das Zahlen des Gebers, durch das Herausgeben des Empfängers vermittelt wird.

In jener Schrift sind sodann als „Bedingungen bei Schaf„fung eines zweckmäßigen und vollkommenen Münz-Systems" hinsichtlich der Münzsorten — neben den oben besprochenen — folgende aufgestellt:

Daß das System so wenig Sorten als möglich enthalte, also auch nicht Stücke von zu geringem Werthunterschiede neben einander. Bei dieser Forderung sind aber die oberen Beträge von den unteren sehr zu unterscheiden. Es ist ein Gewinn, eine große Bequemlichkeit für den kleinen Verkehr, daß geringere Münzsorten in vielen, nächst bei einander stehenden Sorten umlaufen. So die preußischen 1, 2, 3, 4, 6 Pfennig-, die russischen $^1/_4$, $^1/_2$, 1, 2, 3 Kopeken-Stücke. Hier kömmt es darauf an, jeden der kleinen Beträge, um die es sich handelt, durch ein Münzstück dargestellt zu haben. Um so lästiger sind dem größeren Verkehre die zahlreichen und an Werth sich nahestehenden Münzsorten, weil sie bei Anhäufung von Geldbeträgen weniger leicht Sorten-weise aus einander zu suchen sind — abgesehen von den Vortheilen, welche aus der mindern Mannigfaltigkeit der Sorten für die Münzanstalt hervorgehen. — Als eine Probe der Anzahl von Sorten, mit denen ein Münz- und Münzen-System ohne eine von den Zahlenden empfundene Unbequemlichkeit bestehen kann, will ich das Hannöversche Münzwesen von 1738 bis 1834 anführen. Man hatte allda freilich eine Menge von Münzsorten, die aber größtentheils in nur so geringer Menge vorhanden waren, daß sie theils überhaupt selten im Verkehre vorkamen, theils sich doch nie so anhäuften, daß irgend größere Summen darin gezahlt worden wären. Bei beträchtlicheren Zahlungen wurde nur nach der Goldwährung gerechnet, doch wurden wohl auch Summen von mehreren hundert Thalern in Silber gezahlt. Und zu allen diesen Zahlungen dienten bloß goldene Pistolen und silberne $^1/_{12}$-Thaler-Stücke: die sogenannte „Cassen-Münze“. An Scheidemünze liefen fast nur Stücke zu 1 und 2 Pfennigen aus Kupfer und zu 4 und 8 Pfennigen aus Billon um, so daß eigentlich der gesammte Geldverkehr durch 6 Sorten vermittelt wurde, von denen 4 sehr füglich hätten in Kupfermünzen bestehen können. Freilich sah man oft die Zahler große Tische mit $^1/_{12}$-Stücken, in Vierecken zu je 4 in 3 Reihen, belegen, und die Empfänger das Geld 5-Thaler-weise in Rollen wickeln, aber — so unbequem für beide es auch aussah — sie schienen keine Unbequemlichkeit zu empfinden. — Jedenfalls wird ein Münz-System, wenn die kleineren Beträge, wenigstens bis zu $^1/_2$ Gramm Silber, in Kupfermünzen dargestellt werden, nicht mehr als drei Sorten in Silber und höchstens ebenso viel in Golde bedürfen, und für die Bequemlichkeit des Verkehrs dürfte am Besten gesorgt werden, wenn beide minderen Sorten den kleineren Beträgen näher, als den größeren liegen, da, wie gesagt, der kleinere Verkehr die vielerlei Sorten liebt, die dem größeren vielmehr nur lästig sind und sich ihm daher entziehen, falls die Mehrheit derselben den kleineren Beträgen näher steht. Auch hiernach also würden in dem russischen Münz-Systeme die Stücke von 10, 20 und 100 Kopeken hinreichende Silbermünzen und die von 25 und 50 Kopeken weniger dem Verkehre zusagend sein. Bei einer Goldwährung, bei welcher Beträge unter 2 Gm. Gold ausgemünzt sind, werden größere Silbermünzen völlig entbehrlich, und in Nord-America wie in Frankreich dürften als Silbermünzen Stücke von 10 und 20 Cents oder Sous (zu $^1/_2$ und 1 Franc) völlig ausreichend sein.

Diesen Ansichten entgegen war früher eine größere Mannigfaltigkeit der Münzsorten beliebt; doch scheint diese Mannigfaltigkeit auf den ersten Anblick größer, als sie wirklich war, denn theils wurden viele dieser Sorten nicht für den allgemeinen Umlauf, sondern in geringen Mengen für besondere Zwecke gemünzt, — wie z. B. vor 1857 in Hannover Halb-Pistolen nur geschlagen wurden, um den Inhabern von auf Thaler der Goldwährung lautenden Staatsschuldscheinen bei Zinszahlungen die etwa vorkommenden Beträge von $2^1/_2$ Thalern noch in Golde zahlen zu können, die aber auf andere Weise gar nicht in Umlauf kamen — theils waren die verschiedenen Sorten für ganz verschiedene Gegenden eines Landes bestimmt, wenn in solchen entweder von Altersher verschiedene Zählweisen herrschten, — wie man z. B. in Hannover noch 1823 die dem hannöverschen Münzen-Systeme ganz fremden $^1/_2$ und $^1/_4$ Stüver-Stücke für Ostfriesland, oder wie man daselbst im 18. Jahrhunderte Stücke von $^1/_{24}$ und $^1/_{48}$ Thaler, neben den $^1/_{36}$ und $^1/_{72}$ der allgemeinen Zählweise, erstere als Schillinge und Doppelschillinge für die Gegend an der Elbe, schlug, — oder für Gränzgegenden, behuf Ausgleichung mit den Münzsorten des Nachbarlandes — wie man z. B. in Hannover im 18. Jahrhunderte Stücke zu $1^1/_2$ und $4^1/_2$ Pfennigen schlug, die in dem größten Theile des Landes gar keinen Umlauf haben konnten [51]). — Es sind noch im 19. Jahrhunderte in Österreich und Rußland

[51]) In Braunschweig wurden 1792 Stücke zu $2^1/_2$ Pfennigen gemünzt, weil 1 Quartier Bier 5 Pfennige kostete, und ärmere Leute gern $^1/_2$ Quartier kaufen mochten (Schmieder Handwörterb. der Münzk. Nachtrag S. 47). Ähnliche Veranlassungen werden die mehrfach geschlagenen Stücke zu $1^1/_2$ oder $4^1/_2$ Pfennigen gehabt haben. Damals dachte man mehr an das Bedürfniß und die Bequemlichkeit des kleinen Verkehrs als an die „dekadischen Kategorien“!

verschiedenartige Münzsorten für die Lombardei, bezw. Polen und Georgien geschlagen, in denen man keine Vervielfältigung der Sorten des eigentlichen österreichischen oder russischen Münz-Systems muß erblicken wollen, obgleich genannte Sorten in Einheit mit letzterem stehen.

Die große Mannigfaltigkeit der Münzsorten, die noch während des 18. Jahrhunderts hie und da gleichzeitig unter dem Namen eines und desselben Münzherrn geprägt wurden, ist daher nur eine scheinbare, indem dieselben nicht demselben Münzsysteme angehörten, und nicht dazu bestimmt waren, durch einander umzulaufen. Die bei den damaligen politischen Zuständen Deutschlands oft so zerstreutete Lage der Besitzungen eines Münzherrn erforderte die gleichzeitige Ausmünzung nach verschiedenen Münz-Systemen. — Sodann war aber jedes Streben nach Einheit den Herrschern wie den Beherrschten im bei Weitem größten Theile Deutschlands noch völlig fremd; man verweilte noch in der aus dem Mittelalter überkommenen behaglichen Mannigfaltigkeit. Man wußte die durch Mannigfaltigkeit gewährte Freiheit nicht mehr zu würdigen, und hatte die durch Einheit gewährte Ordnung noch nicht allseitig kennen gelernt. Beide Principe wogten damals durch einander, aber keines an der rechten Stelle; wo Ordnung hätte sein sollen, da waltete die gemüthlichste Freiheit, und wo Freiheit hätte sein sollen, schwang die Ordnung ihr bleiernstes Scepter. Im 19. Jahrhunderte ist letzteres das überwiegende — das ausschließliche geworden!

Es ist sodann in Karmarsch's Schrift verlangt, daß in jedem Münz-Systeme ein großes und ein mittleres Haupt-Silberstück — ersteres jedenfalls nur da, wo Silberwährung herrscht — vorhanden sei. Daß aber eine solche Mittelsorte „sich in den kleinen Geld-„geschäften die vorzüglichste Stelle erringt, falls sie nicht gar bei-„nahe ausschließlich herrschend wird“, wie in Österreich vor 1857 das 20-Kreuzer-Stück, in Norddeutschland das $^1/_6$-Thaler-Stück u. s. w., ist vielmehr ein Gebrechen des Münz-Systems, dem durch nur spärliche Ausmünzung einer solchen Mittelsorte begegnet werden sollte! Diese Theilstücke der oberen Rechnungsmünze bilden stets eine schlechtere, geringere Währung, als die größeren Stücke, und stehen insofern der Scheidemünze wirklich gleich. Theils werden sie nach Inhalt der Münzgesetze, mit einem größeren Remedium an Schrot und Korn, als die Thaler- und Guldenstücke ausgemünzt, um die Münzkosten, die sich hauptsächlich nach der Anzahl der verfertigten Stücke richten, bei den geringeren Sorten zu mindern, theils sind jene Münzsorten durch die stärkere Beschickung mit Kupfer und — da sie für den kleinen Verkehr bestimmt sind — ihren raschern Umlauf von Hand zu Hand, dem Abgegriffenwerden mehr ausgesetzt, als die größeren Sorten. Es gilt also von ihnen ganz das, was bei der Scheidemünze unerläßlich ist: daß sie nicht über den nothwendigsten Bedarf des kleinern Verkehrs, behuf Zahlung der Beträge unter dem Thaler und Gulden, in Umlauf gesetzt werden. Wenn ihrer so viele vorhanden sind, daß sie sich anhäufen können und, in Rollen verpackt, zur Zahlung auch größerer Summen verwandt werden, wie es bekanntlich mit jenen beiden Mittelsorten ganz gewöhnlich der Fall gewesen ist, so ist die Währung verändert, das Münzwesen zerrüttet, und die großen und kleinen Münzsorten ein- und desselben Münzfußes haben einen Unterschied des Courses. — Bei der Goldwährung, wo alle Silbermünzen — große wie kleine — nur Scheidemünzen sind, kommen freilich diese Rücksichten nicht in Betracht. — Die preußische Münzverwaltung hat — vielleicht verlockt durch den bei größeren Remedien zu machenden Gewinn — $^1/_6$-Thaler-Stücke in übermäßiger Menge ausmünzen lassen, und dadurch, neben den Thalern, eine zweite, schlechtere Währung als Courant, hervorgebracht. Die neuen, streng nach dem Thalerfuße geprägten $^1/_6$-Stücke können sich daher neben jenen im Umlaufe nicht erhalten, und werden sofort von Speculanten eingeschmolzen. Es verräth daher große Sach-Unkunde, wenn Karmarsch (a. a. O. S. 48) meint, „aus „übergroßer Sparsamkeit" ließen manche deutsche Staaten Massen von Doppelthalern und Thalern, aber keine oder äußerst wenige $^1/_6$-Thaler „prägen, weil letztere für gleiches verarbeitetes Silbergewicht höhere „Kosten verursachen als erstere" — also eine Empfehlung eben desjenigen Verfahrens, durch welches viertehalb Jahrhunderte hindurch das deutsche Münzwesen in der Zerrüttung erhalten wurde! — Hoffmann spricht dagegen (Zugabe S. 37) von „den Sech-

„stelstücken, welche in viel größerer Anzahl vorkommen, als es eben „für denjenigen Theil des umlaufenden Zahlungsmittel nöthig wäre, „dessen eigentliche Bestimmung es ist, wechselsweise zur Zertheilung „der großen Zahlungen in kleine und umgekehrt zur Wiederher- „stellung großer Summen durch das Zusammenlegen vieler kleiner „Zahlungen zu dienen", und sagt (Geldlehre S. 102): „das Sin- „ken des Durchschnittswerthes der umlaufenden Zahlungsmittel ist „eben in Deutschland durch nichts mehr beschleunigt worden, als „durch die großen Ausprägungen von kleinem Courantgelde aus „stark legirtem Silber. Diese Geldstücke nutzten sich sehr viel „schneller ab, als grobes Courant, und wurden, durch das starke „Remedium und die geringe Sorgfalt der Prägung, auf den Geld- „märkten verdächtig." — Ferner sagt er (Zugabe S. 65): „Die „Metallmischung, woraus die ⅙-Thaler-Stücke bestehen, liegt dem „Billon sehr nahe; schon deshalb haben die älteren Stücke eine sehr „beträchtliche Abnutzung erlitten; überdies sind die älteren Stücke „mit wenig Sorgfalt geprägt, und wohl auch mit Benutzung eines „starken Remediums nicht vollhaltig ausgemünzt. Wenn das im „preußischen Staate umlaufende Zahlungsmittel an Metallwerth „noch merkbar unter dem gesetzlichen Münzfuße zurückbleibt, so liegt „es hauptsächlich an dem Einflusse, welchen dieser Theil darauf „ausübt." — Dieser Hoffmann war aber ein Mann von großer Sachkunde und zugleich im Besitze aller amtlichen Quellen, daneben aber sogar, seiner höheren dienstlichen Stellung wegen, sehr behutsam im etwaigen Mißbilligen der Maßregeln der preußischen Regierung in Münzsachen, also im Obigen gewiß nicht übertreibend.

---

Hier folgt eine vergleichende Nebeneinanderstellung der Werthbeträge der Silber-, Billon- und Kupfer-Münzsorten in den sechs bekannteren Münz-Systemen, mit Angabe dieser Werthbeträge in Grammen Silber. Kupfer-Münzen giebt es in diesen allen, Billon-Münzen nur in den drei deutschen. Die Münzsorten, die zugleich Rechnungs-Münzen sind, werden durch dickere Ziffern hervorgehoben; durch Quer-striche ist Silber, Billon und Kupfer von einander getrennt:

| England | Süddeutschland | Preußen rc. | Österreich | Rußland | Frankreich rc. |
|---|---|---|---|---|---|
| | | 2 ℛ 33,333 | | | |
| 5 ß 26,155 | | | | | |
| | | | 2 Fl. 22,222 | | 5 Fr. 22,500 |
| | 2 Fl. 19,046 | | | 1 R. 18,000 | |
| | | 1– 16,666 | | | |
| 2½– 13,077 | | | | | |
| | | | 1– 11,111 | | |
| | 1– 9,523 | | | ½– 9,000 | 2– 9,000 |
| | | ⅓– 5,555 | | | |
| 1– 5,231 | | | | | |
| | ½– 4,761 | | | ¼– 4,500 | 1– 4,300 |
| | | | | 20 K. 3,600 | |
| | | ⅙– 2,777 | ¼– 2,777 | | |
| 6 d 2,615 | | | | | |
| | ¼– 2,380 | | | | |
| | | | | | ½– 2,250 |
| | ——— | ——— | ——— | 10– 1,800 | |
| 4– 1,743 | | | | | |
| | | 2½ gr 1,388 | | | |
| | | | | | ¼– 1,125 |
| | | 2– 1,111 | 10 Kr. 1,111 | | |
| | 6 Kr. 0,952 | | | | |
| | | | | 5– 0,900 | 20 C. 0,900 |
| | | | | ——— | ——— |
| | | 1– 0,555 | 5– 0,555 | 3– 0,540 | |
| | 3– 0,476 | | | | |
| | | | ——— | | |
| | | | 4– 0,444 | | 10– 0,450 |
| ——— | | | | | |
| 1– 0,435 | | | | | |
| | | | | 2– 0,360 | |
| | | | 3– 0,333 | | |
| | | ½– 0,277 | | | |
| ½– 0,217 | | | 2– 0,222 | | 5– 0,225 |
| | ——— | ——— | | | |
| | | 4 ₰ 0,185 | | 1– 0,180 | |
| | 1– 0,158 | | | | |
| | | 3– 0,138 | | | |
| ¼– 0,108 | | | 1– 0,111 | | |
| | | 2– 0,092 | | ½– 0,090 | 2– 0,090 |
| | ½– 0,079 | | | | |
| ⅛– 0,054 | | | ½– 0,055 | | |
| | | 1– 0,046 | | ¼– 0,045 | 1– 0,045 |
| | ¼– 0,039 | | | | |
| | ⅛– 0,019 | | | | |

## b) Das Volumen der Münzen.

Volumen heißt die kubische Gestalt der Münzen: ihr Durchmesser und ihre Dicke zusammen genommen, nicht ihr kubischer Inhalt, denn der kann bei sehr verschiedenem Volumen der nämliche sein.

Die Gestalt der Münzen kann von zweierlei Gesichtspunkten aus betrachtet werden: von Seiten ihrer Wohlgefälligkeit und ihrer Zweckmäßigkeit. Über die erstere Eigenschaft der Gestalt hat die ästhetische Kritik, der Geschmack, zu urtheilen, — eine geistige Fähigkeit, mit welcher nicht Jedermann begabt ist, und die nicht jeder Begabte auch gebildet hat. — Ich will hier nicht eine Theorie des Schönen in Beziehung auf Münzen-Volumen schreiben — ich maße mir die Befähigung dazu nicht an; aber ich will Abwege andeuten, auf welchen jener Geschmack vielleicht verbildet werden kann.

Die antiken Münzen sind sämmtlich sehr viel dicker und die des Mittelalters sehr viel dünner als die neueren Münzen von gleichem Durchmesser. Im Alterthume wurden die laminae der Münzen gegossen, im Mittelalter wurden die Schrötlinge aus dünnem gehämmertem Blech mit der Scheere geschnitten, neuerlich werden sie aus gestreckten Zainen mittelst des Durchschnitts ausgestückelt.

Die antiken Münzstempel, welche auf massenreiche und dabei gußweiche Schrötlinge geschlagen wurden, konnten daher Typen von hohem Relief, namentlich rund modellirte Köpfe enthalten; die dünnen, fest gehämmerten Schrötlinge im Mittelalter konnten nur flachgeschnittene Typen — gothische Ornamente und Wappenschilder — aufnehmen. Auf neueren Münzen hat sich dann, sowohl hinsichtlich des Gegenstandes als des Reliefs der Typen, ein Gemisch, ein Mittleres aus jenen eigenthümlich gemacht. Dadurch hat sich nun das Auge des Numismatikers daran gewöhnt, die mehr den antiken nachgebildeten Typen auf dick-schmalen, die mehr dem Mittelalter angehörenden auf dünn-breiten Schrötlingen zu sehen; das in diesen Hinsichten nicht-homogen zusammengestellte mißfällt. — Das dem Auge Wohlgefällige beruhet daher bei den Münzen nicht sowohl auf dem Volumen an sich, als auf der Verbindung desselben mit den Typen. Die anscheinend dicken Kupfermünzen der Königin Victoria (vor 1860) mit antiken Typen sehen sehr gut aus; die verhältnißmäßig dünnen preußischen Kupfermünzen von 1821 an mit heraldischen Typen haben ein gefälliges Ansehen; die österreichischen von 1851 und 1860, dick mit flachem Wappen-Typus, sehen plump aus; mit Köpfen und Figuren von antiker Haltung und von starkem Medaillen-artigem Relief würde ihr Volumen unanstößig sein. Das Volumen der dünnen breiten französischen Kupfermünzen Louis Napoleons paßt wohl zu dem Mittelalterischen Binnenreife, der die Typen umgiebt, aber freilich nicht zu den letzteren. — In Bezug auf das Volumen des bloßen Schrötlings kann der durch die Bekanntschaft mit guten Mustern gebildete Geschmack noch kein Urtheil fällen. Zum Volumen müssen erst noch die Typen hinzutreten, damit durch die Harmonie beider das dem Auge Wohlgefällige erscheine.

Was die Zweckmäßigkeit betrifft, so ist man seit hundert Jahren immer mehr und mehr der Ansicht geworden, daß geringerer Durchmesser und größere Dicke dem größeren Durchmesser und der geringeren Dicke vorzuziehen sei. Die preußischen 1- und $^1/_6$-Thalerstücke von Friedrich II bis auf Friedrich Wilhelm IV veranschaulichen die Chronologie der Dogmengeschichte dieser Ansicht. — Die Wahl des Volumens ist aber keine gleichgültige.

Für die größere Dicke bei kleinerem Durchmesser sprechen folgende Gründe:

1) Je mehr sich die Gestalt des Münzstücks dem Kubus nähert, desto weniger Oberfläche hat es, desto weniger ist es der Gewichtsverminderung durch den Umlauf — der mechanischen Abreibung und der chemischen Abgreifung —, so wie der Münzfälschenden Abätzung ausgesetzt.

2) Bei größerer Dicke wird das Ausprägen einer Randschrift als Randverzierung möglich, neben welcher das betrügliche Beschneiden und Befeilen des Randes leicht bemerkbar, also erschwert wird.

3) Bei größeren Stücken wird durch größere Dicke ein unbequem großer Durchmesser vermieden, und

4) bei kleineren Münzen durch größere Dicke das Aufgreifen mit den Fingerspitzen wesentlich erleichtert.

Die Rücksicht, daß der dickere Schrötling den Stempeln mehr Masse zum Abdrucke des Gepräges darbiete, kömmt nur bei Medaillen, nicht aber bei den flachen Stempeln der Münzen in Betracht.

Umgekehrt sprechen andere und, wie mir scheint, gewichtigere Gründe für geringere Dicke bei größerem Durchmesser; nämlich:

1) Seitdem man in Indien die Raspel-Maschine erfunden hat, mittelst deren durch ein kleines in den Rand eingebohrtes Loch das gesammte Metall aus dem Innern der Münze herausgeraspelt wird, und die beiden Oberflächen mit dem übrigen unverletzten Rande als dünne Hülse stehen bleiben, die dann mit Blei ausgefüllt wird, so daß eine Spur des Loches sich schwer entdecken läßt, wird diese Art der Münzfälschung auch in England und Frankreich bei Gold- und Silbermünzen im großartigen Umfange getrieben. Kurz vor der Einführung der Goldwährung in Frankreich kamen bei der Bank in Paris in jedem Monate 2- bis 300 Stück silberne Fünf-Frankenthaler ein, die auf jene Weise inwendig mit Blei gefüllt waren (Num. Z. 1852, S. 191). Die Maschine arbeitet so subtil, daß auch die gar nicht sehr dicken Sovereigns diesem Aushölungsverfahren unterliegen.

Die ursprüngliche Heimat dieser Speculation verräth, daß sie durch die dicken schmalen Sicca- und Bombay-Rupien hervorgerufen wurde; das im 19. Jahrhundert eingeführte und allbeliebt gewordene Volumen der Gold- und Silbermünzen hat zu ihrer Übertragung nach Europa eingeladen. Sicherlich wird man einst von dem Volumen der Goldkronen und Doppelpistolen wieder zu dem der Ducaten und der österreichischen vierfachen Ducaten zurückkehren müssen.

2) Dünnere größere Münzen nehmen weniger Raum ein, als dicke kleinere von gleichem Kubik-Inhalte, oder vielmehr erstere nehmen entbehrlichen Raum ein. Die Münzstücke werden Stapel- oder Rollenweise auf- oder neben einander geschichtet; auf dieselbe Art liegen oder fallen sie im Geldbeutel, im Porte-monnaie, in

der Tasche zusammen. Ob die Stapel oder Rollen etwas dicker seien, ob der Raum im Porte-monnaie in der Höhe gefüllt werde, hat auf die Bequemlichkeit gar keinen Einfluss, wohl aber ist es angenehm und nützlich, bei gleicher Höhe der Stapel, bei gleicher Länge der Rollen und gleicher Dickleibigkeit der Porte-monnaie und Geldbeutel eine wesentlich größere Anzahl von Münzstücken darin verpacken zu können. — Die in dieser Hinsicht durch den größeren Durchmesser und geringere Dicke der Münzstücke gewährte Bequemlichkeit ist aber offenbar keine subjective, sondern eine höchst objective, pondere numero et mensura zu constatirende!

3) Dünnere Münzen sind weniger leicht durch Falschmünzer abzugießen und galvanoplastisch nachzubilden, als dickere, und beider Art Nachbildungen von dünneren Münzstücken sind als solche viel leichter zu erkennen, als die von dickeren.

Diese drei, durch den größern Durchmesser der Münzstücke gewonnenen Vortheile lassen sich bei geringerem Durchmesser durch nichts ersetzen, dagegen jene vier, die größere Dicke empfehlenden Erfolge sich auch auf andere Weise erzielen lassen.

Die Zunahme an Flächenraum, die sich der Abreibung und Abätzung darbietet, ist, bei vergrößertem Durchmesser des Münzstücks, eine verhältnissmäßig nur geringe, praktisch kaum in Anschlag zu bringende, zumal sich, ihr gegenüber, bei größerm Durchmesser auch die Oberfläche, die der Rand darbietet, vermindert. Sodann läßt sich diese Ober„fläche" — wenn auch nicht gegen die chemische Abgreifung und Abätzung, doch wenigstens gegen die mechanische Abreibung [52]) — wesentlich beseitigen durch

[52]) Nachträglich will ich hinsichtlich dieser Ab-greif- und -reib-ung noch anführen, daß die über den Umfang derselben in England gemachten Erfahrungen großentheils auf einem Irrthume beruhen. Vor der dortigen Reform des Münzwesens coursirten dort, neben den auf Goldwährung lautenden Banknoten, silberne Schillinge und Sixpence, als Scheidemünze, die durch den langen Umlauf so gelitten hatten, daß sich auf der bedeutenden Mehrzahl keine Spur von Gepräge mehr entdecken ließ. Nun giebt es ein Verfahren, um auf solchen Münzen das einstige Gepräge wieder sichtbar zu machen. Es ist nämlich an denjenigen Stellen, an denen das erhabene Gepräge stand, das Metall

die den Münzflächen gegebene etwas concave Gestalt, die, wenn auch nicht in so übertriebenem Grade, wie bei den englischen Kupfer-Penny's von 1806, bereits überall üblich geworden ist, bei welcher alle Reibung auf platten Flächen auf die dem Rande zunächst liegenden Theile der Oberfläche beschränkt wird, von denen sie obendrein noch durch das etwas erhöht liegende Stäbchen abgehalten werden kann. Diese Beckenform der Münzen wird von einigen Stempelschneidern, namentlich von Brehmer, mit großer Vollkommenheit so hergestellt, daß sie dem Auge fast unbemerkbar bleibt, und, während doch kein Theil des Typus das Stäbchen überragt, dennoch die Köpfe mit scheinbar starkem Relief hervortreten, indem das Profil des Gesichts sich stark erhebt, dann sich unbemerkbar beckenförmig wieder senkt, um in der Mitte das Ohr, scheinbar mit starkem Relief, wirklich aber nur in der Höhe des Profils, heraustreten zu lassen. Der von Voigt geschnittene Kopf auf den Geschichtsthalern König Ludwigs I von Baiern sieht dagegen wie stark abgegriffen aus. — Gegen die Abgreifung des Metalls (auf chemischem Wege) schützt freilich Beckenform und Erhöhung des Stäbchens minder; dieser läßt sich aber durch Vermünzung feiner, gar nicht mit Kupfer beschickter Metalle größtentheils vorbeugen.

Der Nutzen, den ein verzierter Rand gegen Beschneiden und Befeilen der Münzstücke gewährt, wird nicht durch Verhinderung dieser Fälschungsart, sondern nur dadurch gewährt, daß sie bemerkbar wird. Bemerkt wird sie aber dabei dennoch nicht sofort; das Münzstück geht vielleicht durch viele unschuldige Hände,

weniger zusammengepreßt und dicht, als an den anderen. Metall von verschiedener Dichtigkeit unterscheidet sich von einander durch die Farbe, die es beim Glühen annimmt. Macht man eine Münze jener Art auf einer glühenden Eisenplatte glühend, so unterscheiden sich die mit Relief bedeckt gewesenen Theile der Oberfläche durch helleres Roth von den übrigen (s. V.f.Mk. Bd. 1, Nr. 31). Dies Verfahren hat man auf jene englischen Silbermünzen angewandt, und gefunden, daß sie nie ein Gepräge gehabt hatten. Speculanten hatten sie in den nächst vorhergehenden Jahrzehenden fabrikmäßig als bloße Silberplatten verfertigt und in Cours gesetzt.

ehe sich ein Empfänger die Mühe giebt, den Rand zu beobachten. Eben deshalb enthalten die erhöheten Randschriften geradezu eine Einladung zur Münzfälschung, weil Niemand sie leicht vermißt. Münzsammler wissen, wie schwer es hält, Thaler aus dem vorigen Jahrhunderte, die mit erhöheter Randschrift versehen waren, in unbefeilten Exemplaren aufzutreiben, während die befeilten häufig zu haben sind. Die vertieften Randschriften nützen sehr wenig, da sie beim Prägen im Ringe größtentheils wieder zugequetscht werden. Die ganz unverständigen und thörichten gekerbten Ränder sind ganz ausdrücklich für die Feile des Fälschers vorbereitet, da sie von Haus aus völlig das Ansehen eines betrüglich gefeilten Randes haben. Aber die sinnreichste aller Randverzierungen, die der dänischen Pistolen, läßt sich, da der platt gequetschten Perlchen nur eine einzige Reihe zu sein braucht, auch auf sehr schmalen Rändern herstellen. Von den erst nach dem Prägen gepreßten Rändern braucht nicht noch die Rede zu sein, da die Prägung im Ringe längst die einzig angewandte ist. Letztere aber würde, falls nur die Stempel sorgfältig in den Ring eingeschliffen sind, völlig ausreichen, um in Hinsicht auf Beschneidung und Befeilung der Münze die Randverzierung zu ersetzen. Denn in diesem Falle beschädigt auch die geringste Verletzung des Randes das Stäbchen und den Perlenreif, was sehr viel mehr in die Augen fällt, als die Veränderungen an der Randschrift — vielleicht gar der vertieften. Die Ducaten mußten ihre altherkömmliche, strickförmige Rändelung beibehalten, da sie zum Handel mit Asien gemünzt werden, wo man sie bei verändertem Äußern nicht anerkannt haben würde. Hätte man auch sie im Ringe prägen dürfen, so würde das Beschneiden derselben, trotz ihrer geringen Dicke, sofort aufgehört haben. — Dagegen hat aber die Randverzierung eine neue Bedeutung und Wichtigkeit erhalten, seitdem durch Entdeckung der Galvanoplastik die Gefahr der Benutzung derselben zur Herstellung von Falschmünzen entstanden ist, aber, bei dem jetzigen Standpunkte dieses Verfahrens, eine falsche Münze durch dasselbe nur mittelst zweier zusammengelötheter Platten verfertigt werden kann, wobei jede Nachbildung der Randverzierung, wenn diese vorsichtig gewählt ist, ganz unmöglich wird. Der gekerbte Rand, welchen die

Münz-Techniker lieben, da er der einzige ist, der sich beim einfachen Prägen im Ringe anwenden läßt, der aber recht eine Einladung an die Münzfälscher zum Befeilen der Münzen enthält, eben so wie die vertieften Randverzierungen, namentlich die oft beliebten eingeschlagenen kleinen Vierecke, dürften auf den zusammengelötheten Rändern der galvanoplastisch verfertigten Falschmünzen am ehesten nachzumachen sein. Den sichersten Schutz hierbei scheinen die obendrein so zierlichen plattgequetschten Perlen der dänischen Pistolen zu gewähren, die — ich weiß nicht weshalb — bei anderen Münzen wenig Nachahmung gefunden haben.

Die angebliche Unbequemlichkeit der Münzen von größerm Durchmesser ist, als eine bloß subjective, die der Gewohnheit gegenüber gänzlich verschwindet, nicht hoch anzuschlagen; die größeren Stücke werden auch, beim Allgemein-werden der Goldwährung ungebräuchlich, denn wenn schon der Dollar und Centsous ausschließlich in Golde ausgeprägt wird, so können nur noch Silberstücke zu 50 Cents oder 40 Sous Platz im Münz-Systeme finden, die den, noch völlig innerhalb der Gränzen größter „Bequemlichkeit" liegenden Durchmesser von 33‴ gewiß nicht zu überschreiten brauchen. — Die kleineren Münzstücke, die doch weder ausgehölt noch eingerollt und aufgestapelt werden, können immerhin dicker gemacht sein, doch läßt sich auch ihnen der verhältnißmäßig größere Durchmesser ohne Nachtheil geben, wenn, bei der beckenförmigen Gestalt und dem erhöheten Stäbchen, der Rand aufgetrieben wird. Durch dies Mittel hätte den 1- und den 2-Centimen-Stücken Louis Napoleons eine weniger platte Gestalt verschafft werden können, wenn eine solche wünschenswerth wäre.

Eben dadurch, daß durch das Prägen im Ringe die Münze in der Mitte dünner und am Rande dicker gepreßt wird, entsteht ein Unterschied zwischen dem wirklichen Volumen des ungeprägten Schrötlings und dem scheinbaren Volumen des geprägten Münzstücks, und dadurch wird es ganz unstatthaft, mittelst arithmetischer Formeln [53]) Regeln über das zu beobachtende Verhältniß

---

[53]) Karmarsch hat zur Ermittelung der besten Verhältnisse des Volumens ein äußerst complicirtes Verfahren, welches er (Handbuch der mechan.

zwischen Durchmesser und Dicke der Münzen aufzustellen. Da bei diesem Verhältnisse das Gewicht des Stücks ganz gleichgültig ist, und es sich nur um die Dicke des Randes handelt, so würde nur die letztere in Frage kommen dürfen, und das gesuchte Verhältniß nur dadurch anzugeben sein, daß die Anzahl der Stücke, durch welche ein Stapel von einer dem Durchmesser gleichen Höhe zu bilden ist, bestimmt und also angegeben wird, wie oft die Dicke — nicht des Schrötlings, sondern des, durch willkürliche und zufällige Ausführung des Stäbchens auf den Stempeln entstandenen Randes in dem Durchmesser enthalten sei[54]. Daß die Dicke vielleicht nicht bei allen Münzstücken und nicht an allen Stellen des Randes genau eine und dieselbe sei, würde darauf wohl keinen bemerkbaren Einfluß haben. — Allein eine allgemeine, durch irgend

---

Technologie, 3. Ausg. I, S. 542) folgenderart angegeben: „Eine gute „praktische Regel zur Berechnung des zweckmäßigen Durchmessers einer „Münze aus dem vorgeschriebenen Gewichte und durch folgende Formel „ausgedrückt:

$$D = \frac{P}{\sqrt[3]{N}}$$

„worin D den gesuchten Durchmesser in Millimetern, N die Anzahl „Münzstücke auf 1 rauhe Mark Köllnisch, und P eine aus der Erfah„rung abgeleitete Zahl bedeutet. P ist zu setzen:

| | |
|---|---|
| für Gold durchgehends . . . . . . . . . | = 70 |
| für Silber bis 15 Stück auf 1 mK . . | = 75 |
| „ „ über 15 St. bis 50 St. . . | = 80 |
| „ „ über 50 St. bis 100 St. . | = 85 |
| „ „ über 100 St. auf die mK . | = 90 |
| für Kupfer durchgehends . . . . . . . | = 80 |

„Man wird also aus der Zahl, welche angiebt, wie viel Stück der Sorte „auf 1 mK Brutto gehen, die Kubikwurzel ziehen und mit dieser in „die dem Falle entsprechende der vorstehenden Zahlen dividiren, um als „Quotienten die Zahl von Millimetern zu erhalten, welche den angemessen„sten Durchmesser des Münzstücks ausdrückt. Diese Berechnung ist an „den schönsten Münzen der gegenwärtigen Zeit erprobt."

In der Schrift „Beitrag zur Technik des Münzwesens" ist dieses ebenfalls mit großer Weitschweifigkeit (S. 21—32) besprochen.

[54]) Der Durchmesser der norddeutschen Thaler ist seit 1857 = 33‴. Genau so hoch ist ein Stapel von 13 neugeprägten Hannöverschen Thalerstücken.

eine Zahl oder Formel festzusetzende Vorschrift ist in Bezug auf Wohlgefälligkeit ganz unstatthaft, weil sie, wie oben erwähnt, zur Geschmacklosigkeit führen kann, in Bezug auf Zweckmäßigkeit aber sehr entbehrlich, da, abgesehen von der nur scheinbaren Dicke, in dieser Hinsicht ein Paar Millimeter mehr oder weniger gar keinen Nutzen oder Nachtheil bringen können. Diese arithmetische Theorie läuft auf eine unfruchtbare, geistlose Pedanterie hinaus.

Dagegen gewiss richtiger Weise wird für jede der verschiedenen Münzsorten eines Münz-Systems ein so verschiedener Durchmesser gefordert, daß ihre Verwechslung ausgeschlossen werde. Dem wird nun bereits genügt, wenn nur möglichst wenige Sorten vorhanden und diese sich im Werthe nicht all zu nahe stehen, wie es z. B. die ¼ und ⅕ Francs, die 2 und 2½ Silbergroschen thun. Ein richtiges Größen-Verhältniss wird aber immer nur unvollkommen auszuführen sein, wenn die Silbermünzen von verschiedener Beschickung sind. Die Hannöverschen 1- und 2½-Groschenstücke, zu 220 und 520 Tausendsteln Feingehalt stehen sich an Gewicht (2,196 und 2,670 Gm.) und Durchmesser (18½ und 20‴) außer Verhältniss gegen ihren Silberinhalt (0,483 und 1,388 Gm.) nahe, wiewohl dessenungeachtet Stücke beider Sorten schwerlich je mit einander verwechselt sind. Die älteren preußischen ⅙ sind von gleicher Größe mit den späteren sächsischen ⅓-Stücken. — Aber was kann denn auch nur bei diesen vielerlei Billon-Gehalten Vernünftiges heraus kommen?

Zu den theoretischen, praktisch freilich weniger empfindbaren, wenn gleich bei Aufstellung eines ganz neuen Münz-Systems füglich zu berücksichtigenden Verbesserungen gehört, daß die sämmtlichen Münzstücke alle drei Metalle von verschiedenem Durchmesser sind. Es wird dadurch verhindert, daß sich etwa vergoldete oder versilberte Kupferstücke in die Geldrollen unbemerkt einmischen. Solche Verbesserungen lassen sich freilich den schon bestehenden Münz-Systemen nicht einfügen. Aber die Verwechslungen von Münzstücken finden nicht sowohl durch die Ähnlichkeit der Durchmesser als durch die der Gepräge statt. Bei den Bremer Halb-Groten von 1841 wurde der Betrug durch Versilberung derselben möglich, nicht weil sie gleiche Größe, sondern weil sie, bis auf die Werthziffer, ganz gleiche Typen mit den 6-Grote-Stücken hatten. Auch die sächsischen Neugroschen und Pfennige sind sich an Gepräge ganz gleich.

Wesentlich bleibt, daß der für eine Münzsorte einmal angenommene Durchmesser bei allen Ausmünzungen unverändert beibehalten werde. Daß der Wiener Vertrag von 1857 den 1817 eingeführten Durchmesser des zwölflöthigen Thalers von 34 Millimetern auf 33 für die $^{9}/_{10}$ feinen herabgesetzt hat, gehört zu den Bestimmungen, für welche wenig, gegen welche vieles spricht.

### c) Das Gepräge der Münzen.

Das Gepräge der Münzen besteht aus Bild und Schrift. „Typus" ist eigentlich das Gepräge überhaupt, bezeichnet nach gewöhnlichem Sprachgebrauche aber bloß das Bild.

Das Bild kann in ästhetischer Hinsicht, seiner Erfindung nach, — in plastischer, seiner Zeichnung nach, — in kunsthistorischer, seinem Style nach, — in glyptischer, seiner Ausführung nach, — in historischer, seinem Gegenstande nach, — in technischer Hinsicht, seiner Zweckmäßigkeit nach, in Betracht kommen; eine Münze ist ein Kunstwerk, ein Denkmal, ein Fabricat, und, wenn es sich bloß um die Schrift handelt, ein geaichter Barren. — Die Geldlehre hat nun mit der Poesie gar nichts zu schaffen — sie behandelt ja eben den unseligen Gegenstand, bei welchem alle Gemüthlichkeit aufhört; sie kann die Ästhetik völlig entbehren, und nimmt die Beihülfe der Kunst nur für einen mehr untergeordneten Zweck in Anspruch; die Geschichte — wenn gleich die Geldlehre selbst weiter nichts ist oder sein sollte, als eine systematisch geordnete Geldgeschichte, — bleibt ihr fremd; aber der Technik hat sie mancherlei Vorschriften zu ertheilen, in sofern durch Einrichtung des Gepräges sowohl der Falschmünzerei und Münzfälschung, als auch der Abgreifung und Abreibung des Metalls, in allen diesen Hinsichten also der Zerrüttung des Münz-Systems vorgebeugt werden kann.

Gold- und Silber-Barren müssen, um von Hand zu

Hand als Geld gehen zu können, mit einer Aichmarke versehen sein, aus welcher ihr Schrot und Korn — ihr Gewicht und ihr Feingehalt — hervorgeht. Wenn Münzen nichts weiter sein sollen als geaichte Barren [55]), so werden diese Atteslate wohl der wesentlichste Bestandtheil ihres Gepräges sein müssen. Karmarsch spricht (a. a. O. S. 50 fg.) ausführlich über den desfallsigen Inhalt der Gepräge, und indem er Angabe von Schrot, Korn und Nennwerth der Münzen für dasselbe fordert, meint er: „daß eine „Münze, der alle Hindeutung auf Gehalt, Werth und Benennung „fehlt, Einen ungefähr wie ein menschliches Wesen gemahnt, welches „sein Geschlecht, seinen Stand, Rang und Namen geheim hielte, und „mit dem doch ein jeder tagtäglich verkehren sollte". — Ein ungeheuer hinkender Vergleich! — Den Kenner der Geldgeschichte und Münzkunde gemahnen vielmehr die mit allen Aichmarken versehenen Münzen wie ein Frauenzimmer, welches Jedem mit einem polizeilichen Gesundheits-Atteslate entgegenkömmt! In Deutschland wenigstens. Denn der Gewinn, um deß Willen schon vom Mittelalter an deutsche Münzherren das Münzrecht ausgeübt hatten, steht dem des Kupplers und Bordellwirths an Ehrenhaftigkeit ganz gleich. Der Engländer hat von jeher niemals erst nach der Aichmarke gefragt, ehe er sich mit einer Münze einließ. Nur in Deutschland allerdings mußte man sich vorsehen, wo sogar diese Atteslate gefälscht wurden! [56]) Wenn das Münzwesen unveränderlich

---

[55]) Nach Mone, der häufig überraschend interessante Etymologien ergründet, kömmt aichen von aequus — aqua (Zeitschr. f. G. d. ObRheins. 10, 22).

[56]) Das monströseste Beispiel einer solchen Fälschung ist wohl das Wort „Conventionsmünze" auf den Hannöverschen Gulengroschen von 1817 bis 1834, deren, anstatt jener Inschrift entsprechend für 13⅓ Thaler, erst für 16 Thaler eine feine Mark enthielten, durch welche der Leipziger Handelsstand arg betrogen wurde. Diese Fälschung ist damals aber durchaus nicht aus Unredlichkeit der Regierung, sondern nur aus äußerster Einsichtslosigkeit verübt. — Nicht aber läßt sich dasselbe von der Braunschweigischen Regierung sagen, welche ihre Doppel-Pistolen, um sie nach einem schlechteren, 1835 gesetzlich abgeschafften Münzfuße ausprägen zu lassen, fortwährend fälschender Weise mit der

ehrlich getrieben wird, dann sind die „Aichmarken" ganz überflüssig. Schrot und Korn der Münzen ersieht der, welcher sich damit bekannt machen will, aus dem Münzgesetze, und den Nennwerth der Stücke ersieht man aus der Farbe und Größe derselben. Die unendliche Mehrzahl der mit den Münzstücken Verkehrenden hat in den Schulen nie gelernt, die Antiqua-Versalen der Münz-Umschriften zu lesen. Und ob die Croaten und Panduren mit ihren Studien der dekadischen Kategorien fürs erste dahin gelangen werden, zu dechiffriren wie viel $^{5}/_{10}$ Neukreuzer sein sollen, das ist mir ziemlich unwahrscheinlich. Aber auch unter den minder Ungebildeten giebt sich Niemand die Mühe, die Abbreviaturen und Zahlen zu lesen, in denen das Schrot und Korn angegeben wird, und wer sie etwa lieset, versteht sie schwerlich, da die Angaben in einer von der Ausdrucksweise des gemeinen Sprachgebrauchs ganz abweichenden Form von Brüchen [57]) der Gewichts- und Probier-Mark angegeben zu werden pflegen, deren Verständniß Sachkunde voraussetzt. Ja, was das allerschlimmste ist: die wenigen Sachkundigen, die aus dem Einschmelzen der Münzen ein einträgliches Gewerbe machen, trauen niemals den Bezeichnungen — denen des Korns — die die Münzen, namentlich die vielerlei Piastersorten, angeben, und wägen und probieren erst vorsichtig, ehe sie sich mit einer Münzsorte einlassen. — Wenn freilich der Münzfuß häufig und sehr bedeutend, wie bei den österreichischen und russischen Kupfermünzen, verändert, oder wo plötzlich, wie 1860 in England, das Gewicht derselben auf genau die Hälfte herabgesetzt wird, da mag wohl die Angabe des Nennwerths auf denselben in recht großen Ziffern oder deutlichen Umschriften Anfangs unerläßlich sein. — Nur in Deutschland war man so sehr an Münz-Anarchie und Münzbetrug gewöhnt, daß die Aichmarken für ganz nothwendige

---

Jahrszahl 1834 versehen ließ! — Den Gegensatz zu solchen officiellen Lügen bildet die fast possierliche Ehrlichkeit der Niederländer, die von 1817 an auf ihren Goldmünzen das — natürlicher Weise nur gesetzliche Gewicht jedes Stücks bis auf Ein-Zehntel-Milligramm — wahrscheinlich zu Jedermanns beliebigem Nachwägen! — angeben.

57) „30 ein Pfund" ist unverständlich; es müßte heißen: „$^{1}/_{30}$ Pfund".

Bestandtheile des Gepräges gehalten wurden. Nur da besteht ein ehrliches und wohlgeordnetes Münzwesen, wo solche überflüssig sind und deshalb interessantere Inschriften an ihre Stelle treten können.

Wenn gleich der Inhalt und Gegenstand des Gepräges, so weit dieses nicht bloß aus Aichmarken besteht, nur die Münze, nicht das Geld, betrifft, so darf die Münz-Politik dennoch die glyptische Seite desselben nicht unberücksichtigt lassen. Wenn das Gepräge aus weiter nichts als aus plumper Gürtlerburschen-Arbeit besteht, so ist damit das Gewerbe der Falschmünzerei nicht bloß erleichtert, sondern meist erst hervorgerufen; bestehen aber die Gepräge aus glyptischen Kunstwerken, so werden nur Künstler, die selten sind, mit einiger Hoffnung auf das Gelingen täuschender Nachahmung sich mit dem Falschmünzergewerbe beschäftigen können. Einen vollständigen Schutz vermag freilich die glyptische Kunst nicht zu gewähren, denn auch die durch Schönheit des Stempelschnitts ausgezeichneten englischen Münzen sind durch täuschend ähnliche Gepräge nachgefälscht. Wenn daher kunstvolle glyptische Arbeit die Falschmünzerei nicht ganz ausschließt, so vermindert sie doch dieselbe, indem sie die Anzahl der Falschmünzer auf Wenige beschränkt.

Wenn man keine durchgreifenden Mittel ausfindig machen kann, um die Falschmünzerei zu verhindern oder doch auf einen im Allgemeinen nicht mehr schädlichen Umfang zu vermindern, so bleibt es immer ein etwas trauriger Trost, daß es Mittel giebt, mit deren Hülfe verübte Falschmünzerei entdeckt werden und durch deren Anwendung man die im Umlaufe befindlichen Falschmünzen von den ächten unterschieden kann. Man hat in dieser Hinsicht besonders Werth auf das bei Verfertigung der Münzstempel angewandte Senkungsverfahren gelegt, bei welchem die Münzstempel nicht, wie ehemals, einzeln geschnitten werden, sondern mittelst einer erhaben geschnittenen Patrize vertieft geprägt werden, wo dann durch die entstandenen vertieften Matrizen weitere erhabene Patrizen und so immer weitere Stempel beider Art ins Unendliche geprägt werden können, und endlich alle vorhandenen Münzen aus einer einzigen Urform hervorgegangen sind, in welche jede passen muss, deren Stempel nicht etwa durch einen Falschmünzer, der nie die

Urform bis zu solchem Grade der Genauigkeit nachbilden kann, geschnitten ist. — Um für diesen Zweck das Gepräge der Münzen ewig unveränderlich beibehalten zu können, hat man schon beklagt, daß die Bilder der Fürsten, die sich mit deren zunehmendem Alter oder bei jedem Thronwechsel ändern, passender Weise nicht wohl zu beseitigen sein dürften. Hierin möchte indessen kein wesentliches Hinderniß des ewigen Einerleies liegen, denn es würde doch hinreichen, wenn nur die eine der beiden Seiten des Münzstücks der Ur-Patrize entspräche. — Wenn es wirklich von so großem Werthe ist, durch diese Identität aller Münzstempel die Falschmünzen freilich nicht unmöglich zu machen, aber sie doch durch eine untrügliche Probe sofort zu erkennen, so hätte man auf diese Weise den durch den Wiener Münzcongreß 1857 beschlossenen Goldkronen die Stempel-Identität verschaffen können, wenn man bei der überaus genauen Bestimmung der Typen derselben verabredet hätte, daß die alljährlich veränderte Jahrszahl, die man auf den Revers gesetzt wissen will, statt dessen auf den Avers, unter den gleichfalls veränderlichen Kopf des Münzherrn, wie auf den englischen Münzen, gesetzt werde, und dann eine der Münzstätten, behuf des Revers-Stempels, Copien von einer einzigen für letzteren geschnittenen Patrize den übrigen Münzstätten mitgetheilt hätte.

Wenn nun also die Münz-Politik die Beihülfe der glyptischen Kunst für ihre Zwecke in Anspruch zu nehmen hat, so wird sie sich freilich ex officio um die etwaigen Ansprüche ästhetischer Kunsthistoriker nicht zu bekümmern haben, es wäre denn, daß sie sich aus Gefälligkeit herbei ließe, auch diesen unanstößige Fabricate zu liefern.

Styl ist der Ausdruck der auf die Kunst gerichteten geistigen Eigenthümlichkeit eines Volks, eines Zeitalters, eines einzelnen Künstlers. Den Europäern des 19. Jahrhunderts fehlt jene Eigenthümlichkeit; ihre Kunstgebilde ahmen nur die Eigenthümlichkeit irgend eines vergangenen Volks oder Zeitalters nach, und wenn ihnen ihre Nachahmungen nicht völlig verunglücken, wenn sie nicht die verschiedenartigsten Style durch einander mischen sollen, so daß vielleicht **turpiter atrum desinat in piscem mulier formosa superne**, so müssen sie die Kunstgeschichte studiren, um beurtheilen zu können, was jedem unter den verschiedenen Stylen der Vorzeit eigenthümlich angehört. — Das classische Alterthum und das gothische Mittelalter waren zwei Zeitalter, deren Kunststyle im schroffsten Gegensatze zu einander stehen, was vorzugsweise auffallend auch bei den Münzen beider hervortritt. Ich habe schon oben (S. 129) von dem Gegensatze beider hinsichtlich des Volumens gesprochen; auch dieses bildet einen Theil des Styls, in welchem sie gearbeitet sind. Zeichnungen, die der Plastik angehören, sind nur den antiken Münzen eigen; die der Münzen des Mittelalters liegen lediglich im Gebiete der Ornamentik. Wenn nun Typen oder Theile von solchen, die ausschließlich dem antiken Style angehören, mit Typen und Theilen von Typen des Mittelalters vermischt oder auf Münzen vom Volumen des letztern geprägt werden, so ist eine solche anachronistische Vermischung zweier heterogener Style dem Auge eben so widerwärtig, als wenn es Typen oder Theile von solchen, die dem Mittelalter angehören, vermischt mit antiken oder auf Münzen von antikem Volumen sieht. — Die Kupfermünzen Louis Napoleons schließen sich dem Volumen nach mehr dem Mittelalter an, aber ihr Gepräge ist ein unangenehmes Gemisch beider Style: der mittelalterliche Binnenreif, der die Umschrift von dem antik gehaltenen Kopfe trennt, ist etwas auf Münzen so fremdartiges, daß ich wenigstens mich an den Anblick nicht gewöhnen kann. Mich erinnert der Kopf mit dem Stummel von Halse innerhalb des Reifs an den auf der Schüssel liegenden Kopf Johannes des Täufers. Ohne den Reif wäre reichlich Platz auf der Münze zur Verlängerung des Halses gewesen; jetzt sieht der Kaiser aus, als ob er guillotinirt wäre![58]) Der antike Legions-

---

[58]) „Auf neueren Münzen werden die Köpfe auf dreifach ganz verschiedene „Weise dargestellt. Entweder auf griechische Art: der Kopf in der „Mitte des Halses abgeschnitten und so gebogen, daß, wenn man einen „Rumpf darunter hinzu zeichnen wollte, das Genick ganz rückwärts ge„brochen sein würde; oder auf römische Art: bis an's Schlüsselbein, „den Kopf gerade auf dem Rumpfe; endlich drittens auf moderne Art. „Die Münzen und Medaillen sollen eine Quelle der Geschichte sein, und „wirklich beweisen die antiken Münzen, daß die darauf abconterfeiten „Potentaten weder Cravatten noch Vatermörder getragen haben. Aber

Adler des Reverses paßt gewiß eben so wenig in den Binnenreif, da er aber doch hier bloß als heraldischer Vogel steht, so möchte man schon einige Nachsicht mit ihm haben. Am ärgsten contrastirt aber die antike Stellung der Schrift zu dem mittelalterlichen Binnenreife. Auf antiken Münzen umgiebt die auf einzelne Stellen des Umkreises vertheilte, meist sehr „gesperrt" gestellte Schrift den Typus; auf mittelalterlichen füllt die „fette", dicht an einander gestellte Schrift den durch den nie fehlenden Binnenreif vom Typus getrennten Umkreis vollständig aus. Um die Harmonie zu wahren, sollten wenigstens um den Binnenreif herum dicht gestellte, den Kreis füllende Buchstaben mit breiten Grundstrichen stehen, bei vereinzelt stehenden Wörtern und Ziffern aber die Binnenreife wegbleiben.

In letzterer Hinsicht gewähren denn z. B. auch die seit 1860 geschlagenen Königlich sächsischen Scheidemünzen einen wenig befriedigenden Anblick; zu dem auch hier — weshalb nur? — angebrachten Binnenreife paßt wohl das Wappenschild, aber weder die spärlich vertheilte, anstatt dicht gedrängte Umschrift, noch das nur zu antiker Geprägeart passende Volumen. — Wie geht es aber zu, daß es im 19. Jahrhunderte keinen Künstler giebt, der eine Cartouche im Style der Renaissance oder des Roccoco erträglich zeichnen könnte? Man sieht Cartouchen auf den um die Mitte des 19. Jahrhunderts und später in England, Portugal, Rom, Hannover und in Sachsen geprägten Münzen, aber alle sind mehr oder weniger ohne Geschmack gezeichnet. — Indessen: die Sachsen haben ihre an der Scheidemünze begangenen glyptisch-ästhetischen Sünden reichlich wieder gut gemacht durch ihre allerliebsten Bergbau-Thaler. Welch eine freundliche Gruppe im Vergleiche mit den Gebilden auf den übrigen deutschen Thalern, wo sich um plump

„was soll denn die Nachwelt für Begriffe von dem Costüme unserer „Höchsten" und „Allerhöchsten" bekommen, wenn sie dieselben auf „deren Münzen ganz nackt dargestellt erblickt! — „„Wir müssen die „„Antike zum Muster nehmen"" sagte einst ein Medailleur. — Richtig! „die antiken Medailleurs bildeten ihre Fürsten so, wie sie wirklich aus„sahen; sollen wir sie zum Muster nehmen, so dürfen wir unsere Für„sten nicht anders als bekleidet darstellen" (MSt. I, 62).

gezeichnete Wappen herum im Kreis von Mordsucht heiß lagern die greulichen Katzen und Fratzen! — Wer wohl nur 1821 auf den Einfall kam, die auf den preußischen Thalern seit 1817 dargestellte hübsche Gruppe von Waffen und Fahnen, über denen sich der Adler emporschwang, durch eine abscheuliche heraldische Arche Noäh zu ersetzen?

Aber dieses Chaos von Wappen-Ungethümen, so entschieden es der Geschmack verwirft, hat doch von wegen seiner praktischen Nützlichkeit einen Lobredner gefunden. Karmarsch empfiehlt in seinem „Beitrage" zur Münztechnik die mit Figuren überfüllten Wappenschilder und die sie umgebenden krausen Ordensketten und Kränze, bei welchen gar keine glatten Stellen auf der Münze übrig bleiben, sondern der ganze Spiegel mit Bildwerken überdeckt wird, weil auf letzteren, nicht aber auf jenen, der dicke Schmutz haften kann, der, nach seiner Meinung, das Metall der Münze gegen den Verlust durch die Abreibung schützt. — Es ist im Interesse der Reinlichkeit ein wahres Glück, daß die Hoffnungen, die er von dem Einflusse eines so unappetitlichen Präservativ-Mittels hegt, auf einer Täuschung beruhen! Das Wahre ist: daß man die Zerstörung, die unter dieser Schmutzdecke vorgeht, nicht sofort bemerken und entdecken kann. Dieser Schmutz ist gleichsam ein Schwamm, der die corrosiven Säuren des menschlichen Schweißes einsaugt, der daher, weil er stets feucht bleibt, diese Säuren ununterbrochen auf den Kupfer-Gehalt der Münzstücke wirken läßt und denselben zersetzt, wiewohl, wenn der Schmutz abgewaschen wird, das Gepräge darunter noch ganz wohl erhalten aussieht, in Wahrheit aber — wie ein Leichnam, der bei Eröffnung des Sarges scheinbar unverweset da liegt, aber bei dem leisesten Luftzuge in Staub zerfällt — in sich bereits zerstört, nachher um so schneller zerrieben wird, dagegen diejenigen Münzstücke, auf denen kein Schmutz haftet, freilich der unmittelbaren Einwirkung der Schweißsäure mehr ausgesetzt sind, aber doch gestatten, daß letztere vielleicht auf irgend eine Weise wieder abgewischt werde und nicht, wie in einem Schwamme festgehalten, fort und fort ätze. — Hiernach dürften also die die Ansetzung des Schmutzes befördernden Münzgepräge vielmehr der Zerstörung des Metalles förderlich sein.

über die Frage, ob die Münzen mit bloßen Aichmarken und — fast ausnahmslos äußerst schlecht gezeichneten — heraldischen Typen durch sogenannte Geschichtsmünzen zu ersetzen seien, sind die Ansichten verschieden und entgegengesetzt (s. beide: Bl. f. MK. IV, S. 22 von Loos, und S. 63 von H. G.).

Wenn ein Fürst nicht als Weltstürmender Eroberer seinen Namen auf die Nachwelt bringen kann, so gelingt ihm dies nicht sicherer, als durch seine Münzen, wenn er diese wenigstens den Münzsammlern für alle Zeiten interessant zu machen weiß. „Nach es wenigen recht, vielen gefallen ist" — ohnehin nicht möglich, denn der bei weitem größte Theil der Menschen ist gestorben und wird noch sterben, ohne je von Alexander oder Napoleon gehört zu haben. Die Absicht König Ludwigs I., seine Regierung durch eine Reihe von Geschichtsmünzen zu verewigen, ist in dem beabsichtigten Umfange aber nicht erreicht. Man hat diese Münzen als Conventions-Species-Thaler geprägt, unmittelbar vorher ehe diese Münzsorte gänzlich abgeschafft wurde, und zu einer Zeit, wo deren für den Umlauf schon gar nicht mehr geschlagen werden konnten. Sie sind also lediglich als schwere silberne Medaillen zu betrachten, deren viele Fürsten haben schlagen lassen, die aber, da nur reichere Leute sie sammeln und aufheben, vielfach wieder eingeschmolzen werden[59]). Durch ihre Vorstellungen — Stiftung eines Ritter-Ordens, ein auf einige Jahre abgeschlossener Zoll-Vertrag und dergleichen — können sie auch oft nur geringes Interesse gewähren, und die Regierung eines minder-mächtigen deutschen Fürsten bietet zu wenig interessantere Ereignisse dar[60]). Zu Geschichts-

[59]) Vielleicht hätte man den russischen Platina-Ducaten, die bloß um den Platina-Ertrag der Bergwerke verwerthen und in den Verkehr bringen zu können, gemünzt sind, einen besseren Absatz verschaffen können, wenn ihr Gepräge weniger nüchtern und geschmacklos gewesen wäre.

[60]) Bloß als Privat-Jetons der Fürstlichen Familie sind die aus einer scherzhaften Aufmerksamkeit der Münzbeamten hervorgegangenen Münzen mit Inschriften auf den Besuch der Fürsten und der fürstlichen Kinder in der Prägewerkstätte zu betrachten. Mit sehr richtigem Tacte giebt die Münze zu Hannover die daselbst geschlagenen Stücke der Art (MünzSt. I, S. 176) an Münzsammler nur nach vorher erlangter Bewilligung und gegen Erstattung der Prägekosten ab. —

münzen, die nicht bloß für die Schränke reicher Münzsammler bestimmt sind, sondern die auch Vielen bekannt, von Vielen aufbewahrt werden, können nur Kupfermünzen dienen, und wenn die historischen Begebenheiten dazu fehlen, so giebt es genug andere Vorstellungen, die nicht bloß an sich Interesse gewähren, sondern auch Suiten bilden, und dadurch sehr Viele zum Sammeln und Aufheben, also zum Schätzen derselben locken. Die indische Sultanin Nur-Mahal erbat sich von ihrem Gemahle auf einen Tag die Regierungsgewalt, und benutzte dieselbe, um zwölf Goldstücke mit ihrem Namen und, statt eines Wappens, den zwölf Zeichen des Thierkreises prägen zu lassen, deren Zusammenbringen früher manchem Münzsammler Jahrelange Bemühungen gekostet hat. Einen ganz ähnlichen Gegenstand des Sammeleifers bilden die 10 kupfernen Noth-Thaler Karls XII. von Schweden, aber die Vorstellungen bilden nicht, wie jene, eine Suite, d. h. der Sammler weiß nicht schon aus den Vorstellungen, wie viel ihrer seien, und kann nach denen, die er bereits hat, nicht angeben, welche ihm noch fehlen. Ich denke mir, daß es auch vielen Nicht-Münzsammlern Interesse und Unterhaltung gewähren würde, zwölf größere Kupferstücke — französische Doppel-Sous, englische Penny's, halbe Silbergroschen oder österreichische 4-Kreuzer — deren Reverse z. B. die zwölf Apostel Peter Vischer's in gut gearbeiteten Reliefs darstellen, zu sammeln. Auch die sieben Wochentage nach antiken Bildwerken — mir fallen freilich außer dem „Sonntage" von Belvedere und dem mediceischen „Freitage" keine ein — würden interessante Reverse für eine „Suite" von 7 Stücken bilden. Solcher Suiten und Reihen ließen sich viele angeben, auch nummi restituti — z. B. die Köpfe der Regierungs-Vorgänger von der nächst vorhergehenden „Epoche" an und Bauwerke und andere Denkmäler aus ihrer Regierungszeit auf den Reversen würden die Typen solcher Reihen liefern. Kupferne Scheidemünze dieser Art könnte dabei, zum Besten der Münz-Casse, weit über den Bedarf in Umlauf gesetzt werden, denn ich weiß gewiß, daß die Stücke sehr schnell aus dem Umlaufe verschwinden, ja sogar einen Ausfuhrartikel in fremde Länder abgeben würden[61]).

[61]) So viele auch von Geschichts- und ähnlichen Münzstücken geprägt werden, sie reichen nie für die Liebhaber aus, und sind stets sofort aus dem

10*

Aber die Geschmacks-Bettelhaftigkeit möchte in den Münzen nicht Denkmäler oder gar Kunstwerke der Glyptik sehen, sondern nur geaichte Barren. Göthe sagt von solch einer Typenlosen Medaille: „Sie sieht einem Mennoniten-Betsaale ähnlich, wo wenige Worte „zwischen weißen Wänden erschallen; unsere Zeit ist nicht bilder- „stürmerisch, aber bildlos."

In früheren Zeiten glaubte man die in aller Leute Hände kommenden Münzen wie die von den Frommen verbreiteten Tractätchen benutzen, und durch erbauliche und moralische Sprüche in den Münzumschriften auf den Sinn des Volkes wirken zu können. Die Päbstlichen Münzen — Date pauperibus! — hatten dieses Streben noch bis ins 19. Jahrhundert verfolgt, die Republik Chile hat noch nach der Mitte des letztern ihr Kupfergeld durch die Worte: Economia es riqueza! — („Wer den Pfennig nicht ehrt, ist des Thalers nicht werth"!) — empfohlen. Auch in Deutschland hat man die Münzen durch Sprüche wiederum interessanter machen wollen, die man der Heraldik entlehnt oder gar — ächt „deutscher" Weise — dem Französischen (Dieu protège la France!) nachäfft. Das Verkehrte ist nur dabei, daß man sie nicht in die Umschrift, wo statt ihrer die Aichmarke steht, sondern in die Randschrift setzt, wohin, nach dem Beispiele der französischen münzartigen Münzgewichte des 16. Jahrhunderts, die Aichmarke gehörte!

Einen Bestandtheil des Gepräges pflegt in denjenigen Ländern, in welchen mehrere Münzstätten thätig sind, die Bezeichnung der letztern zu bilden. — Schon im Mittelalter führte man in Frankreich behuf einer Controle der zahlreichen Münzmeister ein, daß jeder seine Waare mit einem geheimen, unscheinbaren und anscheinend bedeutungslosen irgendwo angebrachten Zeichen, Schnörkel oder Pünktchen versehen mußte. In Deutschland fingen im 16. Jahr-

---

Course verschwunden. In Belgien wurden nicht weniger als 75,000 Stück große kupferne Doppel-Sous auf das Regierungs-Jubiläum des Königs geschlagen, deren jetzt dennoch nur für schweres Geld zu haben sind. Und in England ist die Münzverwaltung sogar so freundlich, die Silber-Crowns gar nicht in den Umlauf zu geben, sondern sie den Banquiers zuzusenden, bei denen die Liebhaber sie mit frischestem Stempelglanze einwechseln können.

hunderte die Münzmeister an, ihre Münzen durch allerlei oben am Anfange der Münzschrift angebrachte Figürchen zu bezeichnen, dagegen im 17. Jahrhunderte der Gebrauch allgemein wurde, die Münzen mit den Anfangsbuchstaben der Vor- und Zunamen des Münzmeisters zu versehen. (Zur Erläuterung dieser mannigfachen Münzmeister-Chiffren dient die von Schlickeysen herausgegebene reichhaltige und sehr zuverlässige „Erklärung der Abkürzungen.") Dagegen hatte man in Frankreich vorgezogen, jede Münzstätte mit einem beständigen Zeichen zu versehen und dazu die einzelnen Buchstaben des Alphabets von A an willkürlich angewandt. Letzteres machte man in Preußen 1750 nach, dagegen gleichzeitig in Österreich jede Münzstätte den Anfangsbuchstaben ihres Namens wählte, bis man 1780 auch hier die alphabetischen Reihefolge der Buchstaben vorzog, später hinzugekommene Münzstätten aber wiederum mit den Anfangsbuchstaben ihrer Namen bezeichnete. — Seit dem Jahre 1840 ungefähr hat sich die Anzahl der Münzstätten in Norddeutschland sehr verringert, aber etwa eben von da an haben sich die verschiedenen Staaten Vertragsweise zur Ausmünzung bestimmter Summen verpflichtet, die sie dann auf einer der noch übrigen Münzstätten prägen ließen. Deshalb zeigen seitdem die Münzen mehrerer norddeutschen Staaten die Buchstaben A (Berlin) und B (Brüel in Hannover). Wenn — wie man doch glauben sollte — solche Bezeichnungen möglichst verständlich sein sollen, so würde doch wohl der Anfangsbuchstabe des Münzstätten-Namens die allein zweckmäßige Bezeichnungsart sein. — Mitunter ist die genaue Bezeichnung der Münzstätte etwas sehr Wesentliches. Die Silberausbeute der mexicanischen Bergwerke muss — da man das Metall unvermünzt auf den ungebahnten Gebirgswegen nicht würde transportiren können — an Ort und Stelle, also in zahlreichen Münzstätten vermünzt werden. Die Erze der verschiedenen Gruben sind aber in sehr verschiedenem Grade goldhaltig, allein das Gold kann, wegen Mangel an desfallsigen Einrichtungen, nicht wohl ausgeschieden werden. Daher deuten auf mexicanischen Silbermünzen die Namens-Anfangsbuchstaben der Münzstätten zugleich den hinsichtlich jeder einzelnen Grube wohlbekannten Goldgehalt der Münzen an[62]). — Den zum Theil bedeutenden Goldinhalt des mexikanischen Silbers hat man erst 1829 in Paris entdeckt, und da alle von 1803 bis dahin geschlagenen französischen Silbermünzen aus eingeschmolzenen spanischen Piastern gemünzt waren, so wurden die sämmtlichen bis 1829 geschlagenen französischen Silbermünzen, behuf Ausscheidung des Goldes, von Speculanten mit großem Gewinne eingeschmolzen. Durch den Wiederverkauf der geschiedenen Metalle an die Münze wurde dann die enorme Ausmünzung unter der Regierung Louis Philipps möglich, und zugleich die strengere Beobachtung des gesetzlichen Feingehalts der Silbermünzen, denen bis dahin der der Piaster gelassen war, eingeführt. Die über den damaligen Bedarf Frankreichs geschlagenen Goldmünzen (zu 20 Francs) wurden massenweise nach Rußland ausgeführt, wo sie zum Werthe von genau 20 Rubel Papier-Währung ein beliebtes Zahlmittel abgaben. — Unter allen diesen Umständen möchte es in mancher Hinsicht sehr zweckmäßig sein, wenn auf den Münzen genau angegeben werden könnte, woher die Münze das Material zu denselben genommen habe: ob aus Bruchsilber, aus von Affinage-Anstalten erkauften Barren, durch Einschmelzen irgend einer auswärtigen Münzsorte, oder aus Bergwerks-Ausbeute. Die mitunter übliche Angabe der letzteren Quelle hat nicht den Zweck, das Metall näher zu charakterisiren, sondern rührt aus einer Art von patriotischem Stolze auf den einheimischen Reichthum her! — —

Aber wie sollen die Stempel auf den Schrötling aufgesetzt werden? Muß das „unterste" beider Seiten auf die nämliche Stelle des Randes treffen oder auf die entgegengesetzten Stellen? Soll man das Münzstück, dessen Rand man beim Beschauen zwischen Zeigefinger und Daumen hält, während der Mittelfinger es trägt, beim Herumdrehen von Osten nach Westen oder von Süden nach Norden wenden müssen? Die Franzosen, die Belgen und Niederländer, die Portugiesen und Schweden drehen von Süden nach Norden um, die Deutschen, Dänen, Russen und Spanier und, seit dem Regie-

---

62) Den Goldgehalt in der Silberausbeute der verschiedenen mexicanischen Bergwerke s. Noback „Taschenbuch", S. 1813.

rungsantritte der Königin Victoria, auch die Engländer, drehen von Osten nach Westen um. Das Erstere ist für die Finger das natürlichere und bequemere.

## §. 21. Die Benennungen der Münzsorten.

Es dient zur Bequemlichkeit im Reden und mitunter zur Vermeidung einer Ungewissheit im Ausdrucke, wenn jede ausgeprägte Münzsorte einen bestimmten Namen hat und nicht lediglich durch ihren Werthbetrag — der dann oft nur als Bruch einer Obereinheit ausgedrückt wird — bezeichnet werden muss. Für das „Zehn-Silber-Groschen-Stück" oder das „Ein-Drittel-Thaler-Stück" hatte man ehemals den Namen „Ort" und jetzt ist die Benennung „Mark" dafür vorgeschlagen, die aber, als Werthbezeichnung und nicht als Name des Münzstücks, die Bezeichnung „Mark-Stück" erfordern würde. Das „Fünf-Silber-Groschen-Stück" oder „Ein-Sechstel-Thaler-Stück" hieß „Halb-Ort." Der Ausdruck: „Drittehalb"- oder „Zwei-und-einen-halben-Silber-Groschen" bezeichnet einen Werthbetrag, der auf mancherlei Weise in Scheidemünzen gezahlt werden kann[63]), um aber das $2^1/_2$-Sgl.-Stück zu bezeichnen, hat man keine Benennung; das hannöversche $^1/_{12}$-Thaler-Stück der Cassen-Währung — damals fast das einzige Zahlmittel in Hannover — erhielt 1803 von den Soldaten der französischen Garnison den Namen: „Cheval", nach dem Typus.

Die zahllosen Benennungen älterer Münzsorten, die jetzt sehr oft den Geldhistorikern und Etymologen räthselhaft sind, haben fast ausschließlich dem Volkswitze, der das Bedürfniss nach Benennungen empfand, ihre Entstehung zu verdanken. Aber der Witz ist jetzt dem Volke ausgegangen, die schöpferische Ader ist vertrocknet; „der beschränkte Unterthanenverstand" ist an seine Stelle getreten. Die Leute gefallen sich jetzt in einer Art von Orthodoxie: stets der officiellen Redeweise, der officiellen Orthographie unbesehens und unabweichbar zu folgen. Sie fürchten, sie würden sonst der Polizei missfallen!

---

63) „Six pence" ist ein Werthbetrag, „Six pennies" eine Stückzahl.

Fast komisch war die Noth, in welcher die auf dem Wiener Münz-Congresse von 1857 versammelten Münzgelehrten nach einem Namen für die beabsichtigte neue Goldmünze suchten und endlich den großen Sprachmeister Jacob Grimm zu Gevatter baten. Er schlug ihnen den Namen „Goldling" vor, nach Analogie des von Luther gebildeten Worts „Silberling" — Zweilinge, Dreilinge und Sechslinge gab es schon genug. (Luther hat aber statt dessen das Wort „Goldstück"[64]) Jes. 13, 12.) Die Münzgelehrten hatten aber wohl davon gehört, daß das Volk vielfach den Münzsorten nach ihrem Typus den Namen gegeben hat; diesmal kehrten sie das Ding um, und erfanden den Typus — einen Eichenkranz, Corona civica — nach dem mühsam ersonnenen Namen, der um so weniger sinnreich gewählt war, als er bereits mehrfach andere Münzsorten — ältere in Italien und Spanien, jetzige in Portugal und England — bezeichnet. — Ich entsinne mich nicht, daß in früheren Zeiten außer dem altrömischen „Solidus", dem Braunschweiger „Juliuslöser" und dem französischen „Louisd'or" jemals eine Münzbenennung officiell erfunden wäre; die officiell recipirten Namen sind sämmtlich vorher im Munde des Volkes entstanden gewesen. — Bei dem ewigen Wechsel der Münzfuße und Münzsorten im Mittelalter — sie waren beinahe so veränderlich als die Börsen-Course — zwang das Bedürfniß, die mannigfaltigen Münzstücke von einander zu unterscheiden, zur Erfindung von Benennungen, besonders da, wo Veränderung häufig und Geldverkehr lebhaft war — in den Niederlanden während des 15. Jahrhunderts, wo die Nomenclatur der Münzsorten vorzugsweise reichhaltig, freilich an größtentheils bald wieder verschollenen Namen ist.

Man hat die Münzen benannt[65]):

1) Nach dem Metalle — dem Golde: Χρυσοῦς, Aureus,

---

[64]) Das Wort „Goldstück" kommt in der Sprache des gemeinen Lebens wohl nie, desto mehr aber in der poetischen Literatur vor, als veredelter und veredelnder Ausdruck für Geld und Münzen.

[65]) Das folgende soll nur in Beispielen zeigen, woher Münzbenennungen entnommen sind, aber bei weitem kein vollständiges Verzeichniß derselben liefern.

Gulden, *Zlaty*, *Louisd'or*, Friedrichd'or (Goldfritze), Gouden-Willem — dem Silber: Silbergroschen, Rupie, (Ἀργύριον, *argent* ist Geld überhaupt, von der Silberwährung hergenommen) — dem Kupfer: Χάλκος, Aes (für Geld überhaupt, von der ur-römischen Kupferwährung hergenommen).

2) Nach der Farbe des Metalles — des Goldes: Füchse (in Wallenstein's Lager) — des Silbers: *Blanc*, Albus, Weißgroschen, Witten, Ἄσπρος — des Billons: *Blaffard*, Blaffert, *Liard*[66]), Schwarzheller (in Baiern), Möhrchen (in Kölln), rothe Seufzer (in Sachsen) — des Kupfers: *Bajocco*.

3) Nach dem Ursprungsorte des Metalles: Schreckenberger, Schneeberger (Schnieber. Böhme Sächs. Gr.Cab. II, S. 190), *Guinee*, Harzgulden.

4) Nach der ursprünglichen Barrenform (Ringform): Ὀβολος, Schilling[67]), Rubel.

5) Nach dem Gewichte: Siclus, Pfund, (Libra, *Livre*, *Lira*), Mark, Uncia, *Onza*, Δράχμη (Dirhem), Öre.

Ohne bestimmtes Gewicht: Στάτηρ (Gewogenes).

6) Nach der relativen Schwere: Λέπτον, Mÿte (minuta), Sware.

7) Nach der Dicke des Münzstücks: Grossus (Grote, *Groat*, Groschen, Maly-Groff, Grusch, Körrsch), *Maille*, Flitter, *Duro*, Stüver[68]), Blechkappe, Scherf.

8) Nach der Randverzierung des Münzstücks: Serratus, Saiga.

---

[66]) — von dem englischen *liard*, bleifarbig, aus der Zeit der englischen Kriege in Frankreich, ganz dasselbe, wie das französische *blaffard*. Die Ableitung von „*li hardi*", einer aquitanischen Münze Eduards III. (Rev. d. l. N. F. 1855, S. 212), scheint weniger begründet.

[67]) „Das Wort Schell, Schelling, Schelung, Scheling kömmt vielfach in „unseren Urkunden vor und bedeutet: Streit, Uneinigkeit, vom alten „Verbum Schellen = sich trennen, spalten. Oft heißt es: Schellinge „vnde Twydracht." (Mittheilung des OGR. Preuß in Detmold).

[68]) Wahrscheinlich von dem englischen: *stubborn*, steif, im Gegensatze der dünnen biegsamen Pfennige.

9) Nach dem Werthbetrage[69]) — als Einheit: As, Solidus, *Pezza* (davon: Batzen[70])), *Peso, Peseta*, Species-Thaler, Enkelde; — als Theilstück von $^1/_2$: Semis, Hälbling, Poltinnik, Polpoltinnik; von $^1/_3$: Triens, Ternarius (in Hamburg); von $^1/_4$: Quadrans, Ferto, Vierding, *Farthing*, Ort[71]), Örtchen, Körtling[72]), *Quattrino, Cuarto, Cuartillo*; von $^1/_6$: Sextans; von $^1/_{10}$: *Décime, Decima*; von $^1/_{100}$: *Centesima, Centime, Centavo, Cent*[73]); von 1000: Milliaresion; — als Mehrstück von 2: Dupondius, Zweier, Zweiling, Dubbeltje, *Doppia, Doblon*[74]); von $2^1/_2$: Ses-

[69]) Die bloßen Composita des Einheits-Namens mit der Zahl, wie Δίδραχμον, *Sixpence, Milréis*, sind weggelassen.

[70]) Man leitet „Batzen" von „Petz", dem Typus der Berner Batzen, ab. Der Bär heißt aber nicht Petz, sondern Braun. Ich vermuthe vielmehr, daß der Bär des Berner Wappens seinen Beinamen erst davon hat, daß er als Typus auf den in Bern nachgemünzten und von da über das südwestliche Deutschland verbreiteten, ursprünglich mailändischen „*Pezze*" (Stücke) erschien. — In Niederdeutschland bedeutet „Batzen" den Flicken, mit welchem Löcher in der Kleidung ausgebessert sind.

[71]) Ort bedeutet: Ecke, die äußere Spitze des rechten Winkels, Gegensatz des inneren: des Winkels, also $^1/_4$ des Kreises.

[72]) so viel wie Quartling (Schöpperlin Kl. Schr. I. 400).

[73]) Der nordamerikanische *Cent* heißt nicht so als $^1/_{100}$ *Dollar*; der Name ist vielmehr eine Abkürzung von „pro Cent" und im Volksmunde entstanden. Die nordamerikanischen Staaten hatten vor dem Unabhängigkeitskriege die englische Zählweise, aber als Hauptmünze den spanischen Piaster, den man auf holländisch „Doller", Thaler nannte, zu 6 Schilling Colonial-Courant. Während des Krieges verschwand das baare Geld, und man verfertigte Papiergeld in Masse, welches auf Dollers lautete. Jeder der 13 Staaten gab dessen, und zwar in vielerlei sich folgenden Emissionen aus, welche sämmtlich verschiedenartigen Credit, also mancherlei und wechselnden Cours hatten, den man, wie immer, nach pro Centen bestimmte, wobei der spanische Piaster stets 100 (pro) Cent stand. Dabei gewöhnte sich das Volk daran, seinen silbernen Dollar in 100 (pro) Cent zu theilen und die Gesetzgebung sanctionirte dies nach dem Frieden.

[74]) *Doblon* (Pistole) ist die doppelte Krone, diese eine der italienischen Zechine nachgeahmte, aber an Gehalt allmählich sehr verminderte spanische

tertius; von 3: Tressis, Teruncius, abermals Ternarius (in Polen), Dreier, Dreiling; von 4: Vierling, Vierer, *Quadruplo* [74]); von 5: Quinarius; von 5½: Sestehalver; von 6: Sechsling, Sechser, *Sesino*, *Szostak*, Altin; von 7: Siebener [75]); von 8: Doppelvierer, *Peso de a otto*, *Ochavo;* von 10: Denarius, *Denier* (Dinar); von 12: *Douzain;* von 17: Siebzehner [75]); von 20: Zwanziger [75]), *Vintem;* von 60: Schock (in Böhmen und Sachsen); von 240: Pfünder (in Tirol).

10) Nach der Heimat der Münzsorte — dem Volke: *Easterling* (Österling, *Sterling*), *Franc;* dem Lande: Englisch, Böhm, Portugalöser, Livonese, Hessen-Albus; — einer Stadt: Byzantiner, Agrippiner, *Tournois* (Turnose, *Tornese*), *Parisis*, *Bourgeois*, *Lushbourne* (Luxemburg), Häller, Goslen, Joachimsthaler (Thaler, *Dollar*), Lisbonine; — einem Flusse: Etsch-Vierer, Etsch-Kreuzer.

11) Nach dem Münzherrn — nach dessen Titel im Allgemeinen: *Souverain*, Severine, *Sovereign;* — insbesondere: Augustalis, Kaisergroschen, Imperial, *Real*, *Royal*, *Reine*, *Réi*, Fürstengroschen, Postulatsgulden; — hiezu auch Reichsthaler;

nach dessen Namen: — dem Geschlechtsnamen: Al-Morawi (Marabotinus, *Maravedi*), Horn-Gulden, Wewelinghöfer; — nach dem Personen-Namen: Δαρεικός, Δημαρέτιον, Antoninianus, Arnoldsgulden, Carolusstüver, Philippusstüver, Albertusthaler, Juliuslöser, Heinrichslöser, Carolinen, Mard'or, *Henri-noble*, *Paolo*, *Louisd'or*, *Louisblanc*, Friedrichd'or, *Napoleond'or*, Gouden-Willem.

12) Nach dem Münzbeamten — dem Münzpächter: Tympfe, Ephraimiten (im siebenjährigen Kriege); — dem Finanz-Director: *Noailles*, *Decaen* (in Isle de France), *Chaban* (in Hamburg 1813).

13) Nach der Münzstätte (dem Gebäude): Moneta überhaupt; *Zecchina*, Mühlstein (Böhme a. a. O. II, 112).

---

Goldmünze; *Quadruplo* ist aber der vierfache *Doblon*. Die Dublonen werden gewöhnlich irrig für doppelte Pistolen gehalten.

[75]) Österreichische 7-, 17- und 20-Kreuzerstücke.

14) Nach dem Typus:

einem Kopfe: Pfennig, Copkinus, Köpfchen, Kopfstück, Angster, *Coronal*, *Teston*, Dicken, Heidenköpfe und Mohrenköppel (Benennungen der altrömischen Denare bei den Juden in Westfalen und in der Ukraine);

einer Figur: Τοξότης (Bogenschützen), Jugatus, Bigatus, Victoriatus, *Angelot*, Engelgroschen, Jager, Ruyder, Kopek, *Cavallo;*

einem Heiligenbilde: *Madonnina*, *Marcello*, Mariengroschen (Mariengulden), Matthier, Petermännchen, *Salut* (der englische Gruß); dazu gehört auch: *Agnel*, *Mouton*, Moutoen (das Lamm Gottes); auch: Bauerngroschen (die heiligen Simon und Judas);

einem Kreuze: Kreuzgroschen, Kreuzer, *Cruzado;*

einer Krone: Krone, *Couronne*, *Corona*, *Coronillo*, *Corão*, *Crown*, Kronigte Groschen, Kronthaler;

verschiedenen Bildern: Κιστοφόρος, Händelpfennige (Hand), Blamüser, Stäbler (Bischofsstäbe), Florenus und *Gigliato* (Lilie) (*Florin*, Förint), *Rosenoble* (Rose), Dolch (in Lothringen), *Colonnado;*

nach einem Wappenschilde: *Écu*, *Scudo*, *Escudillo*, Schild;

nach dem Wappenbilde: *Fleur-de-lys*, Rappe, Krumnsteert, Rader-Albus, Schwertgroschen, Rübner, *Cheval*, *Lion*, Löwenthaler, Volucris, Flieger, Flindrich, *Eagle;* Fledermäuse (das Schauenburgische Nesselblatt), Strebekatten (der hessische Löwe); Roßgeld (in Braunschweig während des siebenjährigen Krieges); Landsberger.

nach dem Helmzeichen: Judenköpfe, Judenhüte, Bärtige Groschen (sämmtlich Meißener Groschen), Botdraeger, Bütkens, Voetdraeger, Klauwkens, Horngroschen (hornähnliche Helmdecken);

nach dem Ordenszeichen: Vließ, Schaf;

nach Zierathen: Spitzgroschen, Tuyne, Klemmergulden, Laubthaler;

nach einem Namenszuge: Stiefelknechte (FR), C-Geld (in Braunschweig während des siebenjährigen Krieges).

15) Nach der Umschrift: Ducatus (*Ducaton*, *Ducado*).

16) Nach der Schriftart: Hebräer (in Dänemark).

17) Nach dem Courswerthe: Guldengroschen, Güldiner.

18) Nach dem Gegenstande der Zahlung: Peterspfennig, Zinsgroschen (in Sachsen), Braßpfennige (zum Verprassen, d. h. Trinkgelder), Bierheller (in Baiern), Zollpfennig.

19) Nach dem Orte der Zahlung: Levantiner (zu Zahlungen in der Levante).

20) Nach dem Umlaufsbereiche: Drylander.

21) Spottnamen: Piaster, Pistole (*Piastro*, *Piastola*, von emplastrum: Pflaster und Pflästerchen), Schinderling.

22) Nach dem Verhältnisse der Münzstücke: Φόλλις (Fels, Flus); Rechnungsmünzen: Beutel, Tonne Goldes.

23) Nach einem gleichwerthenden Gegenstande: Poluschka (halbes Hasenfell).

24) Nach dem Alter des Münzstücks: *Ruspone*.

Unbekannt ist mir die Deutung der Namen: Deut, *Patagon*, *Patard*, Nicolsdorp.

Die bloß numismatischen Bezeichnungen gewisser Münzarten, wie: Hohlpfennige, Brakteat, Dichtmünzen, Klippe, Dickgroschen, *Pied-fort*, Scyphati, gehören nicht hierher.

---

## §. 22. Der Münz-Fabrik-Betrieb.

Zahlmittel sind das unentbehrlichste Bedürfniss für den Verkehr, den großen wie den kleinen; diese Zahlmittel sind das Geld — entweder Creditgeld oder Münzen. Von dem Umfange des Verkehrs hängt es ab, wie viel Zahlmittel ein Land nöthig hat. Diesen Bedarf muss der Münzmeister liefern; fehlt es daran, so wird er zu thun bekommen, ist hinlänglich vorhanden, so ist er unthätig. Ein Münzmeister ist ein Fabricant, wie jeder andere Fabricant. Er kauft das rohe Material seiner Fabricate, so wohlfeil er es erhalten kann. Er muss freilich alle seine Fabricate von einer bestimmten genau vorgeschriebenen Beschaffenheit liefern, wenn aber die verfertigte Waare noch einen höhern Werth hat, als der Preis des Rohstoffs und die Fabrications-Kosten zusammen betragen, so gewinnt er einen Schlagschatz. Sein Vortheil ist, so viel wie möglich zu fabriciren. — „Zahlmittel" sind nur ein Handelsartikel, mit welchem die Banquiers, so wie die Kornhändler mit Korn handeln. Ist irgendwo Korn im Ueberflusse gewachsen, so wird es ausgeführt — dahin, wo es daran fehlt; tritt Mißwachs ein und es fehlt, so wird es von auswärts zugeführt. Fehlt es an Zahlmitteln irgendwo, so führen die Banquiers deren von auswärts herbei, in Barren oder in fremden Münzen, die dann Umlauf gewinnen, oder, wenn letzteres unthunlich, zu Barren eingeschmolzen, an den Münzmeister verkauft und vermünzt werden. — Wenn ein Staat eigene Bergwerke hat, die Gold- und Silber-Ausbeute in die Münzstätten liefern, wenn aber diese Ausbeute mehr Ertrag ergiebt, als der inländische Bedarf an Zahlmitteln erfordert, und dieser Ertrag dennoch vermünzt wird, also ein Ueberfluß an Zahlmitteln entsteht, so werden die Banquiers sofort ausfindig machen, wo solche augenblicklich weniger überflüssig sind, und sie dorthin ausführen — entweder in ihrer Münzform, oder eingeschmolzen als Barren. Dann giebt es immer Leute im Lande, die bejammern, daß die verruchten Juden das schöne Geld aus dem Lande führen und die schönen Thaler einschmelzen! Aber weshalb sollen nicht Zahlmittel, Werthmesser, die in größerer Menge vorhanden sind, als der Verkehr behuf seiner Umsätze bedarf, anderweit verbraucht werden? Weshalb sollen nicht Ellen ausgeführt werden, wenn ihrer mehr, als zum Messen nöthig, da sind?

Wenn dieser Fall eintritt, so handelt die Regierung thöricht, welche die Silberausbeute ihrer Bergwerke an die Münzmeister abgiebt, statt dieselbe unvermünzt an die Banquiers zu verkaufen, denn sie zahlt unnütze Münzkosten. Den Münzmeister kümmert dies aber nicht; er vermünzt, was er ankaufen kann und woran er die Münzkosten verdient. Ob das Land mit Zahlmitteln überfüllt werde oder nicht, das hat er nicht zu beurtheilen; das werden die Banquiers wissen, die ihm das Metall liefern. Der Münzmeister arbeitet auf Bestellung der Banquiers. Als einst aus England große Zahlungen nach Hamburg in gemünztem und ungemünztem englischem Golde gemacht wurden, ließen die Hamburger Banquiers dasselbe in Hannover zu dortigen Pistolen vermünzen — weit über den Bedarf des Hannöverschen Landes — und die Münze verdiente große Summen über die Verfertigungskosten hinaus. Durch diese Überfüllung mit goldenen Zahlmitteln fiel der Preis der Pistolen[76]), sie wurden wieder eingeschmolzen, um wieder ins Ausland — nach Frankreich, wo einheimische Goldmünzen gesucht waren, ausgeführt zu werden.

Das Münzen soll nicht als Finanz-Speculation betrieben werden. Ein Fürst, welcher Münzen in den Verkehr seiner Unterthanen und der Nachbaren bringt, welche, behuf eines im Münzgesetze nicht beabsichtigten Geldgewinns, an Gewicht oder Feingehalt wissentlich schlechter ausgemünzt sind, als es dem Münzfuße gemäß ist, fällt freilich nicht als Raubritter die Vorüberziehenden an; er hat sich zum Taschendiebe veredelt! Von dergleichen redet die Geldlehre so wenig, als die Finanz-Wissenschaft.

Als handels-polizeiliche Anstalt hat die Münzwerkstätte dafür zu sorgen, daß der inländische Verkehr den nöthigen Bedarf an Zahlmitteln habe. Wenn sie ausschließlich diesen Zweck verfolgt, so wird sie sich darauf beschränken können, den unentbehrlichen Vorrath an Scheidemünze zu liefern, und, wenn sie die Ausmünzung von Münzen der Hauptwährung unterläßt oder unterlassen muß, weil die Conjuncturen im Metallhandel zu ungünstig sind, als daß ohne Verlust gemünzt werden könnte, zu überwachen, daß nicht durch unangemessene Tarifirung fremder, in den Verkehr ge-

[76]) Oppenheim führt in seiner „Natur des Geldes" (S. 353) aus „Rau's „Volkswirthschaftslehre" (§. 277) an, daß „seit dem Herbste „1839, zunächst wegen der Geldsendungen aus England zum Ankaufe „von Getreide, die Goldmünzen in Deutschland sanken", und fügt hinzu: „Die Ursache war einfach diese: weil die schweren englischen „Goldmünzen nicht in Deutschlands Consumtionsverkehr eindringen „konnten, und diese fremde Goldmünze selbst im Großverkehre nicht „allenthalben ein gutes Zahlmittel war, so lagen in Folge davon die „Goldstücke eine Zeitlang zinslos in den Cassen der Banquiers und „Geldbesitzer. Jede auswärtige Verwendung derselben war durch „Transport- oder Umprägungskosten oder durch sonstigen Verlust er„schwert und dies mußte natürlich ein Sinken dieser Goldmünzen in „Deutschland verursachen." — Die Hamburger Banquiers haben aber gewaltig andere Ansichten über „die Natur des Geldes", als sie jener Autor in seinem dicken Buche zusammenträumt und aus den Büchern der übrigen Geld-„Philosophen" zusammen drucken läßt!

zogener Münzsorten die einheimische Währung zerrüttet werde. Preußen hatte seit dem Befreiungskriege die Ausmünzung von Goldmünzen so gut wie ganz aufgegeben, war aber bis 1840 um so umsichtiger bei der Silber-Ausmünzung verfahren.

Anders verfährt aber eine Münzwerkstätte, die zugleich im Interesse des auswärtigen Handels im Großen wirken soll.

Wenn das eine Land von einem andern Lande Werthe bezieht — Waaren, für welche es den Kaufpreis, oder Capitale, für welche es den Miethpreis: die Zinsen, ersetzen muß, und es diesen Ersatz nicht tauschweise, durch Zusendung anderer Waaren, leisten kann, so muß es Baarsendungen dahin machen von edlen Metallen — entweder von rohen: Barren, oder von geprägten: Münzen. Der Kaufmann, der diese Zusendungen empfängt, kann die edeln Metalle weder in der einen noch in der andern Gestalt gebrauchen, weil Barren und fremde Münzen keinen Umlauf im Lande haben. Es liegt ihm also daran, diese Metalle so bald als möglich in inländische Zahlmittel verwandeln zu lassen. Es kann auch der Fall eintreten, daß aus einem Lande einheimische Münzen in so großer Menge ins Ausland geschickt sind, daß eben diese Sorte im inländischen Verkehre zu fehlen beginnt, und die Kaufleute sich dieses Zahlmittel zu verschaffen wünschen, indem sie eiligst rohes Metall aus dem Auslande kommen lassen, um inländische Zahlmittel daraus machen zu lassen. Es kann ferner der Fall eintreten, daß der Kaufmann es vortheilhaft findet, einheimische Münzen, die irgendwo im Auslande bereits ein beliebtes Zahlmittel geworden sind, vorzugsweise dorthin zu Baarzahlungen zu verwenden, ja, wenn solch eine Münzsorte dort im Verkehr fehlen sollte, sie gleichsam als Handelswaare für den dortigen Umlauf hinzusenden; und es könnte der Fall sein, daß es — sei es für den Absender oder für den Empfänger — vortheilhaft wäre, statt der Barren oder der einheimischen Münzen, Münzen die genau nach dem Münzfuße des Auslandes gemünzt wären, dort hin zu senden; der Kaufmann benutzt alle günstigen Handels-Conjuncturen, und von Seiten der Handels-Polizei müssen alle Maßregeln getroffen und bereit sein, ihm diese Benutzung thunlichst zu ermöglichen und zu erleichtern.

Daher muss jeder Handelsplatz eine Münzanstalt haben, welche dem Kaufmanne diejenigen Münzsorten liefert, deren er bedarf.

Eigentliche Handelsmünzen bestehen zu Amsterdam, wo die im inländischen Umlaufe längst abgeschafften Ducaten zum Handel über Russland mit dem Innern von Asien, und die Albertus-Thaler zum Handel mit den russischen Ostsee-Ländern noch bis ins 19. Jahrhundert auf Verlangen eines Jeden, welcher die betreffenden Metalle in die Münze lieferte, verfertigt wurden; sodann in Wien, wo die Münze eben so die Conventions-Species-Thaler mit dem Bilde und Namen der Kaiserin Maria Theresia und der Jahrszahl 1780, so wie in Venedig, wo sie gleicher Art Zecchinen mit dem Namen des letzten Dogen von Venedig, Ludwig Manini, erstere unter dem Namen „Levantiner" zum Handel mit Ägypten, letztere mit Persien lieferte. Auch sind in Wien einst Brabanter Kronthaler, noch lange nach Abtretung der Niederlande, zum Verkehre mit dem südwestlichen Deutschlande gemünzt. — Die Münze zu Hannover ist von 1834 an vorzugsweise im Interesse des Handels thätig gewesen, um das von den Hamburger Kaufleuten aus England bezogene Gold — Barren und Sovereigns — für deren Rechnung in inländische Doppel-Pistolen zu vermünzen. Obgleich diese Münzsorte auch von den Münzen zu Braunschweig und Altona geliefert wurde, von beiden zu noch etwas schlechterem Gehalte, also vortheilhafter, und von letzterer sogar, der Nähe wegen, mit Ersparung der Kosten, so zogen die Hamburger dennoch vor, ihr Gold in Hannover vermünzen zu lassen, weil die Münze daselbst besser in Betrieb als jene war, und deshalb schneller, also mit weniger Zinsverlust bediente. — Die übrigen deutschen Münzstätten haben entweder nur den Ertrag inländischer Bergwerke, ohne Rücksicht auf das Bedürfniss des Verkehrs, oder, wie z. B. die süddeutschen, nur den nothdürftigsten Bedarf des letzteren an Scheidemünze geliefert, wozu sie das Metall meist unvortheilhaft ankaufen mussten. — Die Berliner Münze hat verschmähet, dem Handel zu dienen, und sich beschränkt, für den inneren Bedarf Zahlmittel zu liefern, weil sie dabei sicherer zu sein glaubte, die inländische Währung ungestört zu erhalten.

Dass eine Regierung, ohne alle gewinnsüchtige Absicht, lediglich im Interesse des Handels, eine fremde Münze unter fremdem Stempel schlagen lasse, kann freilich nur als eine Fälschung betrachtet werden, und doch kann dies die Ehrlichkeit in Münz-Angelegenheiten einer solchen Regierung noch nicht verdächtigen. In dieser Art ließ die revolutionäre polnische Regierung 1831 holländische Ducaten genau, wiewohl ganz gewissenhaft, nachmünzen. Im Jahre 1814 mußte die englische Regierung bedeutende Goldsendungen nach Norddeutschland machen, um die eben wiederhergestellte Hannöversche zur schleunigen Ausrüstung von Truppen in den Stand zu setzen. Da hier die sofortige Einrichtung einer Münzstätte nicht thunlich war, so ließ die englische Regierung in einer Fabrik zu Birmingham Pistolen nach damaligem Hannöverschem Münzfuße (der Friedrichd'or) und unter Hanuöverschem Stempel münzen, die in großer Menge in Umlauf kamen. — Ein Anderes ist es, wenn eine Regierung fremde Münzen unter einheimischem Stempel ausmünzen läßt, ohne daß etwa deshalb zugleich der ausländische Münzfuß selbst an die Stelle des bisherigen einheimischen eingeführt würde. Wenn auf diese Weise Münzen nach fremdem Münzfuße zum Umlauf im Inlande bestimmt sind, wo sie von der Regierung in gewinnsüchtiger Absicht höher tarifirt werden, als dies dem inländischen Münzfuße nach geschehen konnte, wie z. B. die südwestdeutschen Staaten in dieser Art die Brabanter Kronthaler unter einheimischem Stempel nachgemünzt haben, so war das eigentlich nur eine officielle Falschmünzerei, wegen welcher in Staaten mit gesetzlicher Ordnung die dabei mitwirkenden Beamten und Techniker dem Criminalrichter verantwortlich sind. — Dagegen aber dürfte eine Regierung völlig nach den Grundsätzen einer loyalen Handelspolizei handeln, wenn sie im Interesse des Handels ausländische Münzsorten unter strenger Befolgung des fremden Münzgesetzes unter einheimischem Stempel zur Ausführung ins Ausland liefert. Es kann mitunter für den auswärtigen Handel vom wesentlichsten Nutzen sein, wenn die einheimischen Kaufleute nicht nur Barren oder einheimische Münzen ins Ausland verführen müssen, die dann in den dortigen Münzen in einheimische umgeprägt werden, sondern wenn sie die letzteren bereits fertig in ihren heimatlichen Münzstätten geliefert erhalten können, wobei von letzteren ein durchaus erlaubter und rechtlicher Gewinn an den Verfertigungskosten gemacht wird. — So ließ Friedrich der Große 1751 preußische Münzen mit seinem Namen, Bilde und Wappen genau nach dem Fuße der spanischen Piaster, zum Handel mit Indien, dann 1766 Conventions-Speciesthaler zum Handel mit der Levante, dann 1767 Albertus-Thaler nach holländischem Fuße zum Handel mit den russischen Ostsee-Provinzen schlagen. — Und wenn es etwa einst in Frankreich an Zahlmitteln in Golde fehlte, wenn das Gold da, wo es überflüssig courſirte, eingeschmolzen würde, um an die Pariser Münzmeister behuf Verfertigung von 20-Franken-Stücken verkauft zu werden; wenn es jedoch gewinnbringender für den Geldverkäufer gewesen wäre, sei es, weil der Transport der Barren das Gold vertheuerte, oder weil eine deutsche Münzstätte wohlfeiler münzte, also das Gold höher bezahlen konnte, als die Pariser — hätte alsdann nicht der deutsche Münzmeister, um Münzkosten zu gewinnen, auch Goldstücke nach französischer Währung münzen sollen? — Am ehesten sollten die Münzstätten solcher Staaten, die einheimische Bergwerke besitzen, zur Übernahme solcher Bestellungen befugt sein, denn gar oft vermünzen solche ihre Ausbeute in einheimischen Münzsorten, an denen es im Verkehre gar nicht fehlt, oder bieten sie in Barren zum Verkaufe aus, wenn diese nicht gesucht sind; sie bringen also in beiden Fällen eine Waare auf den Markt, nach welcher gar keine Nachfrage ist, die sie daher nur mit Schaden an den Verkehr absetzen.

Hiernach sollte ein Münzgesetz Bestimmungen enthalten, welche für gewisse Fälle — im Interesse des auswärtigen Handels, bei Zahlung von Subsidien ins Ausland, bei Führung von Kriegen im Auslande — die Verfertigung von Münzen nach fremden Münzfußen, jedoch mit Beziehung der Typen und Inschriften auf den Staat, der sie wirklich schlagen läßt, nicht desjenigen, dessen Münzen nachgeahmt werden, gesetzlich zulässig machen. —

Eine Münzwerkstätte ist eine handelspolizeiliche Anstalt, die dem Verkehre — dem großen wie dem kleinen — die nöthigen Werth-Meß-Werkzeuge liefert; allein sie ist auch eine Fabrik-Anlage, die nicht bloß wie der Handwerker auf Bestellung arbeitet, sondern auch nach kaufmännischen Grundsätzen Handelsunternehmungen machen darf, wobei sie, da sie nie auf Credit, sondern vielmehr gegen Vorschuss liefert, nie einbüßen kann. „Als dann auch die Münzgerechtigkeit kein Mercantz" —, wie der Reichsabschied zu Speier (1570, §. 132) sagt — so soll auch der Kaufmann nicht mit falschem Gewichte wägen und der Banquier keine falschen Wechsel machen, aber beide können ohne dergleichen „Mercantz" auf ehrliche Art und dennoch mit Gewinn dem Verkehre und dem Handel nützlich werden, gleich einer wohlgeleiteten und ehrlich verwalteten Münz-Anstalt.

Der Münzmeister ist ein Fabrikant, wie jeder andere Fabricant, nur unterscheidet er sich darin von anderen Fabricanten, daß diese aus dem Ertrage ihres Gewerbes Überschüsse erzielen, um Capital zu sammeln, während der Münzmeister sich darauf beschränken soll, gleichsam nur sein tägliches Brod zu verdienen. Das Münzen soll kein „Mercantz" werden, aber es soll dem Handel dienen. Ein Münzgesetz sollte vorschreiben, daß der Münzmeister auf Bestellung der Geldhändler nach jedem ausländischen — gesetzlich bestehenden oder auch älteren — Münzfuße, unter strengster Beobachtung desselben, münzen solle, wobei ein solcher Münzfuß von der Regierung alsdann genau bezeichnet werden muss — insofern nicht das einheimische Münzwesen dadurch gestört werden kann, was aber bei einem nach richtigen Grundsätzen angeordneten und danach gewissenhaft ausgeführten Münzwesen gar nicht möglich ist.

Während früher Jahrhunderte hindurch das Münzen von den Münzberechtigten nur betrieben wurde, um daraus durch Maßregeln, die sämmtlich der Sache nach nichts weiter als wahre, eigentliche Falschmünzerei waren, eine Hauptquelle von Einkünften zu machen, ist man neuerlich, mit Verschmähung eines solchen unehrenhaften und stets zuletzt den Urheber selbst benachtheiligenden Gewinns so weit gegangen, die Überschüsse, die sich über die beim Ankaufe der Metalle so knapp als möglich angeschlagenen Fabrikkosten doch noch ergeben, nicht als Einnahmen zu den Staatseinkünften zu ziehen, sondern in eine besondere, von jener ganz getrennte Münzbetriebs-Casse zu sammeln. Die Münzmeister sind in der Regel Leute, die ihr Gewerbe mit Lust und Liebe, mit Ehrgeiz treiben, die möglichst lobenswerthe Waare liefern wollen, daher alle

Fortschritte der Mechanik und Chemie in ihren Werkstätten gern benutzen und behuf Verbesserung ihrer Fabricate ausbeuten. Wenn sie die Bewilligung der Kosten solcher Verbesserungen oder Experimente von der Staatsfinanzverwaltung aus anderen Cassen fordern müßten, so könnten sie vielleicht auf Bedenken und Schwierigkeiten stoßen, die nicht leicht im Wege stehen, wenn dabei nur jene Münzbetriebs-Casse in Anspruch genommen werden soll. Deshalb sind Münzmeister leicht geneigt, die Interessen ihrer Betriebs-Casse mehr zu bevorzugen, als es bei einem wohl angeordneten und durchgeführten, nur im Interesse des Verkehrs und des Handels betriebenen Münzwesen stattfinden sollte, und da sie bei allen das letztere betreffenden Anordnungen der Regierung als die vorzugsweise Sachkundigen mit sehr einflußreicher Stimme zu Rathe gezogen werden, so sind mitunter bei jenen Anordnungen derartige Rücksichten bemerkbar geworden. Ein gegen den Münzmeister stets freigebiger Finanzminister scheint daher dem Bestehen einer abgesonderten Münzbetriebs-Casse vorzuziehen zu sein [77]).

Das Bestehen dieser abgesonderten Casse hat ursprünglich seine löblichen Entstehungsgründe in der Absicht, jeden aus der Münze gemachten Finanzgewinn auszuschließen, nachher auch in dem Wunsche, jeden Verlust an derselben, der aus der Wiedereinziehung und Umprägung abgegriffener und entwertheter Münzstücke erwächst, dem hiervon schmerzlich berührten Auge des Finanzministers zu entziehen. — —

Die Frage, ob ein Staat mehrere oder wenigere Münzstätten haben solle, ist von Hoffmann (Geldlehre S. 32) erschöpfend besprochen. — In früheren Zeitaltern, wo die Einrichtung einer Münzstätte weniger Umstände machte, als die einer Gürtler-Werkstätte, und wo der Heller nur da galt, wo er geschlagen war, da

---

[77]) Klüber sagt (Öffentl. R. d. d. Bundes, 3. Ausg. 1831, S. 574): „Aus „Eigennutz oder Geheimnißkrämerei möchten manche Münzbeamte der „Münzkunst, besonders der Probirkunst, in den Augen unkundiger Staats„männer das Ansehen einer Art von Zauberei oder geheimer Wissen„schaft, wenigstens einer höchst tiefsinnigen und schwer zu erlernenden „verschaffen, um von genauer Erforschung des Münzwesens abzuschrecken.“ Allerdings ist das früher, aber schwerlich noch 1831 wahr gewesen!

konnten und mußten auch an jedem Orte Heller geschlagen werden. Bei der technischen Vollkommenheit, die neuerlich im wesentlichsten Interesse des Münzwesens von den Leistungen der Münzstätten gefordert wird, erfordert die Anlegung einer Münze ein bedeutendes Anlage-Capital, was sich nur verzinset, wenn die Anstalt möglichst dauernde Beschäftigung findet, auf welche aber keineswegs mit Sicherheit gerechnet werden kann. Daher verringert sich immer mehr die Anzahl der bestehenden Münzstätten, und bei der Schnelligkeit und Wohlfeilheit der Transportmittel hat jede Handelsstadt, jedes Bergwerk die wenn auch einzige Münzstätte eines großen Landes so gut wie ganz in der Nähe. Das Vorhandensein von fünf Münzstätten in dem für Geld- und Münzwesen gar nicht in Betracht kommenden südwestlichen Deutschlande, die seit dem Aufhören des dortigen Scheidemünz-Unfugs nur in seltenen Fällen ohne Schaden münzen können, läßt sich nur durch die Annahme erklären, daß man dort den Besitz einer eigenen Münze für eine Art von Ehrensache hält.

So nothwendig es aus manchem Grunde, insbesondere um die Münzstücke in größter technischer Vollkommenheit zu verfertigen, erscheint, auch in großen Ländern die Anzahl der Münzstätten auf eine möglichst geringe zurück zu führen, so habe ich doch schon die Behauptung gewagt, daß es für ein wohl geordnetes Münzwesen ersprießlich sei, eine große, die Verfertigung der kupfernen Scheidemünze besorgende Anzahl von Werkstätten zu beschäftigen. In Bezug auf Scheidemünze ist kein Münzwesen besser geordnet als das in Australien um die Mitte des 19. Jahrhunderts. Die englische Regierung versieht die Colonie nur mit Goldstücken, der Währung gemäß; dem gänzlichen Mangel an Scheidemünze wird lediglich dadurch abgeholfen, daß jeder Geschäfts- und Gewerbtreibende, der deren bedarf, für den kleinen Verkehr kupferne Token, genau von der Größe der Penny's und Halfpenny's, mit seinem Namen bezeichnet, verfertigen läßt und in Umlauf bringt. Man setzt voraus, er werde, so oft man ihm deren 240 oder bezw. 480 Stück präsentirt, dieselben, ganz so wie eine Bank ihre Noten, gegen einen goldenen Sovereign einlösen. Nun mag der Credit eines einzelnen Fabricanten oder Kaufmanns schwerlich so weit reichen, um den Pari-Cours der von ihm emittirten Token unter allen Umständen zu sichern; eine solche Garantie geben aber große reiche Grundbesitzer und bedeutendere Gemeinden. Um also jeder Gefahr einer Überfüllung mit Scheidemünze, die, trotz aller Vorsichtsmaßregeln, welche der Wiener Münzvertrag von 1857 dagegen ergriffen hat, von einem Kenner der deutschen Geldgeschichte nie und nimmer für beseitigt gehalten wird, mit etwas mehr Aussicht auf Erfolg zu begegnen, würde, mit Abschaffung aller Scheidemünze aus Billon und eines von dem der Silberwährung verschiedenen Münzfußes derselben und mit ausschließlicher Beschränkung derselben auf Kupfermünzen, wie dies bereits, außer Deutschland, in der ganzen civilisirten Welt eingeführt ist, — die Ausmünzung der allein zulässigen kupfernen Scheidemünze von den Regierungen ganz aufgegeben werden müssen, dagegen, behuf derselben, allen zur Zeit des heiligen römischen Reichs in Deutschland münzberechtigt gewesenen, also den jetzigen Standesherren und den einstigen Reichs- und größeren Landstädten, ihr früher ausgeübtes Münzrecht wieder zurückzugeben und ihrem Ermessen zu überlassen sein, dem Bedarfe an Scheidemünze, so oft derselbe im kleinen Verkehre, sei es in den Städten oder auf dem platten Lande, fühlbar wird, durch vorzunehmende Ausmünzung nach gesetzlich vorgeschriebenem Münzfuße abzuhelfen, indem diesen dann die Verpflichtung, die der Wiener Vertrag den Staatscassen auferlegt hat, die derselben auch nachkommen werden, so lange die Landesherrliche Scheidemünze vollen Credit genießt, die aber schwerlich noch für jenen Zweck zahlungsfähig sein werden, sobald wiederum einst Umstände eintreten sollten, unter denen der Credit des Creditgeldes — des papiernen wie des kupfernen — zu wanken beginnt, — indem alsdann den unter allen Umständen für diesen Zweck solvent bleibenden Standesherren und Städten jene Einlösungsverpflichtung auferlegt würde. — Hirsch's „deutsches „Münz-Archiv" besteht aus neun dicken Folianten und enthält fast nichts als Verträge, in denen die deutschen Regierungen viertehalbhundert Jahre hindurch, immer aufs neue und immer fruchtlos, auf das Heiligste sich gegenseitig versprachen, von nun an ganz ehrlich im Münzwesen verfahren zu wollen. Aber von alle dem, was bereits nachträglich das neunzehnte Jahrhundert an „Ehr-

„lichkeit" erlebt hat, steht noch gar nicht einmal etwas in jenen neun Bänden! — Übrigens würde auch neuerlich die Einrichtung einer Münzstätte bloß für Kupfermünzen nicht mehr oder gar kaum so viel Schwierigkeiten haben als im Mittelalter. Bei den Fortschritten der Technologie, auch bei Betreibung der Handwerke, ist jeder Gürtler und jeder Goldschmied — so wie es deren auch in den kleinen Städten giebt — im Stande, hinreichend zierliche Kupfermünzen anzufertigen. — Eine derartige Vertheilung der Ausübung des Münzrechts ist wenigstens dem römischen Rechte völlig entsprechend, denn während der drei ersten Jahrhunderte des römischen Kaiserreichs wurden von den Imperatoren nur die Gold- und Silber-Münzen, die Kupfer-Münzen dagegen von den Städten gemünzt, deren, wenigstens in der östlichen Hälfte des Reichs, fast jede, auch die kleinste, das Münzrecht nach Bedürfniss ausgeübt hat. Nur für Ägypten wurden auch die Kupfermünzen für Rechnung des Kaiserlichen Fiscus geschlagen. — Für das neue Weltalter, dessen Schauplatz die Südsee und ihre Küsten sein wird, scheint sich das Münzwesen den Grundsätzen der richtigsten Politik entsprechend entwickeln zu wollen.

Wer seinen Zuhörern oder Lesern die Fundamental-Sätze der Geldlehre einleuchtend machen will, der kann nicht wortreich genug sein, um Misstrauen gegen die Ehrlichkeit der Regierungen bei Ausübung des Münzrechts zu erwecken. Wer mit dem Glauben an diese Ehrlichkeit die Geldgeschichte studirt, der bleibt sicherlich ewig ein Ignorant in diesem Fache. Man braucht wegen dieser meiner Überzeugung nicht gerade weiter gehende regierungsfeindliche Gesinnungen bei mir zu besorgen, denn Hoffmann — der Berliner Staatsmann — beweiset, daß große Loyalität und weit gehendes Misstrauen sehr wohl mit einander bestehen können (s. oben S. 96). Er kömmt mehrfach darauf zurück, bei einer Beurtheilung des Inhalts der 1838 zwischen Preußen und den namentlich „süddeutschen" Staaten geschlossenen Münzverträge, die Möglichkeit der Ausführung derselben mit sehr undiplomatisch ausgesprochenen Gründen zu bezweifeln. Leider muss man aber hinzufügen, daß das in dieser Hinsicht Gesagte sich nur auf Deutschland bezieht. In der Geldgeschichte anderer europäischer Länder kömmt Ausnahmsweise wohl auch eine durch unredliche Gewinnsucht der Regierung herbeigeführte längere oder kürzere Katastrophe oder doch Störung des geordneten Münzwesens vor, was sich freilich in England schon seit drei Jahrhunderten nicht mehr ereignet hat, in Deutschland aber drei Jahrhunderte hindurch Regel gewesen ist. Und das Schlimmste ist: daß es bei den Deutschen nicht lediglich am Mangel an Ehrlichkeit, sondern allzu oft auch am Mangel an Einsicht gelegen hat.

---

## §. 23. Die Zerrüttung des Münzwesens.

Die Zerrüttung des Münzwesens ist ein — vorzugsweise wichtiger — Abschnitt der Geldlehre, der seinen Stoff lediglich aus der hier gewaltthätig herrschenden Praxis nimmt, indem gerade hier die Theorien ihre traurigsten Niederlagen erleiden; dieser Stoff muss aus den Erfahrungen eines Jahrtausends angesammelt werden, ihn liefern lediglich die Erfahrungen der Geldgeschichte.

Das Fundamental-Gesetz des Münzwesens lautet: „der factische Metall-Werth des einzelnen Münzstücks muss mit dem gesetzlichen übereinstimmen". Wo hierbei eine Differenz eintritt, da ist das Münzwesen zerrüttet, und jede Reform hat stets nur die Wiederherstellung der Übereinstimmung bezwecken können. Diese Wiederherstellung kann auf zweifache Weise geschehen: an den Münzen oder an den Gesetzen; entweder durch Umänderung der ersteren nach den letzteren: durch Verrufung und Umprägung derselben, oder durch Umänderung der Gesetze nach den Münzen: indem der factisch gewordene Metall-Inhalt der letzteren zum gesetzlichen gemacht wird. Ersteres kostet dem Münzherrn, dem Staate Geld, letzteres den Unterthanen.

Diese so verhängnissvolle Differenz entsteht auf verschiedene Weise; entweder hat sie bereits, gegen die Absicht des Gesetzgebers, in dem Gesetze selbst ihre Entstehungsursache gehabt, — und das ist wohl als eine offenbare Verkehrtheit des Gesetzes zu betrachten; oder aber sie tritt gegen die Absicht des Gesetzes ein. Dieser letzteren Art von Differenz kann das Gesetz im Voraus einigermaßen begegnen, theils dadurch, daß es deren Eintritte thunlichst vorbauet, theils, daß es die eingetretene Differenz leichter erkennbar hervortreten macht und dadurch die Täuschung beseitigt.

Die Differenz tritt ein:

I. weil das Münzgesetz auf unrichtigen Grundsätzen beruhete.

1) Weil es von der Cumulativ-Währung, von der „chemischen" Vermischung der Gold- und der Silberwährung (s. oben S. 21) ausgeht, weil es ein für alle mal festsetzen will, wie viel ein Münzstück von Gold in Münzstücken aus Silber gelten solle, anstatt letzteres Verhältniß lediglich den Conjuncturen des Handels, der aller gesetzlichen Festsetzungen spottet, zu überlassen. Bei dieser Art von Verkehrtheit des Gesetzes kann es dahin kommen, daß da, wo nach der Absicht des Gesetzgebers eigentlich das Silber der Werthmesser sein sollte, beim Steigen des Silberpreises oder beim Fallen des Goldpreises, alle Silbermünzen eingeschmolzen und als Waare außer Landes geführt werden, und dagegen Gold im Übermaße den Münzen-Fabriken als Rohstoff zum Kauf angeboten wird. Auf diese Weise ging Norddeutschland in der ersten Hälfte des 18. Jahrhunderts und Frankreich um die Mitte des 19. von der Silberwährung zur Goldwährung über, ganz gegen die Meinung der Gesetze, aber bei deren völligen Hülflosigkeit dagegen. — Ein solcher Vorgang ist nun freilich nicht eigentlich eine Zerrüttung des Münzwesens zu nennen, es liegt darin vielmehr eine gänzliche Aufhebung des Münz-Systems und dessen Ersetzung durch ein anderes, indem dessen Grundlage: die Währung, verändert wird. Aber in den Folgen ist kein Unterschied; wer ein gewisses Quantum Gold bezahlt, um ein Darlehen, welches er in einem ganz andern Quantum Silber empfangen hatte, zu erstatten, der leistet nicht das, was er, bei der Zuversicht auf die gesetzlichen Bestimmungen gewährt, garantirt hatte, — vielleicht zu seinem oder des Empfängers Nachtheile. — Wo Goldwährung herrscht, wo alle Zahlungen nur durch Goldstücke geleistet werden dürfen, und wo alle Silbermünzen nur, gleich den Kupfermünzen, zur Bezahlung der geringeren, weniger als das mindeste Goldstück betragenden Werthe, also nur als Scheidemünze dienen, da kömmt der Handelspreis beider Metalle und dessen Schwanken überall nicht in Frage, und dieses ist

ein wesentlicher Vorzug der Goldwährung vor der Silberwährung. — Wo aber Silberwährung herrscht, aber Goldmünzen dem Verkehre, wie sich von selbst versteht, unentbehrlich sind, da ist man mitunter der Vernichtung der gesetzlichen Währung entgegengetreten, indem man einen gesetzlichen Preis des Goldes gar nicht festsetzte, sondern den Cours der Goldmünzen lediglich den Handels-Conjuncturen überließ; — so seit der Mitte des 18. bis zur Mitte des 19. Jahrhunderts im nordwestlichen Deutschlande, namentlich im Hannöverschen Staate, der daselbst einen überwiegenden Einfluss übte. Hier bestand Gold- und Silberwährung in bester Eintracht neben einander (s. oben S. 19); — im übrigen Deutschlande aber und in dem größten Theile von Europa setzte man das Münzwesen allen den Übeln aus, welche die Folge der Fixirung des Preises der Goldmünzen sind. War dieser Preis höher, als ihn der Handels-Cours mit sich brachte, so verschwand alles Silber aus dem Umlaufe, und die gesetzliche Silberwährung war factisch aufgehoben, da Zahlungen nur noch in Golde oder in Scheidemünze zu machen waren. Dieser verkehrten Anordnung des Münzwesens ist in Deutschland durch den Münzvertrag von 1857, im westlichen Europa durch die factische Verdrängung der Silberwährung und des gemünzten Silbers ein Ende gemacht. — — Es tritt

2) eine eigentliche Differenz zwischen dem factischen und dem gesetzlichen Metall-Inhalte der Münzstücke ein, wenn die Münzen des nämlichen Münzfußes — die Silbermünzen — nach Verschiedenheit ihrer Größe einen ganz verschiedenen Kupferzusatz erhalten, in Folge dessen die stärker beschickten Sorten der Währung factisch zu Scheidemünzen herabsinken, wovon oben (S. 91, 93, 97, 126) mehrfach die Rede war. Dies große Münzgebrechen steht in Deutschland, auch nach dem vermeintlich alle Münzgebrechen völlig ausrottenden Münzvertrage von 1857 noch in vollster Blüthe; Sachsen hat sogar darauf bestanden, daß die ⅓-Thalerstücke noch auf aparte, von der der Thaler verschiedene Art beschickt werden müssen!

3) Wenn Scheidemünze aus Billon neben der Silberwährung vorkömmt. Seitdem es — ursprünglich durch gar nicht verhehlte, aber unredliche Gewinnsucht eingeführt ist, daß ein und dasselbe Metall nach zwei ganz verschiedenen Münzfußen ausgemünzt wird,

hat sich kein einziges Münz-System mehr bewahren und erhalten lassen. Alle sind daran zu Grunde gegangen (darüber s. oben S. 93 fg.). Die Gewinnsucht machte Finanzspeculationen nöthig, so lange es von dem guten Willen der Unterthanen abhing, die über ihre Kammer-Einkünfte hinausgehenden Geldbedürfnisse ihrer Fürsten zu befriedigen. Seitdem aber an die Stelle des Patrimonial-Staats der Social-Staat getreten ist, in welchem es heißt: die Bedürfnisse des „Staats" müssen befriedigt werden, ist schwer abzusehen, wozu noch jetzt ein kleinlicher Gewinn, der große Verluste herbeiführen muss und noch jedesmal herbeigeführt hat, auf Kosten des Münzwesens gemacht werden soll. Die Vorsichtsmaßregeln, die Versprechungen und Verabredungen, durch die man dem Missbrauche der Billon-Scheidemünze vorbauen wollte, haben sich bis jetzt noch jedesmal als leer, als erfolglos erwiesen. Gelegenheit macht Diebe, und durch Billon-Scheidemünze führt der HErr jede Regierung in Versuchung! — Außer Deutschland ist man bereits überall von dieser Thorheit — die jetzt nur noch im Schlendrian, im Bockbeutel ihre Quelle hat — zurückgekommen. — Die Billon-Scheidemünze ist ganz dem Papier-Gelde gleich zu setzen. Noch nie hat es ein Papiergeld gegeben, bei dessen erster Emission bereits der Banquerott beabsichtigt gewesen wäre. Die Geschichte des Geldwesens kennt aber bereits weit mehr Scheidemünz-Banquerotte als Papiergeld-Banquerotte. — —

4) Wenn das Gesetz, in der Voraussetzung großer Mängel bei der Münztechnik, ein Remedium gestatten zu müssen glaubt, durch welches Gewicht und Feingehalt des Münzstücks stärker verringert wird, als es sich mit dem beabsichtigten Münzfuße verträgt (davon s. oben S. 37). —

Die Differenz zwischen Münze und Münzgesetz tritt sodann ein,

II. wenn das Münzgesetz, gegen dessen ursprüngliche Absicht, schlecht ausgeführt wird. Dies hat stattgefunden bald aus betrüglicher Gewinnsucht der Finanz-Verwaltung, sehr oft aber auch aus bloßer Ersparungssucht der Münzbeamten, aus dem Streben derselben, durch Ablieferung thunlichst bedeutender Überschüsse des Münzbetriebes, welche die Finanz-Verwaltung gar nicht beabsichtigt hatte, sich in den Augen minder sachkundiger Vorgesetzter als besonders um- und einsichtige, gewissenhafte und dienstbeflissene Diener darzustellen. Bei einem sachkundigen Vorgesetzten würden sie gerade das Gegentheil erreichen. — Die thunlichste Benutzung der Remedien, die überreichliche Ausmünzung der stärker beschickten Münzsorten und der Scheidemünze, die Beibehaltung der Billon-Scheidemünze und die Einführung vieler und höher werthender Sorten derselben kommen — wenigstens in neuerer Zeit — aus ein- und derselben Quelle. — Zwei besonders arge Fälle der aus Ersparungssucht beim Münzverfertigen vorgekommenen, zu völliger Vernichtung der gesetzlichen Währung führenden mangelhaften Ausführung eines an sich wohlbegründeten Münzgesetzes fanden sich im 19. Jahrhunderte in Frankreich und in Hannover. In Frankreich münzte man während der ganzen Regierungszeit Napoleons und der beiden Bourbons das Silbergeld aus spanischen Piastern, ohne den geringeren Feingehalt des Silbers derselben bis zu dem bessern gesetzlichen französischen zu erhöhen, wie oben (S. 38) schon erzählt ist; in Hannover bestand während der Zeit des Conventionsfußes, 1817—1834, das die Währung bildende Zahlmittel fast ausschließlich aus 1/12-Thalerstücken, die man aber, um die Kosten zu ersparen, wie Scheidemünze nur al marco und unjustirt ausgemünzt hatte. Da nun diese Münzstücke von ungleichem Gewichte waren, so hatten Speculanten, mit Erneuerung der Kipper- und Wipperzeit, die schwereren Stücke ausgekippt, so daß nur die leichteren im Umlaufe geblieben waren, die, wie sich zuletzt auswies, um 2 1/2 % zu leicht waren, womit also, in Folge der verkehrten Ausführung des Münzgesetzes, anstatt des gesetzlich vorgeschriebenen und beabsichtigten 20-Guldenfußes, ein 20 1/2-Guldenfuß bestanden hatte. Durch diese gleichsam-officielle Falschmünzerei erlitt Mancher großen Verlust.

Zu der verkehrten Ausführung eines an sich wohlgeordneten Münzsystems gehört es endlich, wenn die Münze die rohen Metalle, um einen höheren sogenannten Schlagschatz verdienen zu können, nicht anders als zu allzuniedrigem Preise ankauft, wodurch die ausgemünzten Münzstücke, als eine kostspielige Waare, länger im Umlaufe bleiben und durch die Abnutzung an Gehalt verlieren und dadurch zur Verschlechterung der Währung und der Zerrüttung des Münzsystems beitragen.

Das Verfahren, für alles der Münze angelieferte rohe Metall einen gleichen Metallbetrag in geprägten Münzen zu geben und die Verfertigungskosten der letzteren aus der Staatscasse zu bezahlen, hat sich in England nicht als zweckmäßig bewährt. Aber entschieden tadelnswerth ist das besonders früher in Frankreich weit getriebene Bestreben, durch möglichst hohe Verfertigungskosten einen Gewinn aus dem Münzbetriebe ziehen zu wollen. Wenn diese Verfertigungskosten, also der Ankaufspreis der rohen Metalle, so festgesetzt werden, daß sie, aber auch ohne Gefahr einer Zubuße, nur eben gedeckt werden sollen, so wird sich doch immer noch ein Überschuss ansammeln, der, bei der größtmöglichsten Thätigkeit der Münz-Officin, nicht durch die Höhe des Gewinns im Einzelnen, aber durch die häufige Wiederholung des kleinen Gewinns gesteigert werden kann. Dies ist die einzige Art eines Münzgewinns, der nach den Ansichten des neuern Zeitalters zulässig ist; jede andere Art von Gewinn kann nur durch mehr oder weniger gelungenen Betrug gemacht werden. Wenn aber schon aus jenem Grunde bei einem wohlgeleiteten Münzwesen darnach gestrebt werden muss, die Thätigkeit des Münzbetriebes zu steigern, so wird — was sehr viel wichtiger ist, — eben dadurch der Zerrüttung des Münz-Systems am kräftigsten vorgebauet. —

Die Erfahrungen vieler Jahrhunderte haben überhaupt gelehrt, daß das Münzrecht nichts weiter sein darf, als ein Förderungsmittel des Verkehrs, und daß eben der Verkehr schwer dafür büßen muss, wenn das Münzrecht zum Zwecke des Gewinnes ausgeübt wird. Bei der jetzigen Organisation der Finanzverwaltung aller civilisirten Staaten schafft die Blüthe des Verkehrs dem Staatsschatze mehr Gewinn, als die Lähmung desselben durch finanzielle Ausbeutung des Münzrechts.

III. Wenn aus irgend einem Grunde es an der nach dem inländischen gesetzlichen Münzfuße geprägten Münze fehlt, und an deren Stelle ausländische Münzen in Umlauf kommen, die entweder gesetzlich oder durch den Handel und Wandel zu einem höheren Werthe zugelassen werden, als es dem Verhältnisse ihres Metall-Inhalts zu dem gesetzlichen Münzfuße entspricht. — Dieser Zustand ist nun nicht eigentlich eine Ursache der Zerrüttung des

Münzwesens, sondern vielmehr die Wirkung desselben; mit ihm tritt die Vollendung dieser Zerrüttung, die gänzliche Vernichtung ein. Diesem Zustande ist stets eine verkehrte Münz-Politik vorhergegangen; in Deutschland und im östlichen Europa ist er, so oft er in den letzten Jahrhunderten eingetreten war, in Folge vorhergegangenen Scheidemünz-Unfugs eingetreten, daher denn besonders der Stammsitz des letzteren, das südwestliche Deutschland, darunter gelitten hat. Diese Gegend hat sich schon seit drei Jahrhunderten in Bezug auf Münzwesen fortgesetzte Missgriffe zu Schulden kommen lassen; sie hat keine Bergwerke, welche edle Metalle lieferten, und keinen Metallmarkt-Platz, wohin der Handel deren führte. Die Thätigkeit ihrer Münzstätten hat sich von jeher darauf beschränkt, ausländische Münzen in schlechte und immer mehr verschlechterte einheimische Scheidemünze, sogar in Stücken von 1 und 2 Gulden, umzuarbeiten, und die im Umlaufe bleibenden gröberen fremden Münzsorten — österreichische und französische — nach den Scheidemünz-Währungen zu tarifiren. Und 1793 vereinigten sich die dortigen Regierungen, die brabanter Kronthaler, die nach dem gesetzlich angenommenen Münzfuße 2 Fl. 38½ Kr. wertheten, zum Nennwerthe von 2 Fl. 42 Kr. als gesetzliches Zahlmittel zuzulassen! Es ist gewiss, daß die verwüstenden Kriege von 1796 bis 1800 dem südwestlichen Deutschlande keine so große Verluste gebracht haben, als diese einsichtslose Münzpolitik seiner Regierungen. — Als man in der ersten Hälfte des 18. Jahrhunderts in Norddeutschland die alten französischen Louisd'or als Zahlmittel aufnahm, war nicht berücksichtigt, daß der gesetzlich vorgeschriebene Münzfuß derselben, der Remedien wegen (s. oben S. 37), gar nicht beobachtet war; sie wurden in Deutschland nachgemünzt, aber besser, so daß diese einheimischen sich neben jenen fremden Originalen gar nicht im Umlaufe erhalten konnten. — Das Bedürfniss, fremde Münzen in den einheimischen Umlauf zu ziehen, ist nicht Folge belebteren internationalen Verkehrs, sondern fehlerhafter Münzpolitik, denn letztere muss und kann auch dafür sorgen, daß jene, wenn das Ausland sie sendet, zu einheimischen umgeprägt werden. Der Wiener Vertrag von 1857 will nicht fremde Münzsorten vom Umlaufe ausschließen, aber ihnen den Umlauf nur nach Ermittelung ihres wirklichen Gehalts und unter Absetzung des Betrags der Umprägungskosten an dem ihnen beizulegenden Nennwerthe, gestatten. Das klingt schon gut; aber der Tarif wird nur für die öffentlichen Cassen, nicht aber auch für den Verkehr, den „Handel und Wandel" gelten, und letzterer allein, nicht die Regierung, regiert das Geldwesen. Und sodann wird der Tarif den Fall nicht berücksichtigen, daß, wenn eine Münzsorte im Auslande einen Markt findet, demselben vorzugsweise die zu leicht gewordenen Stücke zugesandt werden. Daß man auch jetzt noch irgendwo einheimische, eigens zur Ausfuhr bestimmte, nach der Verschiedenheit der Länder, wohin sie gehen sollen, schlechter ausgeprägte Münzen auf Bestellung der Banquiers verfertigen sollte, wie dies ehemals in Amsterdam geschehen ist (Graumann: Briefe vom Gelde I, S. 128), wird jedoch schwerlich noch vorkommen. — Zu bemerken ist aber, daß nur das Münzgesegnete Deutschland den Tummelplatz für den Umlauf fremder Münzsorten abgiebt, während in anderen Ländern, die ein wohlgeordnetes Münzwesen haben, fremde Münzsorten nur als Handelswaare an den Börsen, als Tiegelgut für die Münzwerkstätte und zum Handel mit Barren, oder zur Wiederausfuhr, nicht aber im Umlaufe und im kleinen Verkehre vorkommen. Wo das Gegentheil stattfindet, da muß es noch irgendwo an etwas versehen sein! — Ein bedeutendes Hülfsmittel, um die Nachtheile und Gefahren, welche die Zulassung des Umlaufs fremder Münzsorten mit sich bringen kann, zu vermeiden, ist die Centesimal-Zählweise. Der Nennwerth der fremden Münzsorte wird sich immer in ein leicht übersichtliches und anschauliches Verhältniß zu der einheimischen Zählweise feststellen. So z. B. der alte Louisd'or zu 5 Thaler, der neue zu 11 Gulden; das silberne Fünf-Franken-Stück zu $2^1/_3$ Gulden und $1^1/_3$ Thalern, der Laubthaler zu $2^3/_4$ Gulden — gleichviel ob dieser Nennwerth im streng richtigen Verhältnisse zu dem Metallwerthe jener Münzsorten und dem einheimischen Münzfuße steht. Bei der Centesimal-Rechnung wird sich der Nennwerth in letzteren Hinsichten genauer feststellen, da jede Zahl in einem übersichtlichen, faßlichen und anschaulichen Verhältnisse gegen die Zahl 100 steht. Dies nützt freilich nur so lange, als fremde Münzen nur einzeln im kleinen Verkehre umlaufen, und nicht zur Bezahlung auch großer Summen dienen. Eine fremde Münze kann einzeln auf 48 oder 49 Neukreuzer tarifirt umlaufen; kömmt sie aber, aus Mangel an einheimischen Zahlmitteln, in Masse und wird sie zur Zahlung großer Summen verwandt, so werden sicherlich ihrer 1000 Stück für 500 Gulden gerechnet werden.

In Belgien trat der in der Geldgeschichte seltene Fall ein, daß durch das Eindringen fremder Kupfermünzen das einheimische Kupfer-Scheidemünz-System zerrüttet wurde, was freilich ein sehr gleichgültiges Übel war. Man hatte 1832 in Belgien das französische Münzsystem eingeführt, so wie es damals in Frankreich gesetzlich bestand, und daher bei Ausmünzung der kupfernen Scheidemünzen das Verhältniß des Silbers zum Kupfer von 1 : 44⁴⁴ angenommen. Als 1852 in Frankreich die seit länger als einem halben Jahrhunderte unterlassene Ausmünzung kupferner Scheidemünzen wieder begann, nahm man das Verhältniß genau halb so hoch, = 1 : 22²² an, und, obgleich das in Belgien angenommene Verhältniß noch weit über dem Marktpreise des rohen Kupfers stand, fand man es in Frankreich vortheilhaft, anstatt zu der bedeutenden Kupferausmünzung rohes Kupfer anzukaufen, die schweren belgischen Kupfermünzsorten — die 5- und 10-Centimen-Stücke — einzuwechseln, einzuschmelzen und zu dem doppelten Nennwerthe in neue französische Kupfermünzen umzuprägen. In Folge dessen verschwanden in Belgien diese beiden Münzsorten aus dem Umlaufe fast gänzlich, und die Regierung wurde dadurch zur Einführung der Stücke von 5, 10 und 20 Centimen aus Nickel veranlaßt. Durch diese ganz eigenthümliche Münzsorte wurde das Eindringen der französischen Kupfer-Münzen gleichen Nominalwerths in den einheimischen Umlauf wenn auch nicht völlig ausgeschlossen, doch sehr erschwert, und die Münzverwaltung gewann bedeutend, indem sie die verschwundenen Scheidemünzen durch neue Ausmünzungen ersetzen mußte. Es soll das Kupfer der belgischen Münzen besser gewesen sein, als das in Frankreich käuflich zu habende, und dies die französische Münzverwaltung veranlaßt haben, sich das Kupfer auf diesem bei weitem weniger vortheilhaften Wege zu verschaffen. — Auf eine andere Art wurde das Kupfermünz-System im Königreiche Hannover gefährdet, wo man der Kupferpfennige 300 auf den Thaler rechnete, während deren im Preußischen 360 = 1 Thaler waren. Da aber im kleinen Verkehre die preußischen Duodecimal-Pfennige in Hannover ganz gleichen Umlauf mit den einheimischen Decimal-Pfennigen hatten, so sollen speculirende Reisende sehr oft in Minden für 1 Thaler Pfennige eingewechselt haben, um sie in Hannover für 1 Thaler 6 Neugroschen wieder auszugeben. Hieraus erwuchs freilich dem Verkehre in Hannover nicht der geringste Nachtheil, denn die Pfennige — mochte sie gemünzt haben wer wollte — wurden nur zu den Zahlungen der kleinsten Beträge verwandt; wohl aber verlor die Münzverwaltung, deren Fabricate, an deren Verfertigungskosten verdient worden wäre, durch preußische Waare überflüssig gemacht wurden.

IV. Die Differenz tritt ein, wenn neben den gesetzlich ausgeprägten Münzstücken andere von betrüglicherweise hervorgebrachtem Mindergehalte im Umlaufe sind, und dadurch die bestehende Währung unzuverlässig wird. Ein solcher Zustand wird durch diejenigen Handlungen hervorgerufen, welche das Criminal-Gesetzbuch unter der Überschrift „Münzverbrechen" bespricht. Hier aber muss noch mehr darunter begriffen werden, nämlich Alles, was man „Münznachmachungen" nennen könnte. — Begreiflicher Weise gehören die, den Münzsammlern so verdrießlichen Nachmachungen und Fälschungen von Alterthümern nicht hierher.

Zu den verschiedenen Arten der Nachmachungen von Münzen gehören die „Beischläge", wie ältere Schriften sie nennen[78]), oder Nachmünzen, die von Unberechtigten, jedoch dem gesetzlichen Münzfuße entsprechend, genau den von dem Berechtigten gemünzten Vorbildern nachgeahmt werden. Wenn Unterthanen dies thun, so begehen sie das Verbrechen der Anmaßung eines Hoheitsrechts. Mitunter ist es von Regierungen, und zwar in ganz redlicher Absicht geschehen: wenn eine Münzsorte dem Verkehre nothwendig, aber nicht anders anzuschaffen war. So z. B. hat die revolutionaire Regierung in Warschau 1831 holländische

---

[78]) Die unter fremdem Typus geschlagenen Münzen heißen in den holländischen Ordonnanzen des 15. Jahrhunderts Byslagen (Rev. Belge, 2. Série, I, S. 172).

Ducaten, den Vorbildern genau nachgeahmt, nur durch ein unscheinbares Zeichen unterschieden, prägen lassen. Auch soll die russische Regierung 1849, während des Feldzugs in Ungarn, österreichische 20-Kreuzerstücke mit getreuer Nachahmung des Gepräges der Originale haben schlagen lassen. — Zu diesen „Beischlägen" gehören auch die „Levantiner": österreichische Conventionsthaler, die genau nach dem Muster der der Maria Theresia vom Jahre 1780, deren fortgesetzte Ausmünzung noch in dem Wiener Münzvertrage von 1857 von Österreich vorbehalten wurde, und die bis 1822 gemünzten Venetianischen Zechinen mit dem Namen des letzten Dogen Ludwig Manini, welche beide zum Handel mit dem Oriente auf Bestellung der Kaufleute von den österreichischen Münzstätten geliefert wurden. — In den Jahren 1814 und 1815 machte die englische Regierung große Geldsendungen nach Deutschland, und ließ zu diesem Zwecke in einer Metallfabrik zu Birmingham Pistolen mit Kurfürstlich Hannöverschen Stempeln, doch ohne daß in Hannover selbst je Vorbilder dazu gemünzt gewesen wären, schlagen (s. oben S. 162). In allen diesen Fällen war aber der gesetzliche Münzfuß der Originale genau befolgt, ja, die Pistolen aus Birmingham hatten sogar mehr Goldinhalt als die später in Hannover gemünzten. — Dagegen sind aber, als, wie oben angeführt, die Brabanter Kronthaler im südwestlichen Deutschlande zu einem weit höheren Nominalwerthe in Umlauf kamen, als sie dem damals dort gesetzlichen Münzfuße nach hatten, deren mehrfach, genau mit Nachahmung des Gepräges der ächten Brabanter und auch mit Beobachtung des dort gesetzlich gewesenen Münzfußes, aber mit der Absicht, bei jener Tarifirung auf Kosten der Südwest-Deutschen zu gewinnen, nachgemünzt, und zwar theils von der österreichischen Regierung selbst, auch nach Abtretung von Brabant und den Niederlanden, aber fortwährend mit der Jahrszahl 1797 und mit Beibehaltung der auf die verlorenen Niederlande bezüglichen Titel und Wappenzeichen, während jene Münzsorte nur auf den Grund eines ausschließlich für die Niederlande erlassenen Gesetzes und nur für den dortigen Umlauf gemünzt gewesen war; theils auch in England, für Rechnung der Regierung, zur Zahlung der Subsidien nach Deutschland (Noback Taschenbuch S. 1183), endlich aber auch, wegen der bei dem erhöheten Nennwerthe der Kronthaler erfolgenden Gewinne von $2^{29}/_{100}$ Procent, auf einer reichsritterschaftlichen Burg in Franken (Leipz. Litt. Z. 1829, Nr. 157), alle genau äußerlich den Originalen nachgeahmt und mit der älteren Jahrszahl, aber auch dem gesetzlichen niederländischen Münzfuße ganz gemäß. — Scharf auf der Gränze der Nachahmung und der Falschmünzerei dagegen liegt der bedenkliche und in der Münzgeschichte vielleicht einzige Fall, daß die Braunschweigische Regierung, die 1835 einen Münzfuß für Pistolen gesetzlich eingeführt hatte, nachher fortdauernd bis 1848 Doppelpistolen mit der Jahrszahl 1834 nach dem früheren leichteren Fuße ausmünzen ließ (s. oben S. 139). Um nichts ärger war es, daß — als in Brasilien von 1828 bis 1838 nichts als Papiergeld coursirte, und dabei die Beträge von 40 und 80 Réis durch große Kupfermünzen dargestellt wurden, — Speculanten in Neu-York diese Kupfermünzen fabrikmäßig nachprägten und Schiffladungenweise in Brasilien einsmuggelten (Noback a. a. O. S. 1020). Ein ganz ähnlicher Fall war bereits 1603 in Spanien vorgekommen, wo der damalige Finanzminister aus Geldnoth Viertel-Realen-Stücke aus Kupfer in Masse münzen ließ, und alsbald die französische Polizei in Dieppe ein mit nachgemünzten, zur Ausfuhr nach Spanien bestimmten Viertel-Realen ganz angefülltes Haus entdeckte (Oppenheim Natur des Geldes S. 274). — In diesen Fällen handelte es sich aber um die Nachmachung nicht sowohl von Münzen, als von münzförmigen Zeichen. — Man hat früher geglaubt, auch die von Speculanten in England verfertigten preußischen Groschen Friedrichs des großen seien „Beischläge", die den ächten an Metallwerth gleich gestanden hätten, gewesen; bei der Einziehung dieser Münzsorte hat sich aber ergeben, daß jene reine Falschmünzen, ohne allen Silbergehalt, gewesen sind (Hoffmann L. v. Gelde S. 75).

Die zuerst angeführten dieser Fälle sind ohne betrügliche Absicht und ohne daß irgend ein Münz-System dadurch zerrüttet wäre, vorgekommen; es sind jedoch piae fraudes, nicht-dolose Fälschungen, die nur etwa der Strenge des Grundsatzes wegen, dem keine Regierung im Münzwesen untreu werden sollte, zu tadeln wären. — Es wäre sicherlich dem Umlaufe aller jener Münzen nicht hinderlich gewesen, wenn sie, mit Nachbildung der nicht-charakteristischen Theile des Typus, die Namen der wahren Münzherren und Münzstätten angegeben hätten, was die bestehenden, in dieser Hinsicht mangelhaften Münzgesetze ausschlossen — wenigstens nach der oben (S. 163) dargelegten Ansicht. — Der aus Neu-York angeführte Fall einer Nachmünzung gehört eigentlich in so fern nicht hierher, als es sich dabei um Münzzeichen, um Creditgeld handelt, und der Braunschweigische Fall geht völlig in Falschmünzerei über. In Braunschweig bestand eine sogenannte „Heckemünze", deren Beseitigung einst der Reichsgesetzgebung so viele Mühe machte, doch mit dem Unterschiede, daß jene ihre eigenen Gesetze mißachtete!

Die Falschmünzerei wird auf verschiedene Art betrieben: durch Prägen oder Gießen, vielleicht auch durch galvanoplastische Nachbildung. Über die äußeren Kennzeichen der falschen Münzen[79]) hat Loos eine besondere Schrift geliefert (Berlin 1828), und Karmarsch behandelt den Gegenstand in einem längern Abschnitte seines „Beitrages zur Technik des MW."; letzterer bespricht den Gegenstand in technologischer Hinsicht, Loos' Schrift gehört eigentlich zur Literatur des Criminalrechts. Der Verfasser hatte öfter bei Untersuchungen gegen Falschmünzer als Sachverständiger Gutachten abgegeben über den Thatbestand, und von diesem Standpunkte aus

[79]) „Falsches Papiergeld ist" (wie eine Zeitung erzählte) „nach dem vom Professor Dove in London entdeckten Verfahren ganz sicher durch das Stereoskop zu erkennen. Sind nämlich beide Scheine, welche man in den Apparat legt, durch Druck derselben Platte erhalten, so sieht man alle Worte und Zeichen in einer Ebene. Ist das eine Papier eine Nachbildung, so treten bestimmte Worte oder Zeichen Zoll weit über die andern hervor, wenn nämlich, was bei der Nachbildung unmöglich ist, in den Zwischenräumen der Worte oder Buchstaben eine mathematische Gleichheit nicht vorhanden ist, welche man zu erreichen auch nicht vermag. Die Prüfung an gefälschten Banknoten ergab eine Menge höchst auffallender, vorher ungeahnter Unterschiede. Das Verfahren ist anwendbar, auch wenn zur Anfertigung eines Geldpapiers mehrere Platten gleichzeitig verwandt worden. Bei einer solchen können möglicher Weise die Zeichen der einen Platte über die der andern hervortreten, nicht aber bestimmte Worte oder Buchstaben der einen Platte über andere derselben Platte".

den Gegenstand aufgefasst. — Für die **Geldlehre** ist derselbe verhältnissmäßig weit weniger von Interesse, denn die Falschmünzerei kann, falls nicht etwa eine Regierung durch ganz verkehrte Münzpolitik dazu Anlass giebt, wie in Spanien, Preußen und Brasilien, wie vorhin erwähnt, geschehen ist, nie in dem Umfange getrieben werden, daß durch die umlaufenden falschen Münzen der gesetzliche Münzfuß gefährdet werden könnte. In **Brasilien** existirte zur Zeit jener massenhaften Einfuhr nachgemachter Münzzeichen gar kein gesetzlicher Münzfuß, da man außer jenen Marken nichts als Papiergeld hatte. Die Groschen Friedrichs des großen waren durch englische Falschmünzer in einer, sonst freilich in der Münzgeschichte beispiellosen Masse nach Preußen eingeführt, doch ergab sich bei der späteren Einziehung dieser Münzsorte, daß unter der Menge nur 2 bis 3 Procent Falschmünzen waren. Die Regierung selbst hatte aber, aus verkehrter Gewinnsucht, von jener schlechten Scheidemünze eine das Bedürfniss des kleinen Verkehrs übersteigende enorme Masse in Umlauf gesetzt, so daß jener verhältnissmäßig geringe Antheil der Falschmünzen daran doch einen Nominalwerth von mehr als einer Million Thalern hatte, wonach also über 24 Millionen Stück **falsche** Groschen in den Umlauf gebracht waren, ein Quantum, welches wohl hingereicht haben würde, ein wohlgeordnetes Münz-System zu zerrütten. Aber wenn in einem Lande von etwa 5 Millionen Menschen, wie dem damaligen Preußen, für 42 Millionen Thaler schlechte Scheidemünzgroschen umlaufen (Hoffmann L. v. Gelde S. 68, 75), so besteht kein wohlgeordnetes, sondern ein durch die Münzpolitik der Regierung selbst bereits völlig zerrüttetes Münzwesen, dessen Mängel eine Zeitlang künstlich versteckt bleiben können (Rumpf Preuß. Monarchie S. 212), aber endlich, wie 1807 geschah, mit ungeheuern Verlusten zu Tage brechen. — Wenn die Kunst, falsche Münzen zu erkennen, einen — nicht bloß für Criminalrichter — praktischen Werth haben soll, so muss sie so gelehrt werden, daß jedesmal derjenige, welcher zuerst das Münzstück aus den Händen des Falschmünzers empfängt, sofort dessen Falschheit entdeckt und sich vor Betrug hütet. Wenn dasselbe erst durch viele Hände gelaufen ist, ehe seine Falschheit zu Tage tritt, und endlich der letzte unschuldige Besitzer die Überzeugung erhält, daß er betrogen ist, dann kömmt die Erkennungskunst zu spät. Diese Kunst hat also wenig praktischen Werth, aber zum Glück treten die Fälle ihrer Anwendung zu selten ein, als daß man sie nicht für ziemlich entbehrlich halten sollte. — Eben deshalb sind auch wohl die Darstellungen des großen Nutzens, der dem Münzwesen durch das Absenkungsverfahren der Stempel gewährt wird, sehr übertrieben, und es geht weit, daß von Loos und auch Hoffmann sogar die Darstellung der Köpfe der Fürsten auf den Münzen für ein Übel gehalten wird, weil der Wechsel der Regenten und das Älterwerden derselben von Zeit zu Zeit eine Änderung der Münzstempel nöthig macht. Kein Stempelschneider kann freilich einen Münzstempel so genau nachahmen, daß eine mit demselben geprägte Münze in die Matrize des Originals passen könnte. Aber wer hätte denn nur stets eine Matrize zur Hand und wer würde sich stets die Mühe geben wollen und geben können, die Münzstücke, die er empfängt hinein zu passen, um die etwaigen Falschmünzen zu erkennen — außer dem „Sachverständigen" im Criminalprocesse gegen Falschmünzer? Daß man übrigens diese Garantie sehr leicht den deutschen Goldkronen hätte geben können, habe ich oben (S. 142) bemerkt. — Dessenungeachtet ist unerläßlich, der Falschmünzerei thunlichst vorzubeugen, und, wenn dies nicht anders als durch Polizei und Strafandrohungen möglich sein sollte, ihr durch mangelhafte Münzgesetze und mangelhaft verfertigte Münzen nicht Vorschub zu leisten und gar dazu einzuladen. Zunächst würde das geschehen müssen durch Beseitigung der aus stark beschicktem Silber verfertigten Münzen, die den ganz aus unedelem Metalle bestehenden so ähnlich sind, daß der Falschmünzer mit wenig oder gar keiner Mühe seiner Waare völlig das Ansehen der ächten giebt. — Sodann durch kunstvoll geschnittene Stempel, die nur von einem Kunstbegabten mit Aussicht auf Täuschung nachgeschnitten werden können. Der Künstler giebt es überhaupt nur wenige; desto seltener werden sie also wohl auch unter den Falschmünzern sein. — Aber die englischen Sovereigns und Half-Crowns sind aus nur sehr gering beschicktem Metalle ($^1/_{12}$ und bezw. $^3/_{40}$ Zusatz) und mit sehr kunstvoll gearbeiteten Stempeln gemünzt, und sind dennoch vielfach, gut übergoldet und versilbert, aus Kupfer nachgeprägt — freilich keineswegs in solcher Menge, daß dadurch irgend ein Mißtrauen gegen die Vollgültigkeit der umlaufenden Zahlmittel hätte erweckt werden können. Die Hannöverschen Gutengroschen Georgs IV. sind bei ihrem schlechten Billon-Gehalte und ihren tölpelhaft eingekratzten Stempeln auch, aber um nichts häufiger nachgeprägt als jene englischen Münzen. — Weniger gefährlich als die geprägten Falschmünzen sind, weil leicht erkennbar, die gegossenen. Bei Vermünzung feineren Metalles und Anwendung kunstvoll geschnittener Stempel wird das Gießen von Falschmünzen — eben das leichteste und daher häufigst zu besorgende Verfahren der Falschmünzer — sehr erschwert, fast unmöglich, weil die verdächtige Arbeit zu augenfällig ist, als daß leicht jemand durch sie getäuscht werden könnte. Die nachgießenden Falschmünzer wählen daher ihre Originale fast nur unter den älteren im Umlaufe noch vorhandenen Sorten, z. B. den preußischen vor 1817 geschlagenen Thalern. — Es ist wohl die Frage noch nicht aufgeworfen, ob nicht das saubere Abgießen der Münzen durch Guillochirung des Spiegels derselben erschwert werden könnte. Man sollte denken, daß eine Münze, deren Spiegel durch Guillochirung „damascirt", geblümt oder mit heraldischen Figürchen bestreuet ist, auch durch den saubersten Abguss nicht anders als mit auffallendster und augenfälligster Entstellung dieser Verzierungsarten abgegossen werden könnte. — Über die Erfolge der galvanoplastischen Nachbildung liegen — meines Wissens — bis jetzt noch keine Erfahrungen vor.

Hinsichtlich kupferner Scheidemünze sollte eigentlich von Falschmünzerei und deren Verhinderung gar keine Rede sein, denn so lange Kupfermünzen, und wenn es auch Sorten, welche größere Beträge an Silber repräsentiren, davon geben sollte, immer nur Scheidemünze bleiben, und nicht wie 1603 in Spanien, 1820 in Brasilien, 1807 in Österreich, gleich einem Papiergelde an die Stelle der Silberwährung selbst treten sollen, kann einestheils bei der Falschmünzerei der Kupfermünzen kaum ein die Arbeit lohnender Vortheil sein, denn sie lassen sich immer nur in allzu kleiner Menge in Umlauf[80]) setzen, anderntheils ist der Umlauf kupferner

[80]) Die sogenannten Frankfurter Judenheller wurden in einer Gegend und einer Zeit von Falschmünzern in Umlauf gesetzt, wo der

Falschmünzen — d. h. von Kupfermünzen, die nicht von der Münzstätte des allein münzberechtigten Landesherrn ausgegangen sind — nicht bloß völlig unschädlich, sondern eigentlich wahrhaft nützlich, wenn sie die Landesherrlichen gänzlich vertreten und ersetzen (s. oben S. 167). Kupferne Falschmünzen würden keine andere Wirkung auf den Verkehr haben, als ihn die ganz offen in Umlauf gesetzten, zahlreich unter der Regierung Karls II. und während der französischen Revolutionskriege in England, und während der ersten Jahrzehende der Colonisation in Australien geschlagenen Token, oder in Frankreich die vielfach in bedeutenden Massen in der Erde vergraben gewesenen, im 3. und 4. Jahrhunderte geschlagenen Römischen Kupfermünzen[81]), welche die Finder bei Mangel an kupferner Scheidemünze sofort als 1/4-Sou-Stücke in Umlauf setzen konnten, gehabt haben: anstatt eine Zerrüttung des Münzfußes herbeizuführen, haben sie vielmehr eine, möglicherweise durch eine von der Regierung ausgegangene allzugroße Ausmünzung von Kupfermünzen entstehende Beeinträchtigung des Münzfußes zu verhindern beigetragen. — —

Sehr viel wichtiger, weil gefährlicher und schädlicher für die Erhaltung guter Ordnung im Münzwesen, als die Falschmünzerei, ist die Münzfälscherei. — Als eine indirecte Art der Münzfälscherei oder vielmehr nicht als Fälschung des einzelnen Münzstücks, sondern als Fälschung der ganzen Währung könnte man das Kipper- und Wipperwesen betrachten. Wenn die einzelnen Münzstücke einer und derselben Münzsorte der Hauptwährung, entweder durch ganz verwahrlosete Ausmünzung oder durch den langen Umlauf eines Theils derselben, von ungleichem Gewichte, also verschiedenem Silberinhalte sind, und alsdann von Speculanten die schwereren Stücke herausgesucht werden, so daß nur die leichteren

---

Scheidemünz-Unfug in der schönsten Blüthe stand und das Münzwesen in der kläglichsten Zerrüttung war.

81) Über die Massen der vor 1852 im Innern von Frankreich im Umlaufe gewesenen antiken Römischen Kupfermünzen s. Rev. de la Num. fr. 1854, S. 385 (hinsichtlich der Zustände von 1834); Rev. archéolog. V (1848) S. 682 (: „L'abondance des pièces romaines en circu-„lation à Limoges“).

im Umlaufe bleiben und ein Hauptzahlmittel bilden, so ist eben dadurch die Währung wesentlich verändert, der gesetzliche Münzfuß aufgehoben und das Münzwesen zerrüttet. — In Folge des Auskippens derjenigen Münzsorte, die das Hauptzahlmittel bildete, die einsichtsloser Weise nicht justirt in den Umlauf gegeben war, der 1/12-Thaler-Stücke, fand sich in Hannover der 1817 eingeführte 20-Gulden-Fuß 1834 in einen 20 1/2-Gulden-Fuß verwandelt und die gesetzliche Währung um 2 1/2 Procent verringert! Bei der Einführung des 14-Thaler-Fußes, 1834, sollten die 1/12-Thalerstücke, obgleich sie nunmehr das Hauptzahlmittel nicht mehr bildeten, justirt werden; aber 1857 hat man in Hannover bei Einführung des 30-Thaler-Fußes jene 1/12-Stücke beibehalten, die, nicht wie die preußischen 2 1/2-Silbergroschen-Stücke nach dem Scheidemünzfuße, sondern nach dem 30-Thaler-Fuße, aber dennoch nicht justirt, sondern, wie vor 1834, abermals nur al marco ausgemünzt werden sollen, wobei das Gewicht der einzelnen Münzstücke nothwendig von einander abweichen muß, so daß derjenige, welcher sich die Mühe geben wird, die schwereren Stücke darunter auszukippen, in deren 360 Stück nicht für 30, sondern für mehr als 30 Thaler an feinem Silber finden wird. Man sollte denken, diese Münzsorte hätte entweder justirt oder nach dem Scheidemünzfuße ausgemünzt werden müssen. — Von der anderen Veranlassung des Auskippens — der durch den langen Umlauf entstehenden Gewichtsverschiedenheit der Münzstücke, wird hernach die Rede sein.

Die Münzfälschung der einzelnen Stücke geschieht durch Verringerung des Metall-Inhalts entweder am Rande, durch Beschneiden und Befeilen, oder im Innern, durch Aushöhlen, oder auf der gesammten Oberfläche, durch Abätzen. — Die Verletzung des Randes (s. oben S. 134) ist fast allein durch das Prägen im Ringe schon unmöglich geworden; auch ohne weitere erhöhete oder vertiefte Randverzierung wird durch das die Fläche der Münze umgebende „Stäbchen" und den dicht daran liegenden Perlenreif jede Verletzung des Randes zu auffallend, als daß sie in gewinnsüchtiger Absicht mit Erfolg vorgenommen werden könnte, vorausgesetzt, daß diese Verzierungsarten mit der erforderlichen Genauigkeit und Zierlichkeit vom Stempelschneider ausgeführt werden. Eine Randverzierung erschwert dann auch noch bei galvanoplastischen Nachbildungen den Betrug. Dagegen wirkt in dieser Hinsicht der so häufig vorkommende gekerbte Rand nachtheilig, indem er durch eben die Feilenstriche, die den Rand beschädigen, auch wiederhergestellt wird. — Das Aushöhlen der Münzen (s. oben S. 131), welches in Indien, England und Frankreich den Münzfälschern so gewinnbringend ist und in so ausgedehntem Umfange betrieben wird, daß beim Umlaufe vieler auf diese Art des größten Theils ihres Metallinhalts beraubter Stücke, die Zuverlässigkeit der Währung gefährdet und damit ein wohlgeordnetes Münzwesen erschüttert werden kann, ist in Deutschland noch nicht beobachtet, obgleich die mit jeder Veränderung des Äußern der Münzstücke zunehmende Dicke derselben zu dieser Münzfälschungsart einladt. — Das Abätzen der Oberfläche, das Auflösen eines Theils derselben durch chemische Reagentien, welches bei Goldmünzen durch Abätzung eines ganz unbemerkbaren dünnen Theils der Oberfläche bereits reichlich lohnend wird, wenn Goldstücke in großen Massen diesem Verfahren unterzogen werden, ist wohl eine der gefährlichsten Arten der Münzfälschung, da ihr schwer zu begegnen sein dürfte. Die vorsichtig vorgenommene Abätzung nimmt nur eine so dünne Lage des Metalls weg, daß auch die zarteste Guillochirung der Fläche vielleicht keine Spuren davon annimmt, während dennoch das Goldstück einige Centigramme an Gewicht verloren hat. Den nachtheiligen Folgen dieser wie jeder anderen Gewichtsverminderung für die Integrität der Währung und des Münz-Systems würde einigermaßen (wie oben mehrfach besprochen ist) durch Vermünzung nur ganz feinen Metalls und engen Anschluß des Münzfußes an das Gewichts-System zu begegnen sein, wobei die Zahlungen im Großen mehr nach dem Gewichte, als nach der Stückzahl geleistet werden würden, wo dann die Gewichtsverminderung durch Abätzen theilweise wohl Hindernisse beim Wieder-in-Umlauf-bringen der massenweise beschädigten Münzstücke finden dürfte. Die beim Münzgewichte und bei der Zählweise parallel laufende Centesimal-Eintheilung würde dann auch die Berechnung und also Geltendmachung der Gewichtsverminderung bedeutend erleichtern und damit den Erfolg der letzteren erschweren.

Eigentlich nur ein einfacher Betrug, aber kein Münzverbrechen findet statt beim Ausgeben geringer Münzstücke anstatt höherer, besonders, wo Münzen aus edelem und unedelem Metalle sich durch Gepräge und Durchmesser so ähnlich sehen, daß letztere durch Versilberung oder Vergoldung zum Betrügen geeignet sind. Der Fall ist in Bremen vorgekommen, wo die 1841 gemünzten 6=Groten-Stücke aus Silber und $^{1}/_{2}$-Groten-Stücke aus Kupfer nur durch die Werthziffern von einander verschieden waren, was eine schleunige Wiedereinziehung der letzteren zur Folge hatte. Auch die sächsischen Neugroschen und Doppel-Pfennige von 1863 sind sich im Gepräge völlig gleich. Dem Übel wäre bald vorzubeugen, namentlich wenn auch der Durchmesser jeder der verschiedenen Münzsorten eines Münz=Systems ein verschiedener wäre, der wenigstens bei Bildung von Rollen die verschiedenen Sorten leicht unterscheiden würde (s. oben S. 137). Diese Art von Betrug, so wie alle Arten der Falschmünzerei werden aber bei verständig getroffenen und ehrlich ausgeführten Anordnungen des Münzwesens nie im Großen und Ganzen auf dasselbe nachtheilig wirken können. Wohl aber ist dieses von den verschiedenen Arten der Münzfälschung zu besorgen.

V. Die Differenz zwischen dem gesetzlichen und dem factischen Metall=Inhalte der Münzstücke tritt ein in Folge der durch den Umlauf bewirkten Abreibung und Abgreifung derselben. — Dieser Vorgang, den Hoffmann in seinem Buche besonders hervorhebt, steht vorzugsweise der Bewahrung eines Münz-Systems und der Erhaltung seiner Währung entgegen, und die Geldgeschichte ergiebt, daß keines von allen bis jetzt bestandenen den hierdurch veranlaßten Übeln entgangen ist. Dieser wichtige Umstand ist lange ganz unbeachtet geblieben, und es ist ein Verdienst Hoffmann's, vorzugsweise hierauf hingewiesen zu haben. Es verdient große Anerkennung, daß der Wiener Münzvertrag von 1857 für das Eintreten dieser Calamität auf thunlichste Abhülfen Bedacht genommen hat. — Es ist aber vor Allem die Aufgabe der Chemie, der Geldlehre oder der Münzpolitik und der Münztechnik mit Rathschlägen zu Hülfe zu kommen; leider hat sie bis jetzt die hier nützlichen Erfahrungen noch nicht in hinreichendem Umfange sammeln können. Es ist dabei nicht genug, dem bereits eingetretenen Übel abzuhelfen; es muss darauf gedacht werden, dem Eintreten desselben vorzubauen. Auf die dazu dienenden Mittel habe ich fast in jedem der vorhergehenden Abschnitte hingewiesen, ich würde dieselben excerpiren müssen, wenn ich alle einzeln bereits besprochenen hierauf bezugnehmenden Rücksichten hier nochmals zusammen fassen wollte: die reine Goldwährung, die Vermünzung unvermischter Metalle, das enge Anschliessen des Münz-Systems an das Gewichts-System, die Centesimal-Zählart, Vermeidung der kleineren Münzsorten aus edelen Metallen, derselben Ersatz durch Kupfermünzen, Vorkehrungen der Münz-Technik zur Sicherung der Münzstücke gegen Beschädigung und zur Verhinderung und Erschwerung der Falschmünzerei und besonders der Münzfälschung, Behutsamkeit bei Zulassung fremder Münzen in den inländischen Umlauf — dies alles sind Bestandtheile einer Organisation des Münzwesens, die in ihrer Vereinigung vielleicht oder wahrscheinlich der Zerrüttung desselben grösstentheils vorbauen würden. — Daneben würde allerdings eine fortdauernde Beaufsichtigung des Zustandes und der Beschaffenheit der umlaufenden Münzstücke, wie sie in England seit 1817 mit grosser Strenge und Stetigkeit ausgeübt wird, oder wie sie sich in Deutschland die den Wiener Münzvertrag von 1857 abschliessenden Fürsten gegenseitig versprochen haben (Münzvertrag Art. 13 und 15), um die durch den Umlauf an Gewicht verminderten Münzstücke einzuziehen und umzuprägen, nicht ausgeschlossen sein dürfen; aber sehr zu bezweifeln ist, dass bei Anwendung jener Massregeln, namentlich bei Vermünzung nur ganz unbeschickter Metalle, sich eben so viele Veranlassung zum Umprägen der Münzen finden würde, als in England schon mehrfach hinsichtlich der goldenen, mit $^1/_{12}$ Theile Kupfer beschickten Sovereigns bereits vorhanden gewesen ist. Es ist noch nicht festgestellt, wie gross der Einfluss ist, den eben dieser Kupferzusatz auf die rasche und verhältnissmässig nicht unbeträchtliche Abnutzung der Sovereigns ausübt. Er ist wenigstens bedeutend genug, um diesen Münzen einen, dem Golde nicht eigenthümlichen bräunlichen Teint zu geben! Jene Beaufsichtigung der im Umlaufe befindlichen Münzstücke wird in England in der Art ausgeübt, dass jeder bei der Londoner Bank einkommende Sovereign gewogen und, wenn sein Gewicht durch den Umlauf oder durch Beschädigung um $^3/_4$ Gran ($1^1/_2$ Procent) oder darüber vermindert ist, durchgeschnitten dem Einbringer, der den Verlust tragen muss, zurückgegeben wird. Durchschnittlich werden unter 1000 eingehenden Stücken 35 auf diese Weise ausgeschossen und aus dem Umlaufe gezogen; der Verlust, den die Einbringer hierdurch erleiden, wird auf jährlich 6000 Pfund Sterling veranschlagt[82]). Diesen Zahlen nach ist die Verminderung, welche die Goldmünzen durch den Umlauf erleiden, sehr beträchtlich, aber sie ist wahrscheinlich noch beträchtlicher, als diese Zahlen sie nachweisen, denn die Banquiers wägen selbst ihre Sovereigns nach, und statt sie der Zerschneidung in der Bank auszusetzen, schicken sie sie ins Ausland dahin, wo die Sovereigns als Zahlmittel im Verkehre Umlauf gewonnen haben. — Da man, so viel bekannt, ähnliche Bemerkungen bei Zechinen und Ducaten in der Maße nicht gemacht hat, so scheint es nicht bezweifelt werden zu dürfen, daß die — doch vergleichsweise nicht starke Beschickung der Sovereigns durch $^1/_{12}$ Kupfer auf diese Gewichtsverminderung von Einfluss ist. In England wird dies aber dennoch nicht vermuthet.

---

## §. 24. Veränderung des Münz-Systems.

Die ganze Weisheit bei Einführung eines Münz-Systems beruhet darin, daß dasselbe nie wieder verändert zu werden brauche und für ewige Zeiten unverändert fortbestehe. Wirklich ist das bei Aufstellung eines jeden Münz-Systems auch eigentlich beabsichtigt gewesen, denn die Geldgeschichte ergiebt, daß die später eintretenden Veränderungen nur in Folge Anfangs nicht beabsichtigt gewesener Zerrüttungen eingetreten sind — die Fälle ausgenommen, wo ein kleineres Münzgebiet sich mit Aufgebung seines bestehenden Münz-Systems wegen Erleichterung des Verkehrs sich einem größeren

[82]) Soetbeer: Einführung der Goldwährung. S. 4.

Daß aber bei so bewandten Umständen die Sovereigns zu einer sogenannten allgemeinen Weltmünze, wenn auch nur in dem bescheidenen Umfange wie einst die Ducaten, geeignet seien, ist unbedingt zu bezweifeln.

Nachbargebiete unbedingt anschloss, oder wo eine theilweise Veränderung in der Meinung einer theoretischen Vervollkommnung vorgenommen wurde.

Wenn nun eine Veränderung des Münzsystems in der Regel immer als nothwendiges Übel erscheint, welches nicht ohne Störungen des Verkehrs eintreten kann, und darin meist nur eine Verbesserung oder Wiedergutmachung vorangegangener Fehler liegt, so lässt sich im Allgemeinen über eine solche Maßregel nichts weiter sagen, als daß die Modalitäten eben nur von dem vorhergehenden Zustande abhängen werden. Die Frage von einer solchen Veränderung gehört daher fast nur der Geldgeschichte an.

Es kann sein, daß eine Veränderung der Geldverhältnisse das ganze Geld-System, oder daß sie nur eine theilweise, einen oder zwei seiner Bestandtheile: die Metallwährung, die Zählweise oder den Münzfuß, trifft. Die Veränderungen der Zählweise oder des Münzfußes berühren dann überwiegend den kleinen, die der Metallwährung ausschließlich den großen Verkehr. Was die Gesetzgebung in Hinsicht auf diese Bestandtheile nach meiner Ansicht zweckmäßiger Weise zu erstreben und was zu vermeiden habe, hat eben den Inhalt der meisten meiner vorhergehenden Abschnitte ausgemacht. Hier ist also nicht davon die Rede, worin etwa eine Veränderung des Münz-Systems bestehe, sondern nur weshalb und auf welche Weise und mit welchen Folgen sie vorgenommen werde — so weit wenigstens die beiden ersten Fragen nicht auch schon im Vorhergehenden erschöpfend genug besprochen sind.

Der Übergang von einem Münzfuße zu einem andern ist fast jederzeit dadurch veranlasst, daß diejenigen Münzstücke, welche das Hauptzahlmittel im Lande waren, denjenigen Metallbetrag nicht enthielten, den sie nach den ursprünglichen Bestimmungen des Münzfußes hätten enthalten sollen. Von dieser Differenz und ihren Ursachen ist oben (S. 35 fg. und S. 170 fg.) geredet. Man hat in diesem Falle stets nur zu einem „leichtern" Münzfuße übergehen können, d. h. man hat anordnen müssen, daß der Nominal-Werth ein geringeres Quantum Metall bezeichnen solle, als bis dahin gesetzlich war, daß er fernerhin nur so viel bezeichnen solle, als er bis dahin bereits factisch bezeichnet hatte. In diesen Fällen wird der neue Münzfuß nicht eigentlich erst durch das neue Münzgesetz eingeführt, da dieses dann nur hinterher gesetzlich anordnet und feststellt, was sich missbräuchlich bereits gebildet hatte. Es wird alsdann eigentlich weder der große noch der kleine Verkehr davon berührt, da ersterer der vorhergegangenen allmählichen Veränderung des Münzfußes stets schon Rechnung getragen hatte, und der letztere sich, da die Veränderung des Münzfußes nicht so beträchtlich zu sein braucht, daß auch die Mehrzahl der geringeren Werthe sich spürbar ändern sollte, bei den unverändert bleibenden Nominalwerthen beruhigt. Von bedenklichem und benachtheiligendem Einflusse sind die auf diese Art vorgenommenen Veränderungen des Münzfußes hinsichtlich der auf Renten = Verschreibungen beruhenden Rechte und Pflichten, da nach den allgemeinen Gesetzen nur auf den in den Verbriefungen gemeinten Metallwerth gesehen werden soll, wobei dann der Renten zahlende Schuldner leidet, wenn zur Leistung dieses Metallwerths nach dem neuen Münzfuße ein größerer Nominalbetrag erforderlich wird, als nach dem früheren. Es sind daher bei gesetzlicher Veränderung eines Münzfußes auch wohl zu Gunsten der Schuldner Ausnahmen von jener Regel gemacht, durch welche die Gläubiger schwer verletzt wurden. Daher sagt Hoffmann (L. v. G. 103), daß „ein solcher Übergang stets mit „bedeutenden Störungen des Verkehrs verbunden" ist. Die hauptsächlichste und wesentlichste Aufgabe der Münzpolitik bleibt deshalb, die Entstehung des Unterschiedes zwischen Metallwerth und Nominalwerth bei den Münzstücken zu verhindern.

Der Übergang von einem „leichteren" zu einem „schwereren" Münzfuße, der immer nur plötzlich wird vorkommen können, da bei diesem die in dem umgekehrten Falle vorauf gehenden Ursachen und Veranlassungen nicht eintreten können, wird in dem Falle wünschenswerth erscheinen, wenn in einem Lande ein selbständiges Münzwesen sich nicht wohl aufrecht erhalten läßt, und die Annahme des Münz = Systems eines in dieser Hinsicht einflußreichen Nachbarlandes sich empfiehlt; wünschenswerth — aber darum doch nicht ausführbar. Das südwestliche Deutschland versuchte nach der Mitte des 18. Jahrhunderts vergeblich aus seinen Scheidemünzfußen zu dem österreichischen Conventions=Fuße überzugehen.

Dies ließ sich nur thun, indem man wohl den Münzfuß und dessen Münzstücke, aber zu einem von 5 auf 6 erhöheten Nominalwerthe der letzteren annahm. — Der Übergang zu dem schwereren Münzfuße wäre nur dann mit den wesentlichsten Interessen des kleinen Verkehrs vereinbar, wenn zugleich eine ganz veränderte Zählweise damit verbunden würde und alsdann die Werthbegriffe nicht mehr an die alten Nominalwerthe geknüpft zu bleiben brauchten. —

Die Veränderung der Zählweise berührt den kleinen und kleinsten Verkehr am empfindlichsten, weil die unendliche Mehrheit der an demselben Betheiligten ihrer gesammten Arithmetik beraubt wird, und sich sehr schwer darin findet, mit neuen Größen bestimmte Werthbegriffe zu verbinden. Die Decimal-Rechnung stößt daneben, wenn sie auch bis in die untersten Werthe durchgeführt wird, bei der mangelnden Halbtheilung der unteren Größen, auf große Schwierigkeiten, besonders wenn das Volk, wie es in Frankreich stattfand, an ein Quartal-System gewöhnt war. Erst seit 1852 ist versucht, die Decimal-Rechnung strenger durchzuführen, indem man Fünftel-Sou-Stücke (Centimen) in großer Masse in Umlauf gesetzt hat. Aber — in Paris wenigstens — hat das Volk diese Münzsorte abermals zurückgewiesen, und es bezahlt, seitdem es keine Halb- und Viertel-Sous mehr haben soll, lieber gar keine Werthe unter 1 Sou, als daß es auf die Fünftheilung des letztern hineingehen sollte. Die Stücke zu 1 und 2 Centimen sind in Paris aus dem Umlaufe völlig wieder verschwunden. Auch in Sachsen ist 1840 die Decimal-Theilung des Neugroschens vom Volke widerwillig aufgenommen, weil man hier durch den Dreier an eine Viertheilung des Groschens gewöhnt war. Erleichtert wurde die Einführung, weil damit zugleich der Übergang zu einer geringer werthenden Scheidemünze verbunden war, da der Thaler von 288 Pfennigen auf deren 300, und von 24 Groschen auf deren 30 erhöhet wurde. Als eine große Calamität wurde dagegen in Berlin 1821 die Einführung der Silbergroschen bejammert, denn statt daß vorher 42 der herabgesetzten Groschen auf den Thaler gegangen waren, sollte er nunmehr deren nur noch 30 enthalten; statt daß man vorher den Thaler zu 504 Pfennigen hatte ausgeben können, sollte er fortan nur noch deren 360 gelten, während doch eine Menge der minderen Werthe an den Begriff des Groschens und des Pfennigs gebunden blieb, und man nun für einen Thaler nur noch 30fach erhielt, was man früher 42fach erhalten hatte. Es war dieser Übergang zu einer — so zu sagen „schwereren" Zählweise vom kleinen Verkehre eben so schmerzlich empfunden, als der zu einem schwereren Münzfuße empfunden werden muß.

Es scheint beinahe, als ob theilweise — anscheinend schonender vorgenommene Veränderungen eines Münz-Systems dem kleinen Verkehre beim Übergange weit mehr Schwierigkeiten und Verluste bereiten, als totale, und daß dem Volke mehr genützt wird, wenn hierbei alles neu wird: — neue Größen, neue Werthbegriffe, neue Münzsorten, neue Zählweise. — —

Die interessanteste unter den theilweisen Veränderungen eines Münz-Systems ist die Veränderung der Metall-Währung: der Übergang von der Gold- zur Silber-Währung oder umgekehrt.

Diese Übergänge bilden stets Haupt-Epochen der Geldgeschichte. Sie setzen das Vorhandensein schon ausgebildeter Verkehrsverhältnisse voraus, und sind mehrmals auf große politische Katastrophen gefolgt. Im Alterthume hatte sich der noch im Kindes-Alter lebende Verkehr mit der Misch-Währung behelfen können, und das Verhältniß der edelen Metalle scheint dabei erst später in Frage gekommen zu sein. Die erste durchgreifende Reform des Münzwesens, welche die Geschichte kennt, wurde von Constantin dem Großen unternommen, der nach langdauernder gänzlicher Desorganisation desselben ein neues Münz-System auf die reine Gold-Währung gründete, welche sich im Abendlande das Zeitalter der Merowinger hindurch bis auf Karl den Großen erhielt, welcher, bei einer neuen Reform, Gold-Währung und sogar Goldausmünzung völlig beseitigte und die reine Silber-Währung einführte. Diese herrschte, zuletzt aber nur in Gestalt zerrütteter Scheidemünz-Währungen, bis in die erste Hälfte des 14. Jahrhunderts, wo sich von Italien aus die Florentiner Zechinen über Deutschland und Frankreich verbreiteten und die Wiedereinführung des Goldes als ausschließlichen Werthmessers und Zahlmittels, aber lediglich durch den Verkehr, veranlaßten. Diese Gold-Währung dauerte bis in den Anfang des 16. Jahrhunderts, wo die Entdeckung der deutschen und americanischen Silberbergwerke das westliche Europa mit ihrer Ausbeute überströmten, und, bei den beträchtlichen daraus folgenden Ausmünzungen, das Silber wieder zum allgemeinen Zahlmittel und Werthmesser machten. Diese Silber-Währung hat bis zur Mitte des 19. Jahrhunderts gedauert, doch trat in der ersten Hälfte des 18. Jahrhunderts eine nur Norddeutschland berührende Episode derselben ein, als bei der wiederum herrschenden Scheidemünz-Anarchie die alten französischen Louisd'or nach Norddeutschland einwanderten und dort zu 5 Thaler der damaligen Scheidemünz-Währung vom Verkehre aufgenommen wurden. Durch die Reform des Münzwesens, welche bald darauf in Österreich und Sachsen durch Einführung des Conventions-Fußes, in Preußen durch die des 14-Thaler-Fußes, in Hannover durch strenges Festhalten an dem alten Reichsfuße bewirkt wurde, blieb jene reine auf die Louisd'or gegründete Gold-Währung in Norddeutschland nicht die ausschließliche, sondern es trat neben sie eine neue Silber-Währung, deren erstere vorzugsweise im großen, letztere im kleinen Verkehre herrschte (s. oben S. 19). Diese Parallel-Währungen hielten sich in Sachsen und Preußen bis in den Anfang, in Hannover und Nordwest-Deutschland bis nach der Mitte des 19. Jahrhunderts; in Bremen war die reine Gold-Währung beibehalten und die Conventionsmünze nur als Scheidemünze derselben aufgenommen. — Auch in England hatte seit dem 16. Jahrhunderte die Silber-Währung geherrscht; die Geschichte der Abschaffung und Beseitigung derselben durch die Gold-Währung erzählt Hoffmann (Lehre vom Gelde S. 103), und sie ist insofern vorzugsweise belehrend, als der Wechsel der Währung hier mehrmals unmittelbar hinter einander, und schnell auf die ihn hervorrufenden, eben auf seine Verhinderung berechneten Maßregeln der Regierung folgte. Nach der genauern Bestimmung des alten Silbermünzfußes durch Elisabeth hatte das rauhe Troy-Pfund Silber zu $^{37}/_{40}$ fein in 62 Stück Schillingen (oder deren Theil- und Mehrstücken), der Schilling also zum Silber-Inhalte von = 5,568 Gm. ausgebracht werden sollen. Unter Karl II veranlaßten bedeutende Goldeinfuhren von der Küste Guinea eine neue Anordnung des Goldmünzen-Fußes. Stücke zum Werthe von 1 Pfund Sterling sollten geschlagen werden, $44^1/_2$

Stück aus dem rauhen Troy-Pfunde zu $^{11}/_{12}$ fein, also Gold-Inhalt des Stücks = 7,704 Gm. Hierbei war also das Verhältniß des Goldes zum Silber = 1 : 14,454. Am Anfange des 18 Jahrhunderts stieg aber auf dem Continente das Gold im Preise, und als man allda mehr Silber als jene $14\frac{45}{100}$ Pfund für ein Pfund Gold bekommen konnte, floß das Gold aus England nach dem Continente ab; „alle Baarzahlungen in das Ausland wurden in „Golde, alle Rückzahlungen nach England in Silber gemacht." Um die Goldmünzen im Lande zu behalten, erhöhete man 1728 den Nominalwerth der Guineen von 20 Schillingen auf deren 21, wodurch das Verhältniß der Metalle = 1 : 15,178 zu stehen kam. So hoch stand aber das Gold auf dem Continente noch nicht, und der Continent schickte nun sein Gold nach England, um dort das zu wohlfeil tarifirte Silber dafür einzutauschen — Vorgänge, wie sie stets mit der Misch-Währung (s. oben S. 21) verbunden waren. Dabei blieb in England nur das ganz abgegriffene, unvollwichtige Silbergeld im Umlaufe, dessen verringerter Metall-Inhalt dann freilich unter demjenigen Verhältnisse blieb, welches die Ausfuhr der vollhaltigen Silbermünzen zur natürlichen Folge gehabt hatte. Als 1817 das englische Münzwesen — mit anerkannter reiner Gold-Währung — neu geordnet wurde, legte man den durchschnittlichen Silber-Inhalt jener abgegriffenen Münzen dem neuen Münzfuße der, von da an ausdrücklich zur Scheidemünze der Gold-Währung erklärten Silbermünzen zum Grunde, und schlug aus dem rauhen Troy-Pfunde von $^{37}/_{40}$ fein = 66 Stück Schillinge, wodurch, als man statt der Guineen zu 21 Schilling eine neue Goldmünze nach demselben Münzfuße zu 20 Schillingen — den Sovereign — einführte, sich das Verhältniß des Goldes zum Silber = 1 : 14,288 stellte. Bei der Festsetzung dieses Münzfußes für die Silbermünzen ist vorausgesetzt, daß das Silber niemals so hoch im Preise irgendwo steigen würde, daß man schon für $14\frac{288}{1000}$ Pfund Silber ein Pfund Gold geben würde, daß also die einheimischen Silbermünzen nie mit Vortheil ausgeführt werden könnten. Dabei wäre nun wieder der Fall eingetreten, wo mit großem Vortheile Silber vom Continente eingeführt werden kann. Denn wenn z. B. in Frankreich das Verhältniß beider Metalle zu einander (bei der dortigen Misch-Währung) gesetzlich zu 1 : 15½ festgesetzt ist, so würde man bedeutend gewinnen, wenn man in Frankreich für 1 Pfund Gold 15½ Pfund Silber — beides in Münzstücken — kauft, und dann für nur $14\frac{288}{1000}$ Pfund in England jenes Pfund Gold in englischen Goldmünzen wieder ankauft, wobei man $1\frac{212}{1000}$ Pfund Silber gewonnen haben würde. Dieser Handel läßt sich aber nicht machen, denn die englische Münze kauft gar kein Silber an, und vermünzt davon nicht mehr, als nur eben nöthig ist, um den Bedarf an Scheidemünze, zur Bezahlung kleiner Summen unter dem Betrage von einem goldenen Sovereign, zu decken. — In ganz gleicher Weise wie einst 1728 England, sind seit 1848 auch Frankreich, Spanien und Italien von der Silber- oder vielmehr Misch-Währung zur reinen Gold-Währung gelangt. Nach dem französischen Münzfuße, der sich bereits über Spanien und Italien verbreitet hatte, stand das Verhältniß der Metalle = 1 : 15½. Als aber das Silber im Preise stieg, als man auswärts für viel weniger als für 15½ Pfund Silber 1 Pfund Gold kaufen konnte, strömte das Gold her und das Silber zog fort (s. oben S. 55), bis auf die abgegriffenen kleinen Stücke.

Die Erzählung und Auseinandersetzung der Einzelheiten dieser Vorgänge oder Revolutionen im Münzwesen und ihrer Folgen ist Gegenstand der Geldgeschichte, aus welcher hier nur die dürren Facta angeführt werden dürfen.

Nur jene älteren Veränderungen der Metallwährungen — die durch Constantin und durch Karl den Großen — sind bloß durch die Gesetzgebung decretirt gewesen; alle übrigen sind ohne das Zuthun derselben oder gar ihr zum Trotze lediglich durch den Verkehr herbeigeführt worden und haben nur hinterher von ihr anerkannt und gutgeheißen werden müssen. Jenen älteren beiden Übergängen war eine völlige Vernichtung des ganzen Münzwesens vorhergegangen; die Gesetzgebung fand eine tabula rasa und konnte einrichten was sie wollte, ohne auf irgend ein bereits Bestehendes zu stoßen. Die Übergänge im 14. und im 18. Jahrhunderte sind die Folgen eines übertriebenen Scheidemünz-Unfugs gewesen, der durch die betrügliche Gewinnsucht der Münzberechtigten — durch Anarchie in der Münzverwaltung — verursacht war. Der am Anfange des

16. Jahrhunderts und die im 18. Jahrhunderte in England und 19. im westlichen Europa eingetretenen Wechsel der Metall-Währung waren Folgen der unrichtiger Weise eingeführt gewesenen Misch-Währung.

Die Veränderung der Metall-Währung ist theoretisch die bedeutendste, die bei einem Münz-Systeme vorkommen kann; praktisch wird sie stets die am wenigsten unmittelbar empfundene sein, denn urplötzlich willkürlich läßt sie sich gar nicht hervorbringen. Bei jeder Währung ist stets dasjenige Metall bei Weitem vorherrschend im Umlaufe, auf welchem die Währung beruhet. Um die andere Währung einzuführen, muss erst das andere Metall die Oberherrschaft im Umlaufe erhalten, aber es hängt gar nicht von der Willkür der Gesetzgebung ab, es herbeizuführen; dazu muss es erst anderswo vorhanden und zwar entbehrlich vorhanden, also käuflich sein, und zugleich würde auch ausführbar sein müssen, das bis dahin im Umlaufe herrschende Metall zu verdrängen. Da, wo dasselbe aber freiwillig — das heißt durch den Verkehr — aus dem Umlaufe verschwunden ist, was in Folge großer politischer, auf das Münz- und Geldwesen einflussreicher Begebenheiten und Katastrophen, aber auch durch eine verkehrte Münzpolitik der Fall sein kann, wo also tabula rasa ist, da kann, falls später die Herbeiziehung von edelem Metalle wieder thunlich wird oder durch den Verkehr eine Wiedereinfuhr desselben stattfindet, der Wechsel der Währung von der Gesetzgebung leichter angeordnet und durchgeführt werden. Unter solchen Umständen hatten Constantin und Karl der Große ihre neuen Organisationen des völlig aufgehobenen Münzwesens durchgeführt, und unter gleichen Umständen hätte man überall da, wo vorher die Silber- oder die Misch-Währung bestanden hatte, die reine Gold-Währung decretiren können, wie z. B. nach der Assignaten-Periode 1795 in Frankreich, nach den Papiergelds-Perioden 1812 und 1856 in Österreich, mehrere male nach den Scheidemünz-Perioden im südwestlichen Deutschlande, wo man namentlich durch die neue Gold-Währung sich wahrscheinlich jedesmal besser hätte helfen können, als es geschehen ist, wenn dort nur nicht von jeher ein so völliger Mangel an Einsicht in diese Angelegenheiten geherrscht hätte.

Wenn aber in ein noch geordnetes Münzwesen der Wechsel der Metall-Währung eintritt, so wird dies sowohl bei der Misch-Währung als bei den Parallel-Währungen dann geschehen, wenn eins der beiden Metalle im Umlaufe beträchtlich die Oberhand gewinnt. Das herbeizuführen ist lediglich Sache des Verkehrs; decretirt kann das, wie gesagt, nicht werden. Die Regierung kann aber darauf einwirken, und zwar dadurch, daß sie das andere Metall bei der Finanzverwaltung zurücksetzt, es also zu einer weniger gesuchten Waare macht und damit aus dem Verkehre verdrängt. In diesen Fällen wird sie fehlerhaft handeln, weil sie, nach Ausweise aller historischen Erfahrungen, jedesmal fehlerhaft handelt, wenn sie den großen Verkehr maßregelt. Die Gesetzgebung hat nur die Entwickelung des Verkehrs zu beachten, um derselben folgen zu können.

Bei dem durch den großen Verkehr herbeigeführten Weg- oder Herströmen der edelen Metalle muss jedoch unterschieden werden, ob eine solche Bewegung eine nachhaltige, also folgenreiche für das Bestehen einer Metall-Währung, oder nur eine vorübergehende, durch einzelne Handels-Conjuncturen herbeigeführte ist. In letzterem Falle tritt sehr leicht irgendwo ein Vorherrschen des einen und ein Mangel an dem andern Metalle ein, woraus sich aber nichts weiter, als eine augenblickliche ungleiche Vertheilung der verschiedenen Metalle schließen läßt, eine Anhäufung an der einen, eine Entblößung an der andern Stelle. Solche Ungleichheiten in der Vertheilung weiß dann der große Verkehr sehr schnell wieder auszugleichen. Schwankungen des Bestandes an Metall sind, je mehr sich der Verkehr ausgedehnt und entwickelt, immer häufiger und beträchtlicher geworden. In ihnen eben zeigt sich die bereichernde Blüthe des Verkehrs; sie eben sind es, die den Münzstätten unausgesetzte Beschäftigung geben. Aber solche Schwankungen verändern nur die Course, nicht die Währungen. Von ihnen hat nicht die Gesetzgebung, sondern nur die Münzanstalt genauere Kenntniss zu nehmen.

Wenn also die Gesetzgebung eine plötzliche Veränderung der Metall-Währung nur da decretiren und dem Verkehre gegenüber ausführen kann, wo vorhergehend das gesammte Geldwesen zerstört war, wenn sie beim Bestehen der Misch-Währung oder der Parallel-Währungen auf die Einführung einer neuen Währung wohl einwirken, aber wohl nur fehlerhafter Weise einwirken, dieselbe aber ohne das Vorangehen des Verkehrs nicht auszuführen im Stande ist, so vermag sie da, wo eine reine Metall-Währung die einzige und allgemeine und noch unbeeinträchtigt bestehende ist, auch nicht einmal durch Einwirkung irgend einer Art dem Verkehre vorzugreifen und einen Wechsel hervorzubringen, ohne gewaltsam nicht bloß in den großen Verkehr, sondern auch in die Privat-Interessen tief, verletzend, zerstörend einzugreifen. Ich vermag auch gar nicht mir einen deutlichen Begriff von der Art der Durchführung und von den Folgen einer solchen Maßregel zu machen, und will es daher um so mehr Anderen überlassen, über dieselbe ihre Ansichten auszusprechen, als sie doch in der Wirklichkeit gewiss nie und nirgends zur Ausführung kommen kann und wird, wo noch irgend eine Art von Verkehr besteht! Und Hoffmann sagt (L. v. G. S. 135): „Es „ist wirklich ganz unausführbar, von einer Rechnung und Zahlung „in Silberwerth zu einer Rechnung und Zahlung in Goldwerth „plötzlich überzugehen; an einen solchen Übergang kann aber auch „Niemand denken, der Kenntniss des Münzwesens genug hat, um „den Einfluss der erwähnten Veränderung richtig zu würdigen."

Wenn aber dennoch ein solcher Übergang mitunter für sehr leicht ausführbar und thunlich gehalten wird, so giebt wiederum Hoffmann über den Grund solcher Ansichten genügenden Aufschluss, wenn er sagt (das. S. 159): „Schwerlich besteht eine „gleich wichtige und gleich gemeinnützige Anstalt, worüber die „öffentliche Meinung so wenig unterrichtet wäre, als das Münz-„wesen." Es ist dies aber sehr erklärlich, denn es sind zur Sachkunde so vielerlei, sehr verschiedenen Wissensfächern angehörende Kenntnisse erforderlich, die aber sämmtlich nur aus der Erfahrung gewonnen werden können, daß von einem Einzelnen schwerlich eine gründliche allseitige Sachkunde erwartet werden darf, und nicht einmal eine oberflächliche von denen, die sich zu einem Urtheile berufen fühlen, bloß weil sie täglich mit Gelde verkehren. — Wie die eigenen Erfahrungen, die der Einzelne gewinnen kann, so sind aber auch hier besonders diejenigen Erfahrungen lehrreich und zur Belehrung unentbehrlich, welche im Laufe der Zeiten allmählich angesammelt sind: die Kenntniss der Geldgeschichte.

## §. 25. Der Wiener Münzvertrag von 1857.

Die österreichische Revolution von 1848 hatte durch ihre Folgen die Geldverhältnisse dieses Reichs in einem in der Geldgeschichte seltenen Umfange zerrüttet. Alle Gold- und Silber-Münzen waren aus dem Umlaufe verschwunden; Kupfer-Münzen waren längst nicht reichlich genug vorhanden und ließen sich aus Mangel an Kupfer nicht sofort reichlich genug schaffen, um den nothwendigsten Bedarf des kleinen Verkehrs an Zahlmitteln zu decken; nicht einmal Papiergeld konnte in hinreichender Masse in Umlauf gesetzt werden. Es gab gar keine Währung mehr; der Verkäufer forderte und der Käufer zahlte, aber keiner von beiden wußte, was für eine Werthgröße er sich eigentlich dabei als Kaufpreis zu denken habe. Es gab kein Geld, keinen Werthmesser mehr. — Das Reich hatte sein eigenthümliches, von denen der Nachbarländer abweichendes Münz-System gehabt; durch Anschluß an eines der letzteren glaubte man, den Wieder-Zufluß von Metall-Geld befördern zu können.

Gleichzeitig mit diesen Umständen war aber eine große Veränderung in den Geldverhältnissen der Länder des westlichen Europas — Frankreichs, Spaniens, Italiens — eingetreten. Handels-Conjuncturen von früher nie dagewesener Bedeutung hatten die Ausfuhr von Silber nach Indien und Hinter-Asien veranlaßt, welche dem Verkehre in allen europäischen Ländern einen großen Theil seiner Zahlmittel entzogen hatten; daneben hatte die Entdeckung der Goldlager von Californien und Australien den geschwundenen Silbervorrath durch reichliches Zuströmen von Gold ersetzt, und in den genannten west-europäischen Ländern war die Gold-Währung an die Stelle der unmöglich gewordenen Silber-Währung getreten.

Unter diesen Umständen glaubte man in Österreich den Ersatz des verloren gegangenen Metallgeldes leichter durch Herbeiziehung von Gold, als durch den Versuch, das überall mangelnde Silber wiederum zum Hauptzahlmittel zu machen, ermöglichen zu können. Es kam also darauf an, zur Rettung aus der Noth zwei

Maßregeln zugleich zu ergreifen: Vereinigung mit den übrigen deutschen Staaten zu einem gemeinschaftlichen Münz-Systeme und Gründung desselben auf die Gold-Währung. Letzteres schien um so leichter erreicht werden zu können, als die Geldfrage damals in ganz Deutschland auf das lebhafteste besprochen und verhandelt wurde, und sehr viele Stimmen die Einführung der Gold-Währung empfahlen.

Die deutschen Regierungen verkannten die große Bewegung in den Geldverhältnissen nicht und billigten Österreichs Vorschlag, über eine neue Anordnung derselben in gemeinschaftliche Berathungen zu treten.

Es waren aber in den vier Theilen, in welche Deutschland nach den Himmelsgegenden zerfällt, die Geldverhältnisse und Münz-Systeme sehr verschieden. Im Nord-Westen — Hannoverland — bestand die Gold-Währung und die Silber-Währung getrennt neben einander; das Verhältniß beider wurde durch den Verkehr wechselnd bestimmt. Im Nord-Osten — Preußen — hatte man gesetzlich die reine Silber-Währung durchgeführt; die wenigen einheimischen Goldmünzen waren zu einem völlig ideal gewordenen Werthe gegen die Silber-Währung tarifirt; dem Bedarfe des größeren Verkehrs an Goldmünzen wurde durch fremde, als Handelswaare geltende Goldmünzen genügt. In den beiden süd-deutschen Regionen war dagegen die Misch-Währung die ausschließlich gekannte — so ausschließlich gekannte, daß man — wie ich aus der aus Südwest-Deutschland herrührenden geldkundlichen Literatur schließen möchte, — von einem praktischen Unterschiede der Gold- und Silber-Währung daselbst vielleicht gar keine Begriffe hatte. — Die Organisation des Geldwesens war also in Süd-Deutschland eine höchst fehlerhafte, in Nordwest-Deutschland aber — in Folge des mercantilischen Einflusses großer Handelsstädte — eine sehr intelligente.

Unter diesen Verhältnissen trat 1856 der Wiener Münz-Congreß zusammen, um ein Gemeinsames für ganz Deutschland zu schaffen.

Der Congreß trat zusammen, um (nach Österreichs Absicht) die Gold-Währung allgemein in Deutschland einzuführen, und er beschloß, die Gold-Währung und ihr praktisches Vorhandensein in einem nicht unbeträchtlichen, mit bestgeordnetem Münzwesen versehenen Theile Deutschlands nicht nur völlig zu ignoriren, sondern auch mit allen nur erdenkbaren Maßregeln auf das Umsichtigste die Goldmünzen überhaupt vom Verkehre und vom Umlaufe auszuschließen, und damit das Fortbestehen der Gold-Währung beinahe factisch unmöglich zu machen, also — indirect — sie ganz abzuschaffen!

Das südliche Deutschland hat zunächst hiemit einen ungeheueren Fortschritt gemacht: es ist von der Misch-Währung — theoretisch genommen einem Unsinne! — erlöset; das nord-östliche Deutschland ist in dieser Hinsicht auf seinem vorhergehenden Standpunkte geblieben; das nord-westliche hat einen großen Rückschritt gemacht, ein großes Opfer gebracht — ein um so wunderlicheres, als die Handels-Hauptstadt des nord-westlichen Deutschlands — Bremen — die reine Gold-Währung aufrecht erhält! — Süd-Deutschland empfindet den Wechsel so gut wie gar nicht; die Veränderung der Goldmünzen ist dort eben so empfunden, als etwa in Nord-Deutschland die Verdrängung der Doppelthaler aus dem Umlaufe empfunden werden würde. Das nord-östliche Deutschland bekömmt eine neue Handelswaare, an welche die Börse nicht gewöhnt ist, die nicht sofort den gehörigen Absatz gewinnen kann und deshalb unbequem erscheint; aber das nord-westliche Deutschland, welches die theilweise Gold-Währung nicht aufgeben kann, hat ein Zahlmittel erhalten, welches sich in sein herkömmliches Rechnungs-System, in seine gewohnte Zählweise durchaus nicht einfügt, und daher fast ganz unbrauchbar erscheint.

Der Wiener Vertrag hat nämlich, ungeachtet seines Strebens, das Gold aus dem Umlaufe zu verdrängen, inconsequenter Weise geglaubt, neben Abschaffung der bisherigen drei deutschen Goldmünzen — der Ducaten, Pistolen und Friedrichsd'or — eine neue Goldmünze: die Kronen einführen zu müssen; er hat denselben aber eine so untergeordnete Stelle in dem beabsichtigten Geld-Systeme angewiesen, daß man sich wahrlich mit ihrer Einführung nicht hätte zu bemühen brauchen. Der §. 78 des Vertrags sagt, sie seien „zur weiteren Erleichterung des gegenseitigen Verkehrs und „zur Förderung des Handels mit dem Auslande bestimmt"; der Verkehr verschmähet sie, und das Ausland kann sie nicht gebrauchen.

Theoretisch genommen ist diese Goldmünze aber eine sehr wohl gewählte, weil sie sich den Einheiten des nach und nach universell werdenden, auch in Deutschland als allgemeines Handels- und Münzgewicht eingeführten metrischen Gewichts genau anschließt, indem sie 10 Gramme an Golde enthält. Wenn sie zugleich, anstatt aus $^9/_{10}$ feinem, aus ganz feinem Golde gemacht würde, so wäre sie die vollkommenste aller jetzt vorhandenen und vielleicht je vorhanden gewesenen Münzsorten (s. Münzst. I, S. 453), und sehr wahrscheinlich würde sie dann, wie die Ducaten und Piaster, eine beinahe allgemeine Weltmünze werden. — Ihre Abschaffung würde daher theoretisch ein Rückschritt sein.

Ob ihre Wiederbeseitigung einen praktischen Nutzen bringen könne, hängt davon ab, ob sie durch eine bessere Münzsorte ersetzt werden, oder ob nicht vielmehr Maßregeln ergriffen werden können, welche sie dem Verkehre angenehmer machen.

Zur Beantwortung der letzteren Frage wird man genauer zusehen müssen, welche Stelle ihr durch den Vertrag im Geld-Systeme angewiesen wird, und hierbei die desfallsigen Bestimmungen der Vertrags-Urkunde durchgehen.

Der §. 2 bestimmt, daß „mit Festhaltung der reinen „Silber-Währung — die Münzverfassung — geordnet werden" soll, und der §. 21 erklärt: „die vertragenden Staaten werden „darüber wachen, daß die im Landes-Münzfuße festzuhaltende Grund- „lage der reinen Silber-Währung in keiner Weise erschüttert und „beeinträchtigt werde." Diese Bestimmungen berühren Preußen gar nicht, und Hannover eben so wenig, da diese beiden Staaten längst die reine Silber-Währung unbeeinträchtigt hatten, da dieselbe auch in Hannover durch die ganz getrennt von derselben neben ihr bestehende Gold-Währung gar nicht beeinträchtigt wurde und werden konnte. Diese Bestimmungen schlossen auch die parallelen Währungen für Hannover gar nicht aus. Der Vertrag mußte sie so entschieden aussprechen, um für Süd-Deutschland die Misch-Währung radical abzuschaffen, was schwerlich möglich gewesen wäre, wenn man irgend einen Vorbehalt zu Gunsten der Parallel-Währungen gemacht hätte, da man letztere in Süd-Deutschland gar nicht kannte und wahrscheinlich gar nicht begriffen, vielmehr mit der Misch-Währung verwechselt haben würde.

Im §. 18 und 19 wird der Münzfuß der neuen Goldmünze bestimmt, und eine Reihe anderer Paragraphen giebt genaue Vorschriften über das Verhältniss dieser Goldmünzen zu der reinen Silber-Währung — Sätze, die eigentlich in ein Compendium der Geldlehre, aber nicht in einen Vertrag gehört hätten, da sie nichts als die Grundlehren der Geldlehre enthalten, die man aber des breiteren aufnehmen musste, um den Süd-Deutschen zugleich ein ihnen sehr nöthiges ABC-Buch der Geldlehre in die Hände geben zu können. Diese Sätze enthalten nichts, was nicht in Nord-Deutschland von jeher das allgemein Angenommene war. Davon handelt der Schluss des §. 18 und der §. 21, die „Separat-Art." IX unter 1) und 2), XI und XII — Bestimmungen, die nur Paraphrasen des Satzes sind: daß Goldmünzen in keinem unveränderlichen Werthverhältnisse zur Silber-Währung stehen sollen, sondern sich dies Verhältniss nach den Schwankungen des Verkehrs-Werths der Münzen richten muss, daß die Regierungen, diesem Verkehrs-Werthe folgend, bekannt machen werden, zu welchem Course sie Goldmünzen statt Zahlung in Silber bei ihren Cassen annehmen, daß sie den unter ihrer Autorität stehenden Geld- und Credit-Anstalten Zahlungen in Golde zu fixirtem Course anzunehmen verbieten, ja daß sie nöthigenfalls ihre Unterthanen zwingen wollen, Goldmünzen nicht über einen zu bestimmenden höchsten Cours statt Silberzahlung anzunehmen (Sep.-Art. XI). Alle diese Vorschriften enthalten nichts, was sich nicht bei den Parallel-Währungen schon von selbst versteht und im nord-westlichen Deutschlande auch ohne desfallsige Gesetze galt, da es schon aus der Natur der Sache folgt. Sie waren nur nothwendige logische Folgerungen aus der Einführung der reinen Silber-Währung, die man aber — wie gesagt — im Vertrage aussprechen musste, um den Süd-Deutschen einleuchtender zu machen, was reine Silber-Währung sei.

Zu diesem unerläßlichen, löblichen Zwecke wäre es nun aber keineswegs nothwendig gewesen, das Kind mit dem Bade auszuschütten, und dem in der Intelligenz unendlich vorgeschrittenen Nord-West-Deutschlande seine Parallel-Währungen zu rauben, eine neben der reinen Silber-Währung waltende reine Gold-Währung völlig zu ignoriren und das Gold aus dem Verkehre zu verdrängen.

Solche, die Geld- und Verkehrs-Verhältnisse des nord-westlichen Deutschlands zunächst beeinträchtigenden Bestimmungen sind die des §. 22: daß „Papiergeld oder sonstige zum Umlaufe als Geld „bestimmte Werthzeichen, deren Ausgabe entweder vom Staate selbst „oder von anderen unter Autorität desselben bestehenden Anstalten „erfolgt, künftig nur in Silber" (soll doch wohl heißen: „nach Silber-Währung"!) — ausgestellt werden"; und die des Sep.-Art. XIV: „die Regierungen werden nicht gestatten, daß die unter „Autorität des Staats bestehenden öffentlichen Anstalten, namentlich Geld- und Credit-Anstalten, Banken u. s. w. in einer andern „als der gesetzlichen Landes-Währung" (d. h. der Silber-Währung) „rechnen und zahlen"; endlich der Sep.-Art. XV: „In dem „Falle, daß eine unter Autorität des Staats bestehende Anstalt bereits die Befugniß erhalten hat, die von ihr ausgegebenen Werthzeichen auch in einer andern als der gesetzlichen Landes-Währung in Silber auszustellen, ist diese Befugniß — abzustellen." Das sind Bestimmungen, die weit über die Aufgabe eines Münz-Congresses hinausgehen, die wohl in ein Handels-Gesetzbuch, aber nicht in einen von Münzgelehrten gemachten Receß gehören! Sie erreichen den Zweck, das Gold zu einem möglichst unbrauchbaren Zahlmittel zu machen, seinen Werth und Preis herabzudrücken, und aus dem Verkehre zu verdrängen.

Daneben enthält der Vertrag aber einen Paragraphen, dem man Anfangs den Vorwurf gemacht hat, daß er der mit so großer Anstrengung vorn zur Thür hinausgeworfenen Anwendung der Gold-Währung hinten wiederum ein Hinterpförtchen geöffnet habe. Der Sep.-Art. IX sagt: „In dem Falle, daß einer der vertragenden Staaten zur Erleichterung der Rechnung eine ideale „Theilung der Krone einführen sollte, hat diese Theilung zunächst „in 10 Theile unter der Benennung Kronzehntel stattzufinden". Aber — hat man gefragt — wie kann, wenn die Krone, der vielfach ausgedrückten Absicht dieses Vertrags nach, durchaus nicht Einheit einer Währung, sondern nur, als individueller Gegenstand, eine Handelswaare sein soll, für dieselbe ein besonderes Rechnungs-System, eine eigene Zählweise vorgeschrieben werden? Eben so gut könnte ein Gesetz über den Pferdehandel bestimmen, daß jedes Pferd zur Erleichterung der Rechnung in zehn ideale Pferdezehntel getheilt werden solle — eine Rechnung, die sogar mit dieser Erleichterung auch für Adam Riese selbst noch schwierig sein dürfte! — Wenn nun noch der warnende Satz unmittelbar folgt: „Auch darf „diesen Theilen eine auf gangbare Werthbezeichnungen vereins„ländischer Silbermünzen hinweisende anderweite Benennung nicht „beigelegt werden", wenn also damit vermieden werden sollte, daß das Kronzehntel nicht, nach Analogie des Thalers der Gold-Währung, in Groschen und Pfennige getheilt werde, so schien darin eine entschiedene Andeutung zu liegen, daß das Kronzehntel die neue Rechnungs-Einheit einer Gold-Währung sein solle, und diese Absicht mußte beinahe zur Gewißheit werden, wenn der fernere Satz: „Die Art der weiteren Theilung des Kronzehntels bleibt den be„treffenden Regierungen überlassen" in dem Hannöverschen Münzgesetze, §. 26, durch die Bestimmung ausgeführt wurde: Das Kronzehntel wird in 30 Theile und jeder dieser Theile in 10 Theile getheilt — wonach also das in 30 Groschen zu 10 Pfennigen getheilte Kronzehntel eine völlig der Eintheilung des bisherigen Thalers der Gold-Währung analoge erhielt[83]), indem die

[83]) Daß die Hannöversche Regierung, welche die gänzliche Abschaffung der mit der Silber-Währung parallel laufenden reinen Gold-Währung nicht beabsichtigt zu haben scheint, dem Paragraphen die obige Deutung gegeben habe, geht aus dem Schreiben hervor, womit sie den den Ständen vorgelegten Entwurf ihres neuen Münzgesetzes begleitete. Sie sagt darin: „Wie zur Erleichterung der Rechnung die Pistole in 5 ideale „Theile (Thaler Gold genannt) und der Thaler Gold in 24 Gutegro„schen zu 12 Pfennigen Gold getheilt wird, so wird zur Erleichterung „der Rechnung die Krone in 10 ideale Theile (Kronzehntel genannt) „und das Kronzehntel, in Übereinstimmung mit der für den Thaler an„geordneten Eintheilung, in 30mal 10 Theile zerfallen". Da in allen übrigen deutschen Staaten das Kronzehntel in 100 Einer getheilt werden soll, so ist dadurch diese in Hannover beabsichtigte Zählweise unausführbar geworden. Aber auch von der ganzen beabsichtigten Kronzehntel-Rechnung ist in den ersten acht Jahren nach dem Wiener Vertrage nicht das Geringste ins Leben getreten. Doch werden in einem

Ausdrucksart des Gesetzes offenbar mit Bestimmtheit voraussetzte, den neuen „Theilen" und „Theilen" werde in der Anwendung der Name „Groschen" und „Pfennige" beigelegt werden, da man doch in Hannover nicht beabsichtigt haben konnte, bei der Wahl einer einzigen Benennung für ganz verschiedene Dinge die Unterthanen gesetzlich zu nöthigen, 1/30 und 1/300 für identische Größen zu halten! — Ausschließlich „reine Silber-Währung", wenn wirklich diese Ausschließlichkeit gemeint sein sollte, und dennoch daneben eine neue Zählweise der Gold-Währung, wäre dann eine Contradictio in adjecto, also logischer Unsinn. Wir müssen uns daher nach einer besseren Erklärung dieser Bestimmung umsehen, und zwar nach Anleitung der L. 24 de Legibus I, 3: Incivile est, nisi tota lege perspecta, una aliqua particula ejus proposita, judicare vel respondere. Und eben der Art. IX sagt unter 4): „Die „Tarifirung fremder Goldmünzen — kann nur in der Weise er„folgen, daß der wirklich in denselben enthaltene Goldgehalt „— in Einheiten und Theilen der Krone — ausgedrückt „wird". Hiernach dient also das „Kronzehntel" und seine „weitere decimale Eintheilung", welche, außer dem Hannöverschen, von

---

Schreiben des Hannöverschen Ministeriums an die Stände vom 11. März 1864 die „Theile" und „Theile" vielmals als Kron-Groschen und Kron-Pfennige bezeichnet, was dem Sep.-Art. IX des Wiener Vertrags, nach welchem „diesen Theilen eine auf gangbare Werthbe„zeichnungen vereinsländischer Silbermünzen hinweisende anderweitige „Benennung nicht beigelegt werden" darf, durchaus zuwider läuft.

Übrigens ist auch die Zählweise von 1 zu 30 zu 10 durchaus keine Empfehlenswerthe; ihr eigentlicher Zweck (s. oben S. 64) ist nicht erreicht. Sie hat die Vortheile des Duodecimal-Systems aufgegeben, ohne die der Hunderttheilung gewonnen zu haben. — Die Analogie der 30 Groschen zu 12 Pfennigen mit den 12 Monaten zu 30 Tagen gewährt dagegen für manche Arten der Berechnung große Vortheile.

Die in dem Hannöverschen Münzgesetze vorgeschriebene Theilung des Kronzehntels in 30 Groschen zu 10 Pfennigen schließt aber für Niemanden, selbst nicht für die öffentlichen Cassen, die Verwandlung dieser Groschen und Pfennige in Decimal-Brüche des Kronzehntels aus, da diese keine ungesetzliche Eintheilung, sondern nur eine arithmetische Ausdrucksweise bilden, die jedem, der Zahlen schreibt, freisteht.

allen anderen deutschen, in Folge des Vertrags von 1857 erlassenen Münzgesetzen vorgeschrieben wird, nicht als Zählweise einer Gold-Währung, sondern nur behuf Tarifirung fremder Goldmünzen. Es ist daher durch das Kronzehntel und seine Eintheilung gewiss keine Anerkennung der nord-west-deutschen Gold-Währung beabsichtigt gewesen. — —

Eine Reihe von Vorgängen und Begebenheiten in und außer Deutschland hatte sich vereinigt, um den industriellen und mercantilischen Verhältnissen Europas, insbesondere Deutschlands, während des zweiten Viertels des 19. Jahrhunderts einen riesenhaften Umschwung zu geben. Durch die geistige Erregtheit, die sich plötzlich aller civilisirten Völker bemächtigt hatte, die sich so durch politische und religiöse Bewegungen, als in Wissenschaften, Künsten, Entdeckungen und Erfindungen wie allen drei Zweigen der national-öconomischen Interessen — der Landwirthschaft, der Industrie und des Handels — bethätigte, waren alle Verhältnisse des Verkehrs umgestaltet. — Es ist oft schon auf die merkwürdige Analogie, welche in allen diesen Hinsichten zwischen dem Zeitalter, dessen Mitte das Jahr 1500 bezeichnet, und dem, welches mit der ersten französischen Revolution begonnen hat, hingewiesen. Auch damals trat durch die Entdeckungen der Seefahrer im Westen und im Osten eine ähnliche ungeheuere Entwicklung und Ausdehnung des Verkehrs im Innern der Länder und nach Außen hin ein. — Der Verkehr besteht eben in dem Umtausche der Werthe, und je mehr Werthe umgesetzt werden, desto mehr steigt der Bedarf an dem, welches den Werth-Messer bildet — an Geld. Die mit jener früheren Epoche zusammenfallende Entdeckung der Bergwerke in Tirol, im Erzgebirge und in America, die urplötzlich eine so ungeheuere Masse Silber in den Verkehr brachte, war eine ganz zufällige. Ein gleichartiger Zufall trat ein, als abermals durch den Zusammenfluss vielartiger Ereignisse im 19. Jahrhunderte der Verkehr in so ungeheuerem Umfange plötzlich zunahm: das vorhandene Geld reichte bei weitem nicht aus, um den Bedarf eines solchen Verkehrs zu befriedigen; die zufällige Entdeckung der californischen und australischen Goldlager leistete eben das, was früher die Silberbergwerke brachten. Es waren Zufälle, aber Zufälle, die in so eigenthümlicher Art mit Begebenheiten, mit denen sie an sich gar keinen Zusammenhang hatten, in engsten Zusammenhang traten, daß man — trotz allen Fortschritten der Philosophie und der Aufklärung — fast an eine Vorsehung glauben möchte! — Bei der ersten Entdeckung der neuen Goldlager um die Mitte des 19. Jahrhunderts wurde vielfach die Vermuthung geäußert, daß die Ausbeute derselben nicht nachhaltig sein würde. Diese Vermuthung hat sich aber nicht sofort bestätigt, vielmehr sind jenen Entdeckungen noch weitere vielversprechende — in Sibirien, auf Neu-Seeland — nachgefolgt. Mit der unabsehbar steigenden Zunahme des Verkehrs steigt auch fortwährend die Masse des Goldes, dessen er als unentbehrliches Aushülfsmittel bedarf. Ja, nicht bloß die Goldlager helfen aus der Noth — oft „kömmt der Trost aus Winkeln her, wo man ihn nicht vermuthet"! Nach neueren Entdeckungen stecken alle Weinberge voll Gold; am Rhein am Rhein da wachsen nicht bloß unsere Reben, sondern auch etwas — vielleicht viel Lausegold, wenn nur erst die Chemiker entdeckt haben werden, — was sie, wenn das Gold nur auch wirklich da ist, sicherlich entdecken werden — es auf die erforderlich wohlfeile Weise ans Tageslicht und nach der Münze zu schaffen![84])

[84]) Im Herbste 1864 erzählten die Zeitungen: „An Beweisen, daß Gold sich über die ganze Erde zerstreuet vorfindet, fehlt es nicht, und einen der interessantesten hat der an der Münze zu Paris angestellte Chemiker Sage geführt. Die Bäume, Sträucher und vorzüglich der Weinstock ziehen aus dem Boden nährende Säfte an sich, welche in den Stamm und in die Rinde übergehen. Verbrennt man das Holz der Rebe, bis zuletzt nur ein kleines Häufchen Asche übrig bleibt und behandelt man dann eine hinreichende Menge solcher Asche durch chemische Reagentien, so erhält man eine kleine Quantität Gold. Dieses Gold war mitten in dem Boden vorhanden, welcher die Pflanze nährte. Sage hat durch dieses Verfahren doch so viel Gold gewonnen, daß er fünf Zwanzigfrankenstücke prägen lassen konnte. Zu bemerken ist, daß dieses schöne Experiment als industrielle Operation von durchaus keinem Vortheile ist, denn, alle Kosten der Gewinnung gerechnet, kam jedes der Goldstücke auf 120 Fr. zu stehen. Die Kosten übersteigen mithin um das Vier- bis Fünffache den gewonnenen Werth."

Deutschland hat sich ganz vorzugsweise an jenem Aufschwunge des Verkehrs — nach außen wie binnen — betheiligt; natürlicher Weise hat sich in schritthaltender enormer Progression das Bedürfniss nach Werthmesser, nach Zahlmitteln, nach Geld, nach edelen Metallen gesteigert, aber man hat nicht darauf Bedacht genommen, in gleich steigendem Umfange auch die dieses Bedürfniss befriedigenden Mittel zu vermehren. Das Abströmen des Silbers aus Europa nach dem Oriente, nach Indien, nach China hat erwiesenermaßen nicht nachgelassen; die Länder des westlichen Europas, die britischen Inseln haben bereits kaum noch so viel Silber als Geld im Umlaufe, um den nothdürftigsten Bedarf an Scheidemünzen damit zu decken. Daß vor allem an Deutschland die Reihe der allmählichen Ausbeutung gekommen sei, geht aus den Verlegenheiten hervor, in welche die erste Handelsstadt Deutschlands wegen ihrer Zahlmittel wiederholt geräth. Das Ausströmen des Silbers nimmt zu, das Zuströmen des Goldes wird künstlich verhindert[85]), der Gebrauch des vorhandenen Goldes künstlich erschwert. Der Verkehr sucht Hülfe, und — er findet sie auch. Der Binnenverkehr in Deutschland macht es so wie unser eins: wo das baare Geld nicht ausreicht, da muss der Credit helfen; statt baar zu zahlen, verschreibt man Zahlungsversprechen auf Papier, und wenn auch das zuletzt nicht mehr aushilft, so macht man Banquerott! — —

Eine Handels- und Geld-Krise hat — trotz ihrer negativen Gemüthlichkeit — große Ähnlichkeit mit der Liebe —

---

[85]) Die Münze zu Hannover hat während der ersten fünf Jahre des neuen Münzfußes Gold angekauft und ausgemünzt (das Rechnungsjahr beginnt mit dem 1. Juli):

| | | | | Kronen | Halbkronen |
|---|---|---|---|---|---|
| im Jahre | 1857 | 2961 | Pfund fein. | 145163 | 4105 |
| „ „ | 1858 | 921 | „ „ | 46521 | 0 |
| „ „ | 1859 | 385 | „ „ | 19983 | 790 |
| „ „ | 1860 | 285 | „ „ | 14452 | 100 |
| „ „ | 1861 | 146 | „ „ | 5556 | 4604 |

Aus diesen Zahlen ersieht man, wie sehr das Gold aus Deutschland verdrängt wird.

„Sie kömmt und sie ist da!“

und mit dem „Mädchen aus der Fremde“:

„Man wußte nicht, woher sie kam“.

Wenn sie vorüber ist, so schreiben die National-Ökonomen und Handels-Politiker darüber, aber sie sind nur im Stande, die nächste Veranlassung derselben, nicht auch ihre eigentliche Quelle nachzuweisen. Das Walten in den Handels-Conjuncturen ist eben so geheimnißvoll, als das in den Börsen-Chancen. Wenn man den Erndte-Ertrag, das Eintreten der Handels- und Geld-Krisen, der Börsen-Chancen vorhersehen könnte, so hätten alle Handels-Speculationen und noch sehr viel Anderes ein Ende. Krisen lassen sich nicht vorhersehen, nicht vorhersagen; sie sind, wo sie noch eintraten, unerwartet, unberechnet, überraschend eingetreten — wie der Tod! Darum braucht man nicht an der Todesfurcht zu sterben; aber in der mercantilischen Welt ist das Erwägen aller Möglichkeiten sogar Pflicht, und gewissenhafte Kaufleute begrüßen sich im Stillen stets, wie Trappisten, mit dem: Memento mori!

Darum in deinen fröhlichen Tagen
Fürchte des Unglücks tückische Nähe;
Wer im Glück' ist, der lerne verlieren!

Das bedenke, Du Silber-beraubtes, Gold-entblößtes, Papier-reiches Deutschland! — —

Der große Verkehr bedarf der Zahlmittel in größeren Appoints als Thalern, ja als Goldkronen und Doppel-Pistolen, und wenn er nicht wieder, wie einst im Mittelalter, zu schwerfälligen Barren von Gold oder Silber die Zuflucht nehmen will, so müssen Anweisungen auf größere Beträge von edelen Metallen, in Gestalt von Banknoten und Schatzscheinen, deren Stelle vertreten; der kleine Verkehr sollte aber da, wo das Geldwesen in völlig gesundem Zustande ist, sich keiner anderer als metallener Zahlmittel bedienen[86]). Alle Werthgrößen, die sich noch durch ge-

---

[86]) Den Unterschied zwischen großem und kleinem Verkehr halte ich für einen sehr wichtigen, in vielen Verhältnissen zu Tage tretenden, aber dennoch meist übersehenen. Wechselfähigkeit, Zinswuchergesetze, Gewerbefreiheit — sind Fragen, die vielfach den entschiedensten Widerspruch der Ansichten hervorgerufen haben. Wenn hierbei stets zwischen großem und

münztes Metall darstellen lassen, müssen nicht auch in Papier dargestellt werden. Wenn der höchste ausgemünzte Betrag = 10 Grammen Gold ist, so wird der mindeste in Anweisungen umlaufende Betrag nicht unter 20 Grammen Gold oder 300 Grammen Silber sein dürfen, und auch diese Beträge stehen noch zu genau auf der Gränze der Zahlmittel des großen und des kleinen Verkehrs, als daß sie nicht, fehlerhafter Weise, in den Bereich des letzteren gezogen werden könnten. Solche Mittelgrößen stehen völlig den verwerflichen 1/6-Thalerstücken gleich (s. oben S. 126), die Courant sein sollen und doch zu Scheidemünze herabgezogen werden. Aber die Papiergelds-Appoints von einem Thaler sind ganz genau das für den größeren Verkehr, was die schlechte Billon-Scheidemünze für den kleineren ist, und wenn man sich in der Ursprungsgeschichte dieser kleinen Appoints umsieht, so gewahrt man bald, daß sie ganz aus der nämlichen trüben Quelle wie die Billon-Scheidemünze stammen. Man begnügte sich nicht, dem Bedarfe des großen Verkehrs an Papiergeld zu entsprechen; man belud auch den kleinen damit, um einen größeren Umlaufsbereich damit ausfüllen zu können — den Umlaufsbereich, der durch Metallgeld nicht ausgefüllt war, und der nun, aus Mangel an Metallgelde, nicht mehr anders als durch die Scheidemünze des Papiergeldes ausgefüllt werden kann. — In den preußischen Landen circulirten 42 Millionen an harten Thalern weniger, als der Verkehr davon bedurfte; man hatte dieses Quantum von Thalern durch den gleichen Nominalbetrag der berüchtigten Scheidemünz-Groschen ersetzt oder ersetzen zu können geglaubt, und als die Krisis von 1807 jene Groschen entwerthete, da fehlten jene 42 Millionen dem Verkehre, der sie, ohne jene Groschen, in Golde und Silber herbei zu ziehen gewußt haben würde. Aber an die Krisis war nicht gedacht, und wäre sogar an eine solche gedacht gewesen, so wäre doch schwer-

kleinem Verkehre, zwischen Personen, die an ersterem sich betheiligen, und denen, die nicht bei demselben betheiligt, unterschieden — und zwar auch gesetzlich unterschieden würde, so würde sehr wahrscheinlich über manche Bestandtheile jener Fragen eine Vermittelung der Ansichten sehr erleichtert werden.

lich daran gedacht gewesen, was, im Falle sie einträte, mit den 42 Millionen Thalern, statt deren werthlose Groschen — über tausend Millionen Stück — im Umlaufe waren, werden solle.

Eine Krisis irgend einer Art ist jetzt allerdings nicht zu besorgen; nirgends steht ein sturmdrohendes Wölkchen über dem Horizonte —

Aber auch aus entwölkten Höhen
Kann der zündende Donner schlagen — —

In vergangenen Jahrhunderten — oder Jahrzehenden, „wenn das besser klingt" — setzten die Regierungen Massen von Scheidemünze in Umlauf, in der sicheren Erwartung: die Unterthanen würden wohl nicht merken, daß sie betrogen würden. Sie merkten auch nichts, bis eine Krisis eintrat, die sie enttäuschte.

Wenn in Deutschland die Silber-Währung herrscht, also das Silber der ausschließliche Werthmesser ist, so kann man an dem Silber nicht bemerken, ob es im Preise, also auch im Werthe steigt oder fällt. Das läßt sich nur aus den Courszetteln auswärtiger Märkte erkennen. Wenn nun vielleicht der Fall eintritt, daß das Silber auf den auswärtigen Metall-Märkten, in Folge vermehrter Nachfrage, theuerer wird, wenn aber zu gleicher Zeit auf den inländischen Märkten das G o l d, welches beim Steigen des Silbers, auch wenn sein Werth an sich unverändert bliebe, doch scheinbar gegen Silber fallen müßte, vielmehr den Courszetteln nach ebenfalls gegen Silber, gegen den Werthmesser, steigt, so muß man daraus schließen, daß beide Metall-Währungen gleichzeitig einer d r i t t e n Währung gegenüber steigen. Diese dritte Währung würde dann nur eine Papier- oder andere Credit-Geld-Währung sein können, und es würde anzunehmen sein, daß diese Währung den Metall-Währungen gegenüber im Werthe, also im Preise fällt, wenn sich dies dann auch an dem Course keiner der e i n z e l n e n verschiedenen Papier- oder Credit-Geld-Sorten bemerken lassen sollte. Dies ist dann ein Anzeichen, nicht etwa daß des Papiers zu viel, sondern daß des Metalls zu wenig da ist.

Es haben manche deutsche Staaten Papiergeld n i c h t ausgegeben, ungeachtet der ihnen mehrfach gegebenen Rathschläge, weil sie Gefahr bei der Ausgebung eines solchen voraussehen wollten[87]). Sie sind für diesen von ihnen für möglich gehaltenen Fall der Gefahr gegen den Vorwurf gesichert, ihre Unterthanen betrogen zu haben, aber sie haben nicht auch vermocht, zugleich ihre Unterthanen gegen den möglichen Betrug zu sichern, denn diejenigen deutschen Länder, deren Regierungen einheimisches Papiergeld nicht haben ausgeben wollen, sind dafür desto mehr mit auswärtigem überströmt.

Die Masse des in Deutschland umlaufenden Papier- und sonstigen Credit-Geldes ist sehr beträchtlich, aber nicht so beträchtlich, daß die Gefahr einer Katastrophe gewiß oder auch nur bereits wahrscheinlich wäre; daß sie möglich sei, wird von Niemanden bestritten. Diese Gefahr kann aber durch verschiedene Umstände vergrößert werden, nämlich theils durch Mangel an Umsicht und Behutsamkeit bei Ausgebung des Papiergeldes. Ein derartiger Vorwurf ist nur wenigen der kleinsten deutschen Staaten gemacht, indessen ist der Betrag ihrer Emissionen nicht an sich, sondern nur im Vergleiche zu ihren eigenen Geldkräften, also nur relativ beträchtlich. Ein bedeutungsvollerer Vorwurf scheint der auch den mächtigeren deutschen Staaten gemachte zu sein, daß sie das Papiergeld auch in geringen, dem verständigen Zwecke desselben nicht entsprechenden Werthbeträgen, daß sie dasselbe auch als eine Analogie der „Scheidemünze" ausgegeben haben. Allein bis jetzt ist auch der Antheil, den die kleinen Appoints — zu 1, 5 und 10 Thalern Werthbetrag — an der Masse des umlaufenden Papiergeldes nehmen, verhältnißmäßig wohl noch nicht so beträchtlich, daß darin ein die Gefahr vermehrender Mangel an Vorsicht gefunden werden könnte. Es ist nur ein *theoretischer* Fehler. — Ein die Gefahr

---

[87]) Namentlich hat mehremals die *Hannöversche* Regierung sich aus obigem Grunde geweigert, Papiergeld auszugeben, aber sie hat der Stadt-Gemeinde Hannover gestattet, 200,000 Thaler in Appoints von 1 Thaler, also — nach meinem obigen Vergleiche — in *Scheidemünze* der Papiergelds-Währung, auszugeben. Das ist völlig im Sinne meines (oben S. 167 ausgesprochenen) Einfalls: behuf größerer Sicherheit auch die Scheidemünzen der Metall-Währung nur durch größere Gemeinden und größere Grundbesitzer ausgeben zu lassen, gehandelt gewesen.

vermehrender Umstand ist aber, wenn das Verhältniss der Masse des umlaufenden Papiergeldes ein unrichtiges gegen die Masse des umlaufenden Metallgeldes wird, sobald das, obendrein durch die Papiergeldmasse ersetzte, also entbehrlicher werdende Metall der Hauptwährung durch eintretende Handels-Conjuncturen in bedeutender Menge ausgeführt wird, wie das in dem „die reine Silber-Währung festhaltenden" Deutschlande mit dem Silber der Fall ist. — Ein dritter die Gefahr vielleicht vermehrender Umstand ist, wenn dann bei jenen Verhältnissen der Zufluss des, das Silber ersetzenden Goldes durch künstliche Mittel abgehalten wird, wie dies, unleugbarer Weise, der Wiener Münzvertrag von 1857 ins Werk gesetzt hat. Dieser Vertrag hat nicht etwa nur die Münzangelegenheiten Deutschlands geordnet; er hat sich herausgenommen, den großen Verkehr zu maßregeln, und damit hat er die Gränzen der Befugnisse, die er besonnener Weise in Anspruch nehmen durfte, weit überschritten.

Und die unschwer vorherzusehenden Folgen davon sind eingetreten!

Der Wiener Münzvertrag hat einen Kampf mit dem größeren Verkehre begonnen; der größere Verkehr ist denn auch gegen ihn ins Feld gerückt.

Im Jahre 1864 sind Handelsvereine aufgetreten, Handelscongresse abgehalten, welche laute Beschwerden über die neu-eingeführten Goldkronen geführt haben. Man hat auf ihre Wiederabschaffung gedrungen und vielerlei Vorschläge zu ihrer Ersetzung durch eine andere Goldmünze zu Tage gebracht.

Wer könnte besser über die Beschwerden des größeren Verkehrs urtheilen, als die zunächst bei ihm Betheiligten, als die in deren Händen er liegt? bei wem könnte man sich besser über die den größeren Verkehr betreffenden Fragen Raths erholen, als bei diesen Conseils de prud'hommes? Jeder fühlt am besten, wo ihn der Schuh drückt!

Das wohl! Aber es handelt sich gar nicht bloß um das Gefühl, sondern vielmehr um Abstellung des Schuhdrucks!

Um diese Abstellung durchzuführen, muss man aber ein gelernter Schuhflicker sein.

Wenn man von den Heilmitteln hört, welche jene prud'hommes gegen das Übel in Anwendung gebracht wissen wollen, so wird man gewahr, daß sie völlig den Patienten gleichen, die allerdings sehr wohl und am besten, ja allein wissen, wo es ihnen schmerzt, die aber nicht auch die Quelle, die Ursache des Schmerzes, den Sitz der Krankheit, deren Folge der Schmerz ist, und noch viel weniger geeignete Heilmittel dagegen anzugeben wissen. Ein Stümper von Arzt wird dabei wahrscheinlich mehr leisten als alle Patienten-Vereine und Patienten-Congresse, die etwa sympathetische Curen und Quacksalbereien vorschlagen, und unterdessen das Übel nur anwachsen lassen würden[88]).

Die Klagen über eine unbequeme Goldmünze und die mancherlei Vorschläge zur Einführung einer andern, während doch nach der Absicht des Wiener Münzvertrags alle Goldmünzen, gleich den preußischen Friedrichsd'or seit 1831 oder den Hamburger Portugalösern, deren man sich bloß zur Bezahlung der jura stolae bedient, ein hors d'oeuvre in dem deutschen Münz-Systeme sein sollen, zeigen, daß die Opposition gar nicht gegen die Goldkronen, sondern gegen die „reine Silber-Währung" des Münzvertrags, so wie diese aufgefaßt und durchgeführt wird, gerichtet ist; und diese Opposition ist allerdings eine wohlgegründete. Das Silbergeld und das Papiergeld allein kann den Bedarf des Verkehrs an Zahlmitteln nicht befriedigen; jene Zahlmittel sind entweder unzureichend oder ungeeignet. Der Verkehr kann Goldmünzen nicht entbehren; wie die Courszettel beweisen, sind die Goldmünzen aller Nachbarländer — Sovereigns, Napoleons, Imperialen — ein all-übliches Courant in Deutschland; sie werden herbeigezogen, weil es an einheimischen Goldmünzen fehlt; Pistolen, Friedrichsd'or und Ducaten

[88]) Von der großen Sachunkunde bei den vermeintlich vorzugsweise Sachkundigen erzählten die Zeitungen bereits einst ein Beispiel aus Belgien: Nachdem daselbst 1850 der fixe Cours der Goldmünzen gesetzlich abgeschafft war, haben Kaufleute zu Gent 1856 vom Minister wieder verlangt, daß die Bank zu Brüssel das Gold zum Nominalwerthe gegen Silber annehmen solle. — Also Wiedereinführung des alten Unsinns! — Die Einführung der reinen Gold-Währung würde jene Kaufleute zufrieden gestellt haben.

werden nicht mehr gemünzt, und die Kronen sind längst noch nicht genug vorhanden, um ein „übliches" Zahlmittel abzugeben. Und alle diese Geldsorten stehen in so unbequemen, so mannigfaltigen, so schwankenden Werthverhältnissen gegen die Silber-Währung, auf welche sie doch beständig reducirt werden müssen, daß die Kaufleute mit Recht sagen: Goldmünzen sind uns unentbehrlich, aber es herrscht ein Wirrwarr dabei, der unerträglich ist, und dem die Gesetzgebung abhelfen muß. In Bezug auf abgeschaffte und fremde Münzsorten kann sie keine Hülfe schaffen, mit den neuen Goldkronen, die vor jenen Sorten gar nichts voraus haben, hat sie den Wirrwarr nur noch vermehrt. Man schaffe statt letzterer eine Goldmünze, die von jenen Mängeln frei ist — eine solche ist nothwendig, unentbehrlich.

Ja — aber wenn die reine Silber-Währung zugleich eine ausschließliche sein soll, so ist das Schaffen einer solchen unmöglich, es wäre denn, daß daneben auch der große Verkehr ganz abgeschafft und statt alles Handels bloß Hökerei mit den Producten der nächsten Umgegend jedes Orts eingeführt würde.

Die Urheber der gemachten Vorschläge setzen aber diese Unmöglichkeit ganz außer Augen; sie wollen die Goldmünzen mit einer ausschließlichen reinen Silber-Währung in Übereinstimmung gesetzt sehen, und opponiren gegen die Goldmünzen, mit denen dies nicht möglich, anstatt gegen die Ausschließlichkeit zu opponiren. Ihre Vorschläge gehen zunächst bloß auf Wiedereinführung oder vielmehr Neu-Einführung der vorher nur in Süddeutschland bestandenen Misch-Währung auch in Norddeutschland, die aber von weniger Unverständigen nur als ein Übergang zur reinen Gold-Währung und zur völligen Beseitigung der Silber-Währung gefordert wird, — so wenig sich die Fordernden auch sämmtlich bewußt sind, was es eigentlich ist und werden würde, was sie fordern.

Die Vorschläge gehen alle darauf hinaus: es sollen Goldmünzen eingeführt werden, die nichts weiter sind und ewig bleiben, als Mehrstücke der Rechnungsmünze der Silber-Währung. Und weil die Urheber derselben von Geldlehre wenig mehr verstehen, als daß 10 mal 10 hundert sind, so fordern sie eine Goldmünze im Werthe von 3⅓ Thaler der Silber-Währung, weil diese = 100 Groschen zu 10 Sächsisch-Hannöverschen Decimal-Pfennigen ergeben würde. — Eine Zeitungsnachricht berichtete über die Conferenz des „Ausschusses des deutschen Handelstages", die zu Berlin am 6. November 1864 abgehalten war, folgendes: „Fast von allen Handels-Corporationen ward die creirte Goldkrone als unpraktisch verworfen; dagegen gingen die Ansichten sehr auseinander über dasjenige, was an die Stelle der Goldkrone zu setzen wäre. Einige Corporationen hatten sich für eine Goldmünze von 5 Thlr. Courant ausgesprochen; die meisten aber für eine Goldmünze von 5 Thlr. 10 Sgr. = 20 Frcs., weil das 20-Frankenstück einen großen Ländercomplex, Frankreich, Italien, Belgien, beherrscht. Mehrere Handelskammern sprachen sich für eine Goldmünze von 10 Mark zu 10 Sgr. aus, weil der Handelstag die Mark zu 10 Sgr. als Einheitsmünze empfohlen hat und weil diese dem Decimal-Systeme entspricht und sich an die den Weltmarkt beherrschende englische Goldmünze anlehnt; denn 10 Mark zu 10 Sgr. = 3 Thlr. 10 Sgr. würde entsprechen ½ Lstr."

In allen diesen Vorschlägen herrscht eine ganz unbegreifliche Unkunde, falls nicht mit Einführung der vorgeschlagenen neuen Goldmünzen auch zugleich mit einem Schlage die Gold-Währung eingeführt sein soll, wozu aber noch Einiges außer der Ausmünzung einer geringen Anzahl neuer, aufs Gerathewohl ausgewählter Goldmünzen gehören dürfte. Jeder Courszettel kann doch auch den Unkundigsten belehren, daß mit jedem Börsentage der Werth der 20-Frankenstücke und der Sovereigns gegen Silbermünzen sich ändert und daß jede neu erfundene Goldmünze zu 5, 5⅓ oder ¹⁰⁄₃ Thaler Silber-Courant, mag sie nach einem Werthverhältnisse der beiden Metalle und nach einem Münzfuße wie sie will angefertigt sein, ganz das nämliche Schicksal haben müsse. Wie soll es möglich gemacht werden, daß irgend ein Goldstück stets gleichen Preis gegen Silber behalte, ohne daß es Basis der Gold-Währung und das Silbergeld nur die Scheidemünze des letzteren ist? Die Forderung, daß die Kornpreise ewig dieselben bleiben sollen, wird jedermann für Unsinn erklären; die nämliche Forderung in Bezug auf Goldmünzen, der Silber-Währung gegenüber gemacht, ist um gar nichts gescheidter.

Wenn der Halb-Sovereign = $3\frac{1}{3}$ Thaler ist (3,661 Gm. Gold = 55,555 Gm. Silber), so ist das Verhältniß des Goldes zum Silber = 1 : 15,175, wobei der Cours der Goldkrone = 9 ₰ 3 Ngr $1\frac{1}{2}$ ₰ sein würde. Wenn das 20-Frankenstück = $5\frac{1}{3}$ Thaler ist (5,806 Gm. Gold = 88,888 Gm. Silber), so ist das Verhältniß des Goldes zum Silber = 1 : 15,314, wobei der Cours der Goldkrone = 9 ₰ 5 Ngr $6\frac{1}{2}$ ₰. Im März 1865 war der Cours der Goldkronen aber = 9 ₰ 9 Ngr. Welcher irgend mit dem Courszettel Bescheid Wissende wird nun so unverständig sein, zu erwarten, daß einer der vorstehenden Course der Kronen permanent zu machen sei? Entweder ist dabei vorausgesetzt, daß von der projectirten Goldmünze, gleich den Friedrichsd'or (s. oben S. 23), nur so wenige verfertigt werden sollen, daß sie, wie goldene Marken, nur Repräsentanten der angenommenen Beträge bleiben; dann aber befriedigen sie das Bedürfniß nach goldenen Zahlungsmitteln nicht, und Deutschland würde mit fremden Goldmünzen aller Art den Bedarf zu decken suchen, wie es auch im Preußischen bei den Friedrichsd'or, die gar kein allgemeines Zahlmittel abgeben konnten und sollten, längst der Fall war; oder aber die neue Goldmünze soll dereinst die Basis einer Gold-Währung abgeben — dann würden, beim sehr möglichen Fallen der Course unter die obigen Beträge, alle Silbermünzen zum größten Gewinne aller Speculanten sofort eingeschmolzen und ausgeführt werden. Wer sieht denn nur das Alles nicht ein?

Was nun aber die Aufnahme des 20-Franken-Stücks oder des Sovereigns als deutsche Goldmünze betrifft, so ist allerdings die Einheit und auch Einerleiheit wenigstens einer Goldmünze der ganzen civilisirten Welt ein wünschenswerther Fortschritt. Bis jetzt ist die Aufnahme einer fremden Münzsorte als einheimische immer nur da vorgekommen, wo das einheimische Münzwesen sich in einer Zerrüttung befand, der man mit fremder Hülfe abzuhelfen strebte. Die deutschen Staaten haben sich durch den Wiener Vertrag zu einer Einheit des Münzwesens geeinigt. Aber man sehe doch in dieser Urkunde, welchen vielfachen gegenseitigen Controle-Maßregeln sich die Regierungen unterworfen haben, um diese Einheit aufrecht zu erhalten und zu sicheren, woraus man schließen darf, daß sie dergleichen Maßregeln nicht für überflüssig gehalten haben. Doch scheinen sie leider für überflüssig gehalten zu haben, eine Executiv-Gewalt zu bezeichnen, welche vorkommenden Falls einen Erfolg dieser Maßregeln garantire. Hoffmann behauptet (Lehre vom Gelde S. 124): „Nur diejenigen deutschen Staaten, welche sich zu einer „gemeinschaftlichen Gesammt-Verwaltung ihres Münz-„wesens vereinigen, können ein gemeinschaftliches Geld im Umlaufe „haben und erhalten.“ (Ebenso das. S. 156; vergl. oben S. 96). Was würde er erst gesagt haben, wenn Deutschland mit England oder mit Frankreich ohne allen Vertrag, ohne alle Controle-Maßregeln, ohne alle Executiv-Gewalt und ohne die gemeinschaftliche Gesammt-Verwaltung ein gemeinschaftliches Geld haben wollte! —

Der kleine Verkehr wünscht ein Mehrstück des silbernen Thalers zu haben, und verlangt als solches ein Goldstück, welches sich der Zählweise der Silber-Währung bequem anschließt. Seit Jahrhunderten ist vergeblich mit dem verderblichsten Erfolge versucht, ein solches auf den Grund der Misch-Währung zu Stande zu bringen. Bei der norddeutschen Parallel-Währung hat man sich der Pistole bedient, die aber schon seit der Mitte des 18. Jahrhunderts keine 5 Thaler der Silber-Währung mehr gilt, sondern ein schwankendes Agio mehr werthet. Anders kann es auch nicht sein. Aber schwer abzusehen ist, weshalb ein Stück zu 5 Thalern mit Agio oder gar ein Stück von mehr oder weniger als zu 11 Thalern dem kleinen Verkehre so sehr viel bequemer sein soll, als eins zu 9 Thalern mit Agio. Die Goldkrone gewährt, wie die Pistole, noch die Bequemlichkeit, daß sie 9 Thaler und mehr, wie letztere 5 Thaler und mehr gilt, während die so gar nicht angefeindete Doppel-Pistole 11 Thaler und mehr, aber auch eben so oft weniger als 11 Thaler gilt, was doch für den kleinen Verkehr sehr viel unbequemer sein dürfte. Die Klagen des kleinen Verkehrs können ihren Grund wohl nur darin haben, daß die Goldkronen etwas noch neues, also ungewohntes, daher für unbequem gehaltenes sind! Darauf ist nicht viel zu geben.

Anders ist es jedoch hinsichtlich des großen Verkehrs.

Hier ist aber das Übel: daß die Währungs-Verhältnisse in Europa und insbesondere im nördlichen Deutschlande sich radical verändert haben, und daß die Gesetzgebung, namentlich der Wiener Vertrag, diese Veränderungen durchaus ignorirt hat und, statt ihnen gebührende Rechnung zu tragen, sie gewaltsam umzuschaffen bestrebt gewesen ist. — Am empfindlichsten ist das nordwestliche Deutschland von diesen Veränderungen betroffen, welches in mercantilischer und commercieller Hinsicht völlig unter der Herrschaft Bremen's steht und in seinen Handelsbeziehungen die Bremer Geld-Währung nicht aus den Augen setzen kann. Im nordwestlichen Deutschlande oder — wie man mit Rücksicht auf den politischen Vertreter desselben sagen darf — in Hannoverland war das Geldwesen in der oben (S. 19) dargestellten Weise sehr wohl geordnet. Gold- und Silber-Währung liefen parallel neben einander her, ohne sich zu beeinträchtigen. Die Schwankungen des Verhältnisses beider Metalle fanden von jeher statt, änderten sich aber bis in die dreißiger Jahre des 19. Jahrhunderts nicht rasch und plötzlich, sondern nur in größeren Zeitabschnitten, und wurden namentlich von dem kleinen Verkehre deshalb in nur wenig störender Weise empfunden. Dies änderte sich, besonders gegen das Ende der dreißiger Jahre. Ein häufiges Wechseln des Werthverhältnisses war die nothwendige Folge des eben in jenem Jahrzehende zu rasch zunehmender Bedeutung sich entwickelnden Verkehrs; zwei Geld-Conjuncturen — bedeutende Goldsendungen aus England für ungewöhnlich starke Getreide-Zufuhren und gleichzeitig bedeutende Silberversendungen nach Rußland, wo damals die Silber-Währung wieder hergestellt wurde, traten hinzu, um das Zeitalter des rascheren Schwankens noch plötzlicher eintreten zu lassen. In Folge dessen wurde der Gebrauch der norddeutschen Goldmünzen für den kleinen Verkehr, der nach der Silber-Währung zahlte, zunehmend unbequemer. Zugleich aber hatte kurz vorher in Hannover die Silber-Währung, die hier, in Folge höchst verkehrter Ausführung des Conventions-Fußes (s. oben 173) und daneben Eindringens des preußischen Courants in den Verkehr, sehr schlecht geordnet gewesen war, durch Einführung des 14-Thalerfußes eine verbesserte Grundlage erhalten, und die Hannöversche Regierung, deren Rechnungs- und Cassen-Wesen für jede der beiden parallelen Währungen abgesondert geführt wurde[**]), fand es unter allen jenen Umständen wünschenswerth, behuf allmählicher Vereinfachung des Rechnungswesens, die Silber-Währung vor der Gold-Währung zu begünstigen, die Zahlungen aus den öffentlichen Cassen und an dieselben immer mehr und mehr auf die Silber-Währung zurückzuführen, und die Gold-Währung außer Gebrauch zu bringen. So hatte sich denn das Streben sowohl der Regierung als des kleinen Verkehrs dahin greinigt, die Herrschaft der Gold-Währung zu erschweren und einzuschränken, aber erst die Gesetzgebung von 1857 hat ihre völlige Abschaffung versucht, und nur Bremen's unabwendbarer Einfluß hat, dem allen gegenüber, sie bei Weitem nicht beseitigen lassen. Daher ist nun hier jener Conflict, der zwischen dem großen Verkehre einerseits und dem kleinen Verkehre und der Gesetzgebung andererseits entstanden ist, fühlbarer und störender als anderwärts, wo man eine selbständige Gold-Währung neben der Silber-Währung gar nicht kannte. — In den übrigen Ländern Deutschlands empfindet man nur im allgemeinen die Folgen des Widerstandes der Gesetzgebung gegen die sich verändernden Geldverhältnisse, den Nachtheil der Verdrängung des Goldes oder vielmehr des nicht gestatteten und verhinderten Eintritts desselben in den großen Verkehr und den Umlauf.

Es wird daher weder die durch den Wiener Vertrag so sehr begünstigte Silber-Währung, noch die Goldkrone sein, aus denen die empfundenen Übel hervorgehen; es ist vielmehr die in jenem Vertrage mehrfach ausgesprochene Ächtung des Goldes, die so sehr zur Unzeit hat durchgeführt werden sollen, es sind diese, einem Münzvertrage, als solchem, ganz fremdartigen Anordnungen.

Wenn der Wiener Vertrag keine Auslegung zuläßt, mittelst welcher diese Deutung desselben gemildert werden kann, so wird sich seine Abänderung in nicht allzu langer Zeit als unvermeidlich ausweisen.

---

[**]) Die bei den Parallel-Währungen für das Cassen-Wesen nothwendigen zweifachen Rechnungen sind allerdings eine Unbequemlichkeit, die indessen nur in den Augen sehr beschränkter Finanzmänner einst maßgebend und wesentlich erschien.

Ich glaube aber, daß er sie zuläßt.

Wenn der Vertrag bestimmt, daß die „reine Silber-Währung" herrschen soll, so hat dabei die sehr löbliche Absicht zum Grunde gelegen, der süddeutschen Misch-Währung ein Ende zu machen. Man hatte gemeint: die Silber-Währung soll rein herrschen. Die reine Gold-Währung daneben ist, den Worten des Vertrags nach, nirgends ausgeschlossen; er wiederholt nur gleichsam in allerlei Beispielen, daß den Goldmünzen niemals ein in voraus unveränderlich fest bestimmter Werth nach Silber-Währung beigelegt werde. Er hat nicht geboten, daß alle Kaufpreise, alle Capitale nur in Thalern der Silber-Währung bestimmt werden sollen; er läßt es Jedem unverwehrt, solche Werthbestimmungen nach Goldkronen zu machen: ja, man hat sogar herausgelesen: er habe eine neue verbesserte Zählweise der Gold-Währung eingeführt! Damit hat der Vertrag Alles gethan, was man nur verlangen kann.

Allein er hat diese Freiheit, beliebig nach Goldkronen zu rechnen, nur den Privatpersonen gelassen. Er hat alle „unter der Autorität des Staats" stehenden Geldanstalten gezwungen, schlechterdings nicht anders als nach Thalern der Silber-Währung zu rechnen. Dies ist nicht weg zu leugnen, und darin liegt eben die Ächtung des Goldes, deren Härte nur durch eine mildernde Interpretation des Wortes „Autorität" ermöglicht wird. Und diese wird einstweilen jede Regierung nach ihrer eigenen Auffassung und Deutung vornehmen dürfen und damit eine Handhabe gewinnen können, um dem Vertrage, ohne den Vorwurf des Vertragsbruchs zu besorgen, formell zu entsprechen.

Der Begriff des Worts „Autorität" ist wesentlich verschieden von dem des Worts „Oberaufsicht". Unter der Autorität des Staats stehen nur eigentliche Staatsanstalten, wie z. B. die Wiener und die Berliner Bank, die preußische Seehandlung, die Lotterien; alle übrigen Banken in den Vertrags-Staaten sind Privat-Unternehmungen, die nur unter der Oberaufsicht des Staats stehen, und welche die Werthbeträge ihrer Noten eben sowohl in Thalern der Silber-Währung als in Kronen der Gold-Währung ausdrücken dürfen, wobei dann, was sich von selbst versteht, jeder dieser Werthbeträge nur in derjenigen Münzsorte gezahlt wird, in der er ausgedrückt ist. So war es auch von jeher im nordwestlichen Deutschlande, wo die nach Thalern der Silber-Währung bestimmten Beträge nie anders als in Silbermünzen, und die nach Thalern der Gold-Währung bestimmten nie anders als in Pistolen zu 5 Thalern gezahlt sind; allein von einer solchen Bestimmungs- und Zahlungs-Verschiedenheit hat die Majorität der Mitglieder des Wiener Münz-Congresses wahrscheinlich gar keinen Begriff gehabt, und deshalb klingt der Wortlaut mancher Paragraphen des Vertrags so, als ob nur das Unvollkommene, das Schlechtere fernerhin hätte gestattet werden sollen. Das ängstliche Bemühen, der thörichten Misch-Währung ein Ende zu machen, hat hier, unbeabsichtigter Weise, das Kind mit dem Bade auszuschütten und der „reinen Silber-Währung" missgreifender Weise einen Gegensatz, durch den sie gar nicht gestört oder beeinträchtigt werden kann, zu rauben den Schein angenommen.

Wenn dieser Sinn des Worts „Autorität" und diese Deutung des „Festhaltens der reinen Silberwährung" die richtige ist, dann ist der Wiener Vertrag an den Beschwerden, die man in Folge seiner Bestimmungen erheben zu dürfen glaubt, sehr unschuldig; es liegt dann allein in der Hand der den Vertrag streng haltenden und gewissenhaft ausführenden Regierungen, jenen Beschwerden durch Anordnungen, die dem Vertrage völlig entsprechen, abzuhelfen, indem sie das Gold wieder möglichst in den Verkehr ziehen.

Damit würde bereits der eigentliche, materielle Grund der Beschwerden, aber freilich noch nicht auch das Odium, welches die unschuldigen Goldkronen auf sich geladen haben, beseitigt sein. Diese Beseitigung würde freilich schon von selbst erfolgen, wenn die lediglich unter der Oberaufsicht des Staats stehenden Anstalten durch die Regierungen veranlasst würden, neben der reinen Silber-Währung, auch nach der reinen Gold-Währung zu rechnen, deren Rechnungseinheit eben die Goldkrone sein, welche dadurch sofort zu einem ganz unentbehrlichen Zahlmittel im großen Verkehre, den das schwankende Preisverhältniss derselben zu der Silber-Währung gar nicht berühren kann, werden würde. Dann dürften auch die Kronen bald aufhören, etwas dem kleinen Verkehre ungewohntes, also vermeintlich unbequemes zu sein.

Ein, wie es mir scheint, nicht gar schwer zu beseitigender, aber der Aufnahme der Goldkronen in den größern Verkehr dennoch sehr hinderlicher Umstand ist aber, daß der letztere, bei seinem fortdauernden Festhalten an der, Bremen's wegen, schwer oder überall nicht zu beseitigenden reinen Gold-Währung, auch fortfährt, die frühere Zählweise der Gold-Währung zu bewahren, in welche sich die Goldkronen, bei der Art, wie man sie zu dieser Zählweise gestellt hat, allerdings schwer und unbequem einfügen.

Es ist bekannt, daß die norddeutsche Pistole ursprünglich und noch während des 18. Jahrhunderts mit dem Friedrichd'or völlig übereinstimmte, und daß erst die Regierung des Königreichs Westfalen ihre Pistolen nicht nach dem gesetzlichen Münzfuße der Friedrichsd'or, sondern nach dem durchschnittlichen Goldinhalte der alten französischen, damals noch reichlich in Norddeutschland umlaufenden, aber durch den langen Umlauf an Gewicht und damit an Goldgehalt sehr verminderten Louisd'or ausmünzen ließ, und daß die Hannöversche Regierung, fehlerhaftester Weise, von 1817 an diesen verschlechterten Pistolenfuß bei ihren Goldmünzen beibehielt. Hierdurch ist der, freilich erst von 1831 an, wo die preußische Regierung die ausländischen Pistolen von ihren Cassen ausschloß, vom Verkehre berücksichtigte Unterschied zwischen Friedrichsd'or und Pistolen entstanden. Der Goldinhalt des Friedrichd'or beträgt $6^{3}/_{100}$ Gramme Gold, der der Pistole nur $5^{95}/_{100}$. Hätte man nun 1857 in Hannover und Bremen bei Einführung und bezw. Tarifirung der neuen Kronen es für ausführbar gehalten, — was in Hannover insofern thunlich gewesen wäre, als die Gold-Währung damals fast bereits zu einer Neben-Währung geworden war[90]), und was in Bremen um so eher hätte geschehen müssen, als der Goldinhalt der Louisd'or in Bremen nie gesetzlich festgestellt war, und das dortige 5-Thaler-Stück ursprünglich nicht die Hannöversche Pistole,

90) In Hannoverland herrschte überhaupt die Gold-Währung nur für Capital- und Renten-Verkehr; der gesammte übrige Verkehr hatte schon die Silber-Währung angenommen. Deshalb kam, wenn es sich um den praktischen Werth der Pistolen handelte, niemals deren Goldgehalt, sondern nur ihr Cours gegen Silber in Frage. In der Regel machte

sondern der Friedrichd'or war — hätte man es also für thunlich gehalten, das goldene 5-Thaler-Stück zu einem Goldinhalte von 6 Grammen Gold anzuschlagen, so wären die 20 Pistolen, welche 100 Thaler der Gold-Währung bilden, genau = 12 Stück Goldkronen gewesen, also 5 Pistolen = 3 Goldkronen, 1 Goldkrone = $8^1/_3$ Thaler der Gold-Währung, und die Goldkrone hätte auf das vollkommenste sich in die Zählweise der norddeutschen Gold-Währung eingefügt. Statt dessen tarifirte man sie aber in Hannover — mit einer in der Geldgeschichte unerhörten, kaum glaublichen Genauigkeit — nach dem Fuße der Pistolen bis auf die Millionenstel Pfennige der Goldwährung (= 8 ₰ 9 gr $5\frac{335091}{1000000}$ — !!! — Pfennige), und in Bremen — etwas besonnener — auf $8^2/_5$ Thaler der Goldwährung oder 8 ₰ 28 Grote 4 Sware der dortigen Zählweise, womit freilich gleichfalls ihre Einfügung in diese Zählweise ganz ausgeschlossen war. — In Hannover war es, nachdem sich die genauere Tarifirung der Goldkronen so nachtheilig für ihre Aufnahme in den Verkehr gezeigt hat, auch später noch immer ganz wohl thunlich, den Pistolen einen erhöheten Werth gegen die Goldkronen-Währung beizulegen, und sie zu $^6/_{10}$ Kronen, oder die Krone zu $8^1/_3$ Thaler der Gold-Währung in inländischen Goldmünzen zu tarifiren, da das Gold, welches in den Kronen verhältnißmäßig mehr als nach diesem Tarife in den Pistolen enthalten ist, von Niemandem verwerthet werden kann, weil dies nur mittelst Einschmelzung der Kronen behuf Ummünzung derselben in Pistolen, die man aber nirgends mehr ausgemünzt erhält, geschehen könnte; diese Erhöhung ihres Nominalwerthes, die sie für die Länder der Pistolen-Währung genau zu dem macht, was die Friedrichsd'or für Preußen waren (s. oben S. 23), würde nur ihre, aber auch gar nicht beabsichtigte Wiedereinziehung von Seiten der Regierungen erschweren. — Es versteht sich, daß diese Maßregel

---

Jeder, der Gold zu zahlen hatte, seine Einnahmen in Silber, und mußte das Gold erst einwechseln. Wer Gold empfing, setzte es, um es im kleinen Verkehre auszugeben, in Silber um. Man hatte sich aber bereits an ein bedeutendes Schwanken des Courses so sehr gewöhnt, daß Differenzen wie die von $^{23}/_{32}$ pro Cent für irrelevante Bagatellen galten.

als ganz vereinzelte nicht ergriffen werden muß. Es müssen daneben Zahlungen in Golde häufiger gemacht werden, die nicht nach Thalern in Pistolen, sondern nach Stück Kronen bedungen sind, um eben die Kronen zu einem unentbehrlichen Zahlmittel zu machen. Das wird aber von der Finanzverwaltung und den „Handelsanstalten" ausgehen müssen. — —

Wenn aber diese Erhöhung des Nominalwerthes der noch umlaufenden Pistolen augenblicklich den Zweck erreichen würde, den Goldkronen wenigstens für das nordwestliche Deutschland, durch ihre Einfügung in die frühere Zählweise der Gold-Währung, Brauchbarkeit zu verschaffen, so wäre einestheils den Kronen außerhalb des Nordwestens noch nicht geholfen; anderntheils würde durch die Wiederbefestigung der früheren Zählweise der Gold-Währung die Ausführung des Vorschlages, neben der unbeeinträchtigten reinen Silber-Währung eine parallele reine Gold-Währung auf der Grundlage der Kronen herzustellen, erschwert, oder in so fern, als eben die Krone diese Grundlage werden soll, eigentlich unthunlich werden, da, bei Beihaltung des Thalers der Gold-Währung als Rechnungseinheit derselben, die Krone nicht ein Mehrstück dieser Einheit sein würde. Diese Rechnungseinheit würde vielmehr nur das „Kronzehntel" sein müssen, wenn auch nicht unter diesem Namen und mit der Hannöverschen Eintheilung in „Theile" und „Theile", sondern mit der doch wohl einzig zu empfehlenden „weiteren decimalen" Eintheilung. Dadurch allein würde dann auch die Beschränkung dieser neuen, neben die reine Silber-Währung gestellten reinen Gold-Währung auf das nordwestliche Deutschland wegfallen — sie würde sich auch auf die übrigen Theile Deutschlands, denen die Zählweise der früheren Goldwährung ganz unannehmbar wäre, ausdehnen können. Und bei einer bloß für den großen Verkehr bestimmten Währung würde doch auch die decimale Zählweise ein nothwendiges Erforderniß sein.

Nur die Art, nach welcher man die Goldkronen — ziemlich unnöthiger Weise allzu exact — tarifirt hat, ist der Grund, aus welchem sie sich in das Rechnungs-System der früheren Pistolen-Währung gar nicht einfügen lassen. Wenn nun da, wo bisher die reine Gold-Währung oder wo die Parallel-Währungen herrschten, die Abschaffung der ersteren nicht sofort möglich und auch durchaus nicht wünschenswerth ist, so muss man nur nicht auch verlangen, daß sich die Goldkrone in die Zählweise der Pistole, sondern vielmehr verlangen, daß sich letztere in die Zählweise der erstern einfüge, und da die decimale Zählweise jener die weit bequemere ist, so würde das so große Schwierigkeiten nicht haben. Widerstrebend ist dann aber, daß z. B. auch in den officiellen Courszetteln der Börsen der Cours der Pistolen nicht anders als nach der alten Zählweise derselben, der Cours der Goldkronen dagegen nach dem Stücke notirt wird. Es wäre eine leicht zu treffende Einrichtung, dieses umzuändern, denn, wie das Beispiel des seit dreißig Jahren in so vielen Notirungen abgeänderten Hamburger Courszettels beweist, gewöhnt sich der Handel sehr leicht und schnell an eine Veränderung der desfallsigen Ausdrucksweise. Anstatt die Anzahl Thaler der Silber-Währung, die auf 100 Thaler der Gold-Währung gehen, zu notiren, sollte man den Silberpreis der Doppelpistole — denn fast nur solche sind im Umlaufe — nach dem Stücke, und den Preis der Kronen zugleich so notiren lassen, daß der Preis von 100 Thalern der Silber-Währung in Kronen angegeben wird. Das wird alsbald zu jener decimalen Rechnungsart der nicht zu beseitigenden Gold-Währung führen, deren Basis die Goldkrone sein und in welche sich dann die Pistole einzufügen haben soll. Die frühere Thaler-Rechnung der Gold-Währung ist es, die besonders den Goldkronen im Wege steht.

Eine solche Wiederherstellung der reinen Gold-Währung mit einer neuen Rechnungseinheit und Zählweise wird nur vom nordwestlichen Deutschlande ausgehen können, wo allein diese parallele Währung von jeher bekannt war, und wo sie noch längst nicht verdrängt ist, — und zwar von den beiden Hauptstaaten desselben: Bremen und Hannover. Die Rechnungseinheit derselben würde sein das ideale Kronzehntel mit der Eintheilung in 100 Untertheile, — welche letztere in Hannover und dem übrigen Deutschlande, wo die Gold-Währung nur im großen Verkehre zur Anwendung käme, ebenfalls ideale Rechnungsmünzen sein würden, die aber in Bremen, wenn auch für den kleinen Verkehr allda die Gold-Währung beibehalten wird, als ausgeprägte Münzen darzustellen wären[91]), — das **Zahlmittel** besteht aus ganzen und halben Kronen als **ausgeprägten Münzstücken.** — Bei dieser Rechnungseinheit und dieser Eintheilung derselben, deren ähnliches in den verschiedenen Rechnungseinheiten und Zählweisen der Silber-Währung nirgends vorkömmt, würde die Gefahr einer Beeinträchtigung der reinen Silber-Währung in Süddeutschland durch Entstehung einer neuen **Misch-Währung** gewiss ausgeschlossen sein. — Die Einfügung der noch umlaufenden früheren Goldmünzen in diese Zählweise würde gar keine Schwierigkeiten haben. Die so störenden Pistolen würden, ihrem Goldinhalte entsprechend, = 5 Kronzehntel 95 Krontausendstel, die Friedrichsd'or = 6 KronZ. 3 KT., die Ducaten = 3 KronZ. 44 KronT. werthen, und bei solchen unbequemen Werthbeträgen würde es diesen unglücklichen Münzsorten sofort eben so ergehen, wie jetzt den Goldkronen, nur mit dem Unterschiede, daß jene sämmtlich sehr bald aus dem Umlaufe verschwinden würden. —

Die Wahl einer **Benennung** für eine neue Münzsorte oder für eine neue Rechnungseinheit sollte man nicht für schwierig halten, nur muss man vermeiden, daß eine solche nicht bereits in gleicher oder ähnlicher Bedeutung angewandt ist, wie z. B. der Name „Krone" (s. oben S. 152)[92]), oder „Cent" für die Unter-Einheit, oder gar der von Soetbeer für das Kronzehntel vorgeschlagene „Neu-Thaler", womit man etwa den $^1/_{30}$-Pfund-Thaler von dem $^1/_{14}$-Mark-Thaler unterscheiden könnte. Auch sinnwidrig muss kein Name sein, wie „Kronzehntel" sein würde, wenn er der Rechnungseinheit einer neuen Gold-Währung beigelegt werden sollte, da eine **Einheit** nicht als **Bruch** eines höheren Betrages zu be-

---

[91]) Bei der Tarifirung der Kronen zu $8^1/_3$ Thaler Gold hat die Krone = 3000 Sware, das Kronzehntel = 300 Sware oder 60 Grote u. s. w., was den bereits in Bremen ausgemünzten Münzsorten genau entspricht.

[92]) Der Name „**Krone**" für ältere, ganz andere Arten von Goldmünzen ist auch noch keineswegs verschollen. „**Kronengold**", im Gegensatze des Ducatengoldes, ist eine bei den Goldschmieden noch übliche Bezeichnung des 18-Karätigen Goldes. Das „**Kronen-Gewicht**" (1 Krone = 3,366 Gm.) ist in Frankfurt a. M. noch üblich (Noback Taschenb. S. 266).

zeichnen ist. Soll er aber nicht eine neue Rechnungseinheit, sondern nur einen idealen Theil der Krone bezeichnen, dann hätte der Wiener Vertrag sich die Mühe ersparen können, das deutsche Volk zu belehren, daß man den zehnten Theil „ein Zehntel" nennt. — Warum soll man nicht bloß „Gold-Gramm" sagen? was um so passender wäre, als dieser Goldbetrag zu geringe ist, um als Münzstück ausgeprägt werden zu können, und nur eine ideale Rechnungseinheit, eine bestimmte Gewichtsmenge Gold bezeichnen soll, daher gleichsam eine strenge Aufrechthaltung der Währung darin ausgedrückt würde, daß z. B. ein Darlehen von 100 „Gold-Grammen" wirklich auf 100 Gramme Gold, nicht auf Münzstücke von zweifelhaftem Goldinhalte lautet. Will man den Begriff von Rechnungsmünze dabei hervorgehoben wissen, so mag man — nach Analogie von „Pfünder" oder mit unmittelbarer Ableitung von dem griechischen „Grammarion" — das Wort „Grammer" bilden. Die ausgeprägte Goldmünze wäre, glaube ich, am einfachsten durch das schon sprachübliche, aber ohne alle bestimmte Bezeichnung einer Werthgröße gebrauchte Wort „Goldstück" bezeichnet, welches ein um die deutsche Sprache wohlverdienter Mann, der Doctor Luther, gebildet hat. Die Unter-Einheit könnte am ungesuchtesten durch das bloß arithmetische „Einer", oder, wenn das allzu rein appellativ wäre, nach Analogie von Sechsling, Dreiling, durch „Einling" zu bezeichnen sein[93]). Die mannigfaltigen herkömmlichen Benennungen der Münzsorten mag man, zum Frommen des kleinen Verkehrs, zur Bezeichnung der Mehr- und Theil-Stücke des „Einlings" verwenden. — —

Die Zulassung einer reinen Gold-Währung neben der reinen Silber-Währung widerspricht nun nirgends den Worten des Wiener Vertrags, wird nirgends durch ihn ausgeschlossen und

[93]) Ich will diese Benennungen durchaus nicht etwa vorgeschlagen haben, viel weniger sie sofort eingeführt sehen; ich führe beispielsweise einige an, bei denen, wie es mir scheint, die oben gerügten Mängel solcher Benennungen vermieden und die namentlich nicht — ächt deutscher Weise — irgend einem Auslande nachgeäfft sind. Ich habe damit bloß die Art, in welcher solche Namen erfunden werden müssen, verdeutlichen wollen.

die dem Worte „Autorität" gegebene Deutung ist sprachgemäß und terminologisch richtig.

Bei Anerkennung und Ausführung dieser beiden Sätze sind zunächst die Schwierigkeiten, die sich der Aufnahme der Goldkronen in den Verkehr entgegengestellt haben, beseitigt, und es ist sodann das unfehlbare Mittel gewährt, Gold für Deutschland in den Umlauf zu ziehen, um den Gefahren, welche ein etwa eintretender Mangel an baaren Zahlmitteln bringen könnte, zu begegnen[94]).

Mit der Erreichung dieser beiden Zwecke wäre schon viel erreicht. Wenn sie auf dem von mir angegebenen Wege — wie ich glaube — zu erreichen sind, so darf ich meinen Vorschlägen nachrühmen, daß sie ohne alle Schwierigkeiten ausführbar sind, daß sie nur nach und nach, je nachdem das Bedürfniß sich ausspricht, und jedesmal eben da, wo es sich fühlbar macht, und zugleich so ganz im Stillen ins Leben treten können, daß sie mehr empfunden als bemerkt werden, also nirgend störend einwirken und Niemanden aufgedrungen werden würden.

Aber die Gesetzgebung würde hiermit auch von dem Vorwurfe entlastet, in wohlgeordnete Geldverhältnisse störend eingegriffen zu haben, von dem Vorwurfe, Zwangsmaßregeln gegen den Verkehr an einer Stelle angewandt zu haben, wo er gerade jetzt mehr als je der Möglichkeit freier Bewegung und Entwickelung bedarf. Bei der Entscheidung: ob Gold-, ob Silber-Währung, handelt es sich nicht um die Frage, welche von beiden die vorzüglichere sei, sondern nur darum: welche von beiden der Verkehr, den Umständen gegenüber, für die vorzüglichere halte. Der Verkehr allein hat zu entscheiden, und eine verständige, sachkundige Gesetzgebung hat nichts zu thun, als ihm stets diese Entscheidung offen zu er-

[94]) Ich erinnere daran, daß vor 1831, der Einführung der ausschließlichen reinen Silber-Währung in Preußen, ein Theil der von den Kaufleuten zu zahlenden Eingangssteuern in Goldmünzen bezahlt werden mußte, wodurch man einen steten Zufluß von Gold in den einheimischen Verkehr und Umlauf sicherte. Das läßt sich auch auf andere, von den am großen Verkehre theilnehmenden Personen gezahlte Steuern ausdehnen.

halten, die Hemmnisse, die ihm bei dieser Entscheidung im Wege stehen könnten, zu beseitigen, und ihre eigenen Entschlüsse ängstlich von Allem fern zu halten, was neue Hemmnisse schaffen könnte.

Führt das ermöglichte oder erleichterte Neben-einander-bestehen der reinen Silber-Währung und der reinen Gold-Währung zu einem Vorherrschen der letzteren oder zur Alleinherrschaft derselben, so wird darin der sichere Beweis liegen, daß sie die allein berufene war. Wenn der Verkehr sie gebähren will, so muss die Gesetzgebung als geschickter Accoucheur ihr die Niederkunft erleichtern, nicht aber die Wehen erschweren und verlängern, und damit der Wöchnerin vielleicht schwere Wunden schlagen. — Das Bemühen, die ausschließliche Silber-Währung der Entwickelung des Verkehrs gegenüber à tort et à travers durch gesetzliche Maßregeln aufrecht erhalten zu wollen, wäre vergeblich; es würde sich als ein einsichtsloser, übermüthiger und muthwilliger Trotz zeigen. Ein solches Bemühen würde seinen Grund nicht in einer verkehrten Ansicht, sondern in einer verkehrten Gesinnung haben.

Freilich kann ich nicht leugnen, daß meine Vorschläge unter den hinsichtlich des großen Weltverkehrs waltenden Umständen allerdings der Aufrecht-Haltung der Silber-Währung Gefahr bringen. Es ist sogar wahrscheinlich, daß diese nach und nach unterliegen würde. Dann aber würde sie an eigener Schwäche eines langsamen natürlichen Todes gestorben sein, und die Gold-Währung wird nicht eher ausschließlich ihre Stelle einnehmen, als bis sie sich zu einem gesunden kräftigen Leben entwickelt hat. — Das ist nun freilich eine Aussicht, die den einseitigen Vertheidigern jener nicht zusagen wird; noch weniger wird dieser Weg einer Einführung der Gold-Währung den heißblütigen Vertheidigern der letztern behagen. Sie würden — zeitgemäßer Weise — lieber die bestehende Silber-Währung mit einem Schlage vernichten, und erwarten, daß der von ihnen erdachte neue Zustand sofort vollständig dastehe, und wenn dann — wie gewöhnlich oder wie immer bei dieser Art des Fortschritts — der neue Zustand ausbleibt, die allgemeine Zerrüttung geschaffen haben, ohne ihr wieder abhelfen zu können — uneingedenk der weisen Grundregel aller Politik: daß man kein schmuziges Wasser wegschütten muss, ehe man nicht reines wieder hat! Die Gold-Revolutionäre bringen eben so viel neues Übel, als die Silber-Reactionäre altes Übel beibehalten.

Wie die Erfahrung zeigt, pflegt nicht leicht jemand über Mängel des Münzwesens zu grübeln, ohne seinen Besserungsvorschlägen fix und fertig ausgearbeitete neue Münzgesetze beizufügen. Mir fehlt hiezu glücklicher Weise jede Veranlassung, da meine Vorschläge eben davon ausgehen, das bereits Bestehende ganz unverändert beizubehalten, da meine Absicht eben darauf gerichtet ist, die schon gemachten Abänderungsvorschläge als ganz entbehrlich darzustellen, und nachzuweisen, daß das bereits neu Eingeführte einer Verbesserung gar nicht bedarf, sobald es nur vollständig ausgeführt und nicht einseitig aufgefaßt wird. Ich habe auch keineswegs die Einführung der Gold-Währung befürwortet, bin vielmehr der Meinung, daß die ausschließliche reine Gold-Währung durch Gesetze durchaus nicht eingeführt werden sollte und — wahrscheinlich — könnte! Nur daß sie nicht zurückgewiesen werden dürfte, falls und sobald der große Verkehr in ihrer Einführung ein Bedürfniß finden sollte.

Mag dieser Fall nun aber eintreten oder nicht — unwahrscheinlich ist er nicht — so würde doch, wie es mir scheint, Einiges dabei sich nicht ganz eben so gestalten können, als es sich in England und im westlichen Europa gemacht hat, denn diese Länder haben entweder gar keine oder so gut wie gar keine Silberbergwerke, jedenfalls keine, die im Besitze der Regierung sind und für deren Rechnung bearbeitet werden, wie dies in Deutschland der Fall ist. Deshalb aber würden die deutschen Regierungen, da die deutschen Bergwerke aus vielen Gründen größtentheils durchaus nur Staatsanstalten bleiben können, in eine andere Stellung den Metallmärkten gegenüber zu treten haben, als dies in jenen Ländern geeignet sein kann. Es müssen ihnen, auch wenn die ausschließliche reine Gold-Währung die Oberhand gewinnen sollte, alle Chancen offen bleiben, um ihrer Silberausbeute den jedesmal sich darbietenden vortheilhaftesten Absatz zu verschaffen; es muß möglich bleiben, diese Ausbeute auch im vermünzten Zustande sowohl in den ausländischen Verkehr — wie jetzt die österreichischen Levantiner — als in den inländischen bringen zu können, — da diese Ausbeute bei Weitem das übersteigt, was etwa als jährlicher Ersatz bei reiner Gold-Währung als Scheidemünze derselben an Silber auszumünzen sein würde. — Da glaube ich nun, daß es auch unter allen Umständen, auch bei Herrschaft der ausschließlichsten reinsten Gold-Währung, nicht nur bloß möglich, sondern sogar am zweckmäßigsten sein würde, an den durch den Wiener Vertrag — wohlverstanden nach meiner Auslegung der Vertragsurkunde — geschaffenen Münzverhältnissen nicht das Geringste zu ändern. Wie die Dinge sich dabei gestalten würden, das kann man jetzt in Bremen sehen, wo die reine Gold-Währung herrscht, aber die Münzsorten der Nachbarländer keineswegs vom Umlaufe ausgeschlossen sind. Die Doppelthaler und Thaler, auf denen die eigentliche deutsche Silber-Währung beruhet, würden der Gold-Währung gegenüber genau in die Stellung treten, welche der Wiener Münzvertrag den Goldkronen gegenüber der Silber-Währung angewiesen hat: sie würden als Handelswaare zu veränderlichem Werthe und Course umlaufen, wie die Thaler in Bremen, doch auch, wie diese, nicht mit so oft und leicht wechselndem Course. Denn so irrig es ist, daß der Werth und Preis des Silbers weniger schwanke als der des Goldes, so richtig ist es, daß er nicht so leicht und schnell beweglich ist als letzterer, weil das Gold ein bequemeres und daher oft augenblicklich gesuchteres Zahlmittel für den großen Verkehr ist, als das Silber. — Ich will beispielsweise verdeutlichen, wie ich mir die Ausbildung solcher Verhältnisse denke. Der Cours der Kronen hat während des ersten Jahrzehends nach ihrer Erschaffung geschwankt zwischen 9 Thaler und 9 Thaler 9 Ngr der Silber-Währung, oder, umgekehrt, der von 1000 Thaler der Silber-Währung zwischen 111 und $107\frac{1}{2}$ Goldkronen, d. h. das Verhältniß der edelen Metalle gegen einander hat geschwankt zwischen 1 : 15 und 1 : $15\frac{1}{2}$. Wenn nun die Gold-Währung das Goldgramm (Kronzehntel) zur Rechnungseinheit mit der Eintheilung in 100 Centigramme (Einer oder Einlinge sit venia verbo) hat, so würde, nach jenen Coursen, der Cours des Thalers zwischen 1 GGramm 11 Einern und 1 GGramm $7\frac{1}{2}$ Einern geschwankt haben. So bedeutend wie bei den Kronen würde das Schwanken nun, wie vorhin gesagt, wohl nicht gewesen sein; der

Thaler würde im kleinen Verkehre und einzeln zum Werthe von 1 GGramm und 9 oder 10 Einern sich gehalten haben, so wie er in Bremen ebenfalls nicht dem bedeutenden Schwanken des Courses der Goldmünzen folgt; als Handelswaare, in größeren Menge-Beträgen, würden allerdings die Thaler empfindlicher gegen die Cours-schwankungen sein. — Wenn es aber dereinst bis zu solchen Geldverhältnissen kommen sollte, so werden bereits hinlänglich halbe Goldkronen, zu 5 Goldgrammen, im Umlaufe sein, um als Zahlungsmittel auch des kleinen Verkehrs auszureichen. Die $^1/_3$- und $^1/_6$-Thaler-Stücke, die bei ihrem verminderten Gehalte zur Handelsmünze unbrauchbar sind, können, da sie in großer Menge im Umlaufe, als Scheidemünze der Gold-Währung gebraucht werden, und wenn nun für eine solche das Verhältniß von nur 1 : 13,888 ein völlig angemessenes ist, so würden jene Theilstücke des Thalers — gleichviel ob vollhaltig oder nicht — zu 40 und 20 Einern der Gold-Währung umlaufen. Die übrigen Scheidemünzen aus Billon und Kupfer mag man dann nach Belieben der Zählweise nach Einern einfügen, oder, was bei Einführung größerer Kupfermünzen, zu 10 oder 12 Grammen Schwere, ohne Verlust ausführbar wäre, einziehen und umprägen. — Es wird daher auch unter allen Umständen die Ausmünzung von Doppelthalern und Thalern, sei es als Courant-, sei es als einheimischer Handels-Münze, so oft die Conjuncturen im Metallhandel diese vortheilhaft erscheinen lassen — und nur in diesem Falle sollte doch schon bei der reinen Silber-Währung eine Vermünzung der Bergwerks-Ausbeute stattfinden (s. oben S. 58) — in der herkömmlichen Weise fortbestehen. — Eine größere Silbermünzsorte, die, wie die englischen Crowns und Half-Crowns, als Scheidemünze der Gold-Währung zu dienen hätte und nach dem Fuße einer solchen auszumünzen wäre, die also den Werthbetrag der Rechnungseinheit der Gold-Währung: des Goldgrammes, welches — nach dem Durchschnitts-Course der Kronen zu 9 ℔ 5 Ngr — = 27$^1/_2$ Ngr der jetzigen Silber-Währung ist, übersteigen würde, möchte wohl eben aus letzterem Grunde gar nicht geeignet sein.

Mit diesen Andeutungen will ich aber durchaus nicht ein neues Münz-System vorgeschlagen, sondern nur beispielsweise bezeichnet haben, wie etwa, falls eine derartige Gestaltung des Münzwesens durch den Verkehr sich entwickeln sollte, diese Entwickelung durch den Verkehr selbst ohne Mitwirkung der Gesetzgebung bei völlig unveränderter Beibehaltung der letzteren vor sich gehen könnte. Das aber glaube ich ganz fest, daß demnächst, wenn die Regierungen die deutschen Münzanordnungen nur ganz so beibehalten, wie sie augenblicklich sind, aber dem Verkehre die ungehinderte Entwickelung derselben — möge sie hinausgehen, wohin sie will — überlassen, sich Alles jederzeit den Bedürfnissen entsprechend ausbilden wird. — Die einzige Veränderung des Wiener Vertrages, die ich aus früher angegebenen Gründen für sehr wünschenswerth halte, die aber den Verkehr so wenig als das gesammte übrige Münzwesen berühren und eigentlich nur in einer Instruction für den Münzmeister bestehen würde, ist die: daß die Goldmünzen aus ganz feinem Golde zu prägen seien, was ich nun einmal — bis zu besserer Belehrung — zur sicheren Erhaltung des Münzfußes für sehr wesentlich halten zu müssen der Ansicht bin.

Hievon abgesehen aber glaube ich, meine Anheimgaben und Vorschläge ganz besonders dadurch empfehlen zu können, daß zu ihrer Ausführung der Wiener Vertrag an keiner einzigen seiner Bestimmungen abgeändert zu werden braucht. Zum Experimentiren in der Legislation darf man vor allem andern nur nicht die auf Geld- und Münzwesen bezüglichen Gesetze gebrauchen wollen; dazu dienen wahrlich viel besser die Staatsverfassungen und Constitutionen, die ohnehin schon auf diese Behandlungsweise eingeübt sind. — Und den Wiener Vertrag sähe ich um so lieber heilig gehalten, als er Süddeutschland von einem der beiden schweren Flüche, die seit viertehalb Jahrhunderten auf dem deutschen Münzwesen geruhet haben — der Misch-Währung — befreiet hat. Der große Missgriff des Vertrages — die nicht-Beseitigung auch der Billon-Scheidemünze — wird, wenn der Vertrag von allen Betheiligten stets ehrlich beobachtet wird, keine Gefahren mehr bringen.

Ich will dem obigen jedoch noch eine Bemerkung hinzufügen, durch welche ich mir die Möglichkeit offen halte, manchen Einwürfen und Bedenken, die etwa meinen Anheimgaben entgegengesetzt werden dürften, zu begegnen; nämlich die: daß ich jene Anheimgaben nur in so allgemeinen Umrissen gezeichnet habe und so sehr alle Modalitäten und Specialitäten, die bei ihrer Ausführung in Erwägung kommen und zur Mitwirkung herbeigezogen werden müssten, unberührt und unangedeutet gelassen habe, daß ich mich gegen Missverständnisse im Einzelnen schwach gesichert zu haben gewiss bin. Zur ausführlichen Entwickelung legislatorischer Projecte wäre ja doch hier wenigstens nicht die Stelle gewesen.

Ich bin der Ansicht, daß der Wiener Vertrag, wenn er nicht in der von mir angegebenen Weise aufgefasst werden kann, der Entwickelung des Verkehrs und des Geldwesens in jedenfalls ungeeigneter, vielleicht bedenklicher Weise vorgegriffen hat, daß er durch seine Anordnungen die Herbeiziehung von baaren Zahlmitteln in den Verkehr verhindert und erschwert, so daß dieser möglicher Weise durch einen umfassenderen Mangel an denselben in Verlegenheiten kommen kann; daß er, statt wie Viele erwarteten, ohne weiteres die Gold-Währung einzuführen, vielmehr das Gold aus dem Umlaufe verbannt hat, und daß durch ihn, so wenig wie — wenigstens in einem großen Theile von Deutschland — die sofortige Einführung der Gold-Währung ausführbar gewesen wäre, ebenso ihre durch den Verkehr selbst einst herbeigeführte Herstellung hat erschwert und verhindert werden sollen. Ich glaube aber durch meine Auslegung des Vertrages nachgewiesen zu haben, daß ihm diese Vorwürfe mit Unrecht und irriger Weise gemacht werden.

Und jedenfalls glaubt das 19. Jahrhundert, die Gesetzgebung habe dem Verkehre die Wege, die er stets am richtigsten zu wählen weiß, zu bahnen, nicht zu sperren, besonders nicht an einer Stelle, wo er am empfindlichsten ist! — —

Als Hauptmittel, um die verhassten Goldkronen bei den norddeutschen Kaufleuten schnell sehr beliebt zu machen, empfehle ich aber: Man lasse sie deren nur recht viele verdienen!!

---

# Inhalt.

# Druckfehler:

S. 23, Z. 9 v. u. statt: „der“ Werthmessers lies: „des“ Werthmessers.

S. 39, Z. 13 v. u. statt: „angeführter“ lies: „eingeführter“.

S. 66, Z. 2 v. u. Die Worte „Neapel 1818“ sind zu streichen. Die Decimal-Rechnung bestand in Neapel schon vor 1818.

S. 74, Z. 5 v. u. statt: „ersteren“ — lies: „ersterem“.

S. 75, Z. 1 statt: „letzteren“ — lies: „letzterem“.

S. 86, Z. 17 statt: „hervorzurufen“ — lies: „hervorgerufen“.

S. 118, Z. 11 v. u. statt: „des“ — lies: „der“.

S. 149, Z. 13, statt: „alphabetischen“ lies: „alphabetische“.

S. 185, Z. 1 v. u. statt: „lationà“ lies: „lation à“.

---

www.ingramcontent.com/pod-product-compliance
Lightning Source LLC
Chambersburg PA
CBHW030816020726
47499CB00006B/1939

* 9 7 8 3 7 4 2 8 6 9 6 2 3 *